Mosquito Verlag

Ervin Laszlo

Was ist Realität?

Die Neue Karte von Kosmos und Bewusstsein

Ervin Laszlo
Was ist Realität?

1. Auflage, 2018

Deutsche Übersetzung: Jorinde Reznikoff
Layout: Inna Kralovyetts

www.mosquito-verlag.de

Titel der Originalausgabe: „What Is Reality? The New Map of Cosmos and Consciousness“

Published by Arrangement with WATTERSIDE PRODUCTIONS INC., CARDIFF-BY-THE-SEA, CA, USA
Dieses Werk wurde vermittelt durch die Literarische Agentur Thomas Schlück GmbH, 30827 Garbsen.

ISBN 978-3-943238-56-3

„Die Welt ist ganz anders, als wir dachten. Wir leben in einem holographischen Universum, in dem alles mit allem verbunden, Bewusstsein nicht ortsgebunden und letztlich eins ist. Unsere Existenz ist Teil der Zyklen, in denen sich das Leben bewegt – innerhalb des Kontinuums von Raum und Zeit und darüber hinaus.

Die jüngste Forschung wirft Licht auf eine Welt, deren brandneue Karte dieses Buch aufzeichnet. Sie zu entdecken ist ein Aha-Erlebnis. Immer schon hatten wir den Verdacht. dass die Welt ein vernetztes Ganzes ist und das Leben nicht mit dem Ableben des Körpers endet; jetzt liefert uns die Wissenschaft ein Paradigma dafür, dass wir uns nicht geirrt haben. Die neue Karte verleiht unserer Existenz in dieser Welt Sinn und bietet uns Orientierung in einer Zeit der Krise und Transformation.

... es gibt viele Gründe, einen tiefen Denker wie Ervin Laszlo hochzuschätzen. Seine neue Karte der Realität von Kosmos und Bewusstsein schreibt unsere Grundkonzepte um, und das wird unsere tägliche Lebensführung verändern. ... Die Realität hat uns an einen Scheidepunkt geführt; ein Wegweiser sagt, ‚Bewusstsein ist der Ursprung', der andere ‚Materie ist der Ursprung'. Ervin Laszlo taucht tief in die Geheimnisse der Realität ein und leitet aus ihnen ab, welcher Weg zu wählen ist. Und mit der neuen Karte der Realität gibt er uns den Mut, ihn zu gehen."

Aus dem Vorwort von **Deeprak Chopra**

„Ervin Laszlos Karte der Realität schlägt ein substanziell neues wissenschaftliches Denkkonzept vor, das die meisten geläufigen Glaubenssätze über die Welt ersetzt. Es revolutioniert das Wissenschaftsmodell, das auf Isaac Newtons Entdeckungen beruht. Ein Paradigma von kraftvoller Offenheit, das wundervoll weite Wege anbietet, um der Natur des Kosmos und unserer Rolle in ihm näher zu kommen. ... eine Wissenschaft entsteht hier, die nicht in erster Linie im Verstand und in der begrenzten Wahrnehmung durch die fünf Sinne verankert ist, sondern im Herzen. Sie arbeitet mit der ganzen Bandbreite multisensorieller Erfahrungen; denn die werden in Zukunft die Substanz menschlichen Bewusstseins ausmachen. ... Für das Wachstum dieser neuen Fünfsinne-Wissenschaft könnte Ervin Laszlos wundervoll offenes Paradigma der Samen sein, der sie zu einem riesigen Baum machen wird."

Aus dem Kommentar von **Gary Zukav**

„... Ervin Laszlos neues Buch „Was ist Realität? Die Neue Karte von Kosmos und Bewusstsein" befasst sich mit Rätseln und Paradoxien in verschiedenen Disziplinen der modernen Wissenschaft. Sie nimmt den Leser auf einen Parforceritt durch mehr ein halbes Jahrhundert mit und gipfelt in dem hier vorliegenden Opus Magnum – einer phänomenalen Leistung. ... Mit seinem pluridisziplinären Verständnis ... baut Laszlo darin Brücken zwischen Wissenschaft, Philosophie, Metaphysik und Spiritualität. Doch seine potenzielle Bedeutung reicht noch viel weiter, denn das Konzept der Akasha-Dimension hat wichtige – gerade auch praktische – Konsequenzen für Ökologie, Wirtschaft, Soziologie, Politik und Religion. Laszlos Ausarbeitung dieser Karte der Realität könnte zu einem unschätzbaren Instrument bei der Lösung von Problemen werden, die durch das industrielle System in die Welt gekommen sind, und uns den Weg zu einer nachhaltigen globalen Zivilisation weisen."

Aus der Einleitung von **Stanislav Grof**

„Hat unser Leben eine spirituelle Dimension? Steckt ein Sinn hinter der Schöpfung des Universums jenseits von Raum und Zeit? Laslos Karte der Realität stellt die materialistische Sichtweise auf den Prüfstein und zwingt die Mainstream-Wissenschaft, über ihre bisherigen Grenzen hinauszugehen. Wir sollten Ervin Laszlo, einem der großen Denker unserer Zeit, für ein derart faszinierendes, herausforderndes und inspirierendes Buch dankbar sein."

Dr. Jane Goodall, Dame Commander des British Empire,
Gründerin des Jane-Goodall-Instituts und
Friedensbotschafterin der UNO

„Ervin Laszlo, einer der herausragenden Philosophen unserer Zeit, hat mit seinen vielen Büchern und seinem Aktivismus einen neuen Weg ausfindig gemacht, der über die gegenwärtigen Krisen und deren eingeschränkte Wahrnehmung und Deutung hinausführt. Als inspirierter Lehrer und politischer Aktivist hat er Millionen von Menschen – unter ihnen auch mich – dazu gebracht, einen tiefgreifenden Geisteswandel zu vollziehen und diesen in einem moralisch vertretbaren Leben jenseits von Reduktionismus, Materialismus, BIP-Fetischismus, gedankenlosem Konsumverhalten und engstirnigem Sektierertum umzusetzen und weiter voranzutreiben. Es gelingt diesem Buch, Millionen von Bürgern weltweit, die über die Tageskonflikte sowie ideologischen und religiösen Spaltungen hinausschauen wollen, eine neue Karte der Realität zur Verfügung zu stellen, die der spirituellen Intuition ein Fundament gibt, dass wir mit all unseren verschiedenen Lebensformen auf diesem Planeten eine ganzheitliche menschliche Familie sind – eine untrennbare Einheit."

Hazel Henderson, Präsidentin des unabhängigen Medienunternehmens *Ethical Markets Media*, und Autorin von *Win-Win World* und *Paradigms in Progress*

„Mit Ehrfurcht werden gegenwärtige und folgende Generationen dieses Buch lesen. Denn es ist nicht nur ein Werk von hoher Einfühlungs- und Synthesekraft, an dem viele Leben mit ihrer Weisheit mitgeformt haben, sondern schafft die Voraussetzungen für eine gedankliche und zugleich reale Konvergenz aller Facetten des Kosmos und der Biosphäre, die wir als Homo Sapiens unser Zuhause nennen. Damit kommt es einer kopernikanischen Wende des 21. Jahrhunderts gleich."

Michael Charles Tobias, Präsident der *Dancing Star Foundation*

„Vielen unter uns wird immer klarer, dass unser Verständnis von der Welt und dem Wesen des Bewusstseins weniger eine Frage persönlicher Philosophie als vielmehr ein entscheidender Faktor für unser Überleben als Spezies ist. Unser Zeitalter ist von den abstumpfenden Auswirkungen der makabren Ideologie des Materialismus schwer gezeichnet. Im Kontrast dazu beschwört die strahlende Vision dieser neuen Karte der

Realität eine Welt der Hoffnung, Orientierung und Sinnhaftigkeit herauf."

Doktor Larry Dossey, Verfasser von *One Mind: Alles ist mit Allem verbunden. Warum unsere individuelle Intelligenz Teil eines größeren Bewusstseins ist*

„Laszlos neue Karte der Realität macht wirklich Hoffnung in einer Zeit drohender Krisen und ermutigt uns alle, endlich aufzuwachen und Verantwortung in diesem neuen Zeitalter des geeinten Bewusstseins zu übernehmen. Dr. Laszlos Erkenntnisse laden uns ein, unseren Platz im Universum zu überdenken und unsere Sicht auf die Wissenschaft sowie die Art, wie wir nach Wahrheit suchen, zu einem mehrdimensionalen Ansatz hin zu öffnen. Dieses Buch liefert eine Blaupause, mit der ein jeder das Potenzial des menschlichen Geistes neu entdecken kann. Es lädt alle Leser zu einem gemeinsamen Evolutionsweg ein – auf dass wir leben lernen, ‚als wäre alles ein Wunder'."

Mirela Sua, Chefredakteurin des *Global Woman Magazine*

„In seinem fesselnden Buch „Was ist Realität?" bietet Dr. Ervin Laszlo ein stichhaltiges und schlüssiges Fundament an, auf das sich ein erweitertes, empirisch begründetes Verständnis für das Wesen der Realität gründen kann, das sich rechtfertigen lässt und daher jedes Vertrauen verdient. Seine stimulierende, nach vorne schauende Analyse eröffnet unschätzbare Einsichten in die größten Fragen menschlicher Existenz. Seine Gedankenführung bewegt sich an vorderster Front jenes Wissens, welches sich im Moment Bahn bricht und von welchem abzusehen ist, dass es die Wissenschaft selbst verändern wird, auch wenn diese sich nur widerwillig von den letzten Überresten des umstrittenen materialistischen Schöpfungsmodells trennt. Laien, die den wirklich großen Lebensfragen auf den Grund gehen wollen, sei dieses Buch wärmstens empfohlen. Mainstream-Wissenschaftler, die nach einer tragfähigen Basis Ausschau halten, um sich einen postmaterialistischen Blick auf die Realität anzueignen, brauchen nicht weiterzusuchen, denn sie finden sie hier in der brillanten Gedankenführung, die Dr. Laszlo in diesem Juwel von Buch niedergelegt hat.“

Dr. Raymond A. Moody, Verfasser von *Leben nach dem Leben*

„Schon lange ist Ervin Laszlo am Erwachen der Menschheit beteiligt, welches sich aktuell Bahn bricht und, je weiter es sich ausbreitet, umso offensichtlicher für Millionen von Menschen wird. Seine Einsichten in die Natur dieses Erwachens gründen tief und sind ebenso kostbar für jene, die in diesen Prozess bereits ganz eingetaucht sind, wie jene, die gerade erst einen flüchtigen Blick auf dessen Konsequenzen zu erhaschen beginnen. Wie Ervin feststellt, gibt es ‚bemerkenswert stichhaltige Beweise dafür, dass das Bewusstsein nicht an das Gehirn gebunden ist‘. Mitten in dieser tiefen Bewusstwerdung, die ein regelrechter Tsunami von Beweisen für die Existenz nonlokalen Bewusstseins ans Licht der Welt gebracht hat, schlummern die Samen für die tiefst greifende Revolution innerhalb der nachvollziehbaren menschlichen Geschichte – und deren große Linien zeichnet dieser bemerkenswerte Essay über das Wesen der Realität nach.“

Dr. Eben Alexander, Verfasser von *Blick in die Ewigkeit*

Inhaltsverzeichnis

Zum Geleit

Im Laufe der Geschichte haben sich Menschen immer wieder die Frage gestellt: „Was ist das wahre Wesen der Realität?“ Denn sie ahnten, dass die Realität nicht notwendigerweise dem entspricht, was wir sehen, sondern mehr zu ihr gehören könnte als das, was zu sehen, hören und fühlen wir fähig sind. Viele Antworten haben sich mit der Zeit ergeben, doch entweder mussten diese in die jeweils gültigen Denksysteme hineinpassen oder sie wurzelten in der persönlichen Einsicht eines Propheten oder irgendeines charismatischen Individuums. Heutzutage aber können wir auf diese Frage eine wissenschaftlich begründete Antwort geben – eine Antwort, die sich aus Befunden ergibt, welche auf den dafür jeweils relevanten Feldern wissenschaftlicher Forschung ans Licht kommen.

Dieses Vorhaben ist von großer Bedeutung, muss aber regelmäßig überprüft werden. Denn Wissenschaftler haben keinen privilegierten Zugang zur Realität, sondern stellen Beobachtungen an, leiten aus ihren Beobachtungen Theorien ab und aus diesen wiederum einen Entwurf, welcher das Wesen der Realität zu erklären versucht. Dabei widmen Physiker sich den physischen Aspekten und Geistes- und Sozialwissenschaftler den psychologischen, sozialen und soziokulturellen Aspekten der Realität. Aus ihren Studien entwickeln sie Theorien, die einem Denkkonzept möglichst nahekommen, in welchem sich all diese beobachteten Fakten miteinander verknüpfen lassen, denn das ist, mit Einstein zu sprechen, die Aufgabe der Wissenschaftler. Diese Denkkonzepte können sich ändern. Wenn neue Versuchsanordnungen und dementsprechend neue Beobachtungen gemacht werden, entwickeln sich neue Denkkonzepte, und neue Eigenschaften der Welt treten zutage.

Die Realität, die jetzt in der Wissenschaft ans Licht kommt, geht immer weiter über die Welt hinaus, die wir sehen, hören und fühlen können. Die jüngsten Theorien haben nichts mehr mit einer Ansammlung und Katalogisierung von sinnlich erfahrbaren Elementen zu tun, sondern sind hochgradige Extrapolationen. Sie beschreiben keine Sandkörnchen und Himmelskörper mehr, sondern postulieren Ereignismuster, die auf kohärente Weise interagieren. Und damit wird auch die Beobachtung von Sandkörnchen und Himmelskörpern neu gedeutet. In der Physik nimmt diese Neudeutung oftmals die Gestalt von Differentialgleichungen an; und diese ordnen dann die Grundstruktur von

Sandkörnchen und Himmelskörpern neu an und stellen einen Bezug zur Beobachtung anderer Dinge in anderen Forschungsgebieten her. Der Physiker Sir Arthur Eddington machte einmal die Bemerkung, dass, aus wissenschaftlicher Perspektive betrachtet, selbst die eigene Ehefrau eine komplexe Differentialgleichung sei. (Allerdings gab er den Rat, diesen Gedanken nicht unbedingt ins häusliche Leben zu übertragen.)

Wissenschaftstheorie deutet „beobachtete Fakten" auf eine Weise, die es ihr ermöglicht, diese als integrale Bestandteile einer in sich kohärenten Realität zu erfassen. Die Realität, die sich heute auf dem Gipfel der Wissenschaft abzeichnet, löst die Realität der klassischen Physik ab, in der Materieteilchen in einem passiven Raum innerhalb einer gleichgültig dahinfließenden Zeit interagieren. Die neue Realität nimmt eine allumfassende Verbindung aller Dinge im Universum wahr. Nicht mehr auf Materie gründet sie sich, sondern sie bezieht Raum und Zeit in die allumfassende Interaktion mit ein, welche Evolution innerhalb des gesamten Systems der Welt bedeutet. Doch dieses Konzept ist nicht völlig neu, denn intuitiv wusste man seit Jahrtausenden davon.

Platon sagte, alles Wissen sei Wiedererinnerung. Demgemäß können wir uns gegenwärtig daran erinnern, dass wir Teil einer integralen Realität sind, in der wir uns mit allem, was uns umgibt, gemeinsam entwickeln. Verbundenheit und Koevolution sind das Herz dieser neuen Karte von Kosmos und Bewusstsein, einer Karte, die uns den besten Einblick in das wahre Wesen der Realität zu geben verspricht, den wir je hatten. Das hier vorliegende Buch beschreibt die entscheidenden Aspekte dieser Karte und setzt sich mit ihnen auseinander. Dieses jüngst wiederentdeckte Konzept von Verbundenheit und Koevolution bietet nicht nur das beste, sondern aus heutiger Sicht auch das vertrauenswürdigste Verständnis für das Wesen der Realität, das wir je hatten – jene Realität, welche den Rahmen für unser Leben bildet und unserer Existenz Sinn verleiht.

Vorwort

Deepak Chopra

Was wir in diesem Moment gerade tun, hat nichts mit dem Sinn des Lebens zu tun – und doch hat es das, und zwar in jeder Hinsicht. Das gehört zu den Widersprüchen und größten Geheimnissen des Lebens. Wir denken nicht über sie nach, haben keine Zeit für sie. Wenn ich mich beim Mittagessen zwischen einem gemischten Salat und einem Thunfischsandwich entscheide, hängt meine Wahl nicht vom Sinn des Lebens ab, dem Ursprung des Universums oder der Frage, was nach meinem Tod passiert. Das Leben ist zu fordernd, seine Wirklichkeit zu hart, als dass wir unsere Energie für Unwägbares verschwenden können. Und dennoch hing alles, was wir heute gemacht haben, von einer versteckten inneren Kraft ab, der Kraft unseres unbewussten Kernglaubens.

Kernvorstellungen sind so fundamental, dass niemand sie zu hinterfragen braucht. Sie funktionieren wie nicht zu stoppende Duracellhasen, die unsere Gedanken, Emotionen, Aktionen und Reaktionen ständig mit Energie beliefern. Wenn wir tief davon überzeugt sind, dass wir im größeren Zusammenhang der Dinge keine Bedeutung haben, verläuft unser Tag zweifellos anders als für Menschen, die davon überzeugt sind, dass das gesamte Universum um sie herum kreist. Optimismus steht gegen Pessimismus, Empathie gegen Gleichgültigkeit, Zuwendung gegen Selbstsucht, Frieden gegen Gewalt: All' diese Streitfragen gründen – im Besseren oder Schlechteren – in unseren Kernvorstellungen.

Ich sprach neulich mit einem geschäftsführenden Vorstandsmitglied und Mitgründer einer Organisation, die sich mit Nahtoderfahrungen (NTE) beschäftigt; seine Haltung zur öffentlichen Akzeptanz dieses Themas war sehr gemischt.

> „Niemand interessiert sich für große Themen, Deepak. Sie denken nur an sich selbst, deshalb ändert sich nie etwas. Doch versprich ihnen ewiges Leben, und du hast vielleicht eine Chance, Menschen dazu zu bringen, ein wenig mitfühlender und lie-

bevoller zu sein. Ihre gesamte Selbstwahrnehmung muss sich ändern, bevor die Welt sich ändern kann."

Er meinte damit den Unterbau der Kernvorstellungen, die unser tägliches Leben in Gang halten. NTEs haben bereits öffentliche Anerkennung gefunden; ich kann mir vorstellen, dass das „ins Licht kommen" als akzeptable Vorstellung vom Leben nach dem Tod den Himmel mittlerweile ersetzt. Fromme Gläubige wären wahrscheinlich schockiert, würden sie erfahren, dass laut der Catholic Encyclopedia der Himmel kein existenter Ort ist, sondern ein Zustand der Gnade, in dem sich die Seele mit Gott verbindet. Das bringt uns zum zweiten wichtigen Punkt à propos der großen Mysterien der Existenz. Wenn man die Leute fragt, was nach unserem Tod geschehe oder was der letztmögliche Sinn des Lebens sei oder etwas in der Größenordnung, dann ist die automatische Antwort „niemand weiß es ".

Doch in Wirklichkeit haben sich die Antworten auf diese größten aller Fragen in fast jedermanns Kopf in bequeme Taubenverschläge eingenistet. Weitaus die meisten Menschen möchten nach ihrem Tod in den Himmel kommen – oder lieber nirgendwohin. Zwischen undurchdachtem religiösem Glauben und undurchdachtem Atheismus gibt es nicht viel Spielraum: In eine dieser beiden Schubladen passt fast jeder.

Wenn meine Schilderung der Lage glaubhaft erscheint, gibt es jedweden Grund, einen profunden Denker wie Ervin Laszlo hochzuschätzen. Seine neue Karte der Realität, die Kosmos und Bewusstsein umfasst, zielt darauf ab, unsere Kernvorstellungen zu verändern – und das wird unsere tägliche Lebensführung verändern. Wissenschaft existiert nicht in einem Vakuum. Sie muss der Evolution des Bewusstseins dienen. Und nur die Evolution des Bewusstseins kann eine bessere Welt erschaffen.

Wenn Laszlo eine ganzheitliche Karte der Realität vorschlägt, so, wie sie der Planet braucht, weigert er sich dagegen, in die Schublade der Atheisten oder Gläubigen gesteckt zu werden; er hat sich, selten genug, für das freie und offene Denken entschieden. Laszlos Arbeitsvorsätze lauten wie folgt:

- Der Geist ist zutiefst geheimnisvoll, hat aber die Fähigkeit, sich selbst zu ergründen.
- Wenn jede Erfahrung im Bewusstsein stattfindet, steckt der Schlüssel zu jedem Geheimnis letztlich im Bewusstsein.
- Wir dürfen nicht aus kleingeistiger Arroganz heraus behaupten, Bewusstsein sei nur dem Menschen vorbehalten.

- Unwägbare Fragen können erwogen werden, wenn man sein Realitätskonzept erweitert.

Jede Entdeckung, die man durch Nachdenken und Erkennen „hier drinnen“ macht, lässt sich „da draußen“, in der materiellen Welt, verifizieren. Wissenschaft hat Zugang zur Weisheit und kann so weit expandieren, bis sie diese umfasst.

Jede dieser Thesen lässt sich bestreiten, nur die letzte nicht. Hingebungsvolle hartnäckige Materialisten würden von vornherein jeden Versuch verwerfen, unwägbare Fragen wissenschaftlich zu klären. Wer ernsthaft auf dem Gebiet des Bewusstseins gearbeitet hat, geschweige denn des kosmischen Bewusstseins, weiß, wie es sich anfühlt, wenn man gesagt bekommt, seine Bemühungen seien „nicht wirklich wissenschaftlich“. Laszlo hat lange genug ausgeharrt, um den gegenwärtigen Stand der Dinge zu genießen, in dem Bewusstseinsforschung nicht nur akzeptiert, sondern sogar zu einem der aufregendsten Grenzgebiete der Wissenschaft geworden ist.

Das führt uns zu einem Wendepunkt der Realität selbst. Schließlich sind wir gezwungen, dorthin mitzugehen, wohin uns die Realität bringt. Einstein tat den berühmten Ausspruch: „Es gibt zwei Lebensweisen: wir können so leben, als sei nichts ein Wunder; oder so, als sei alles ein Wunder.“ Das lässt die Überzeugung anklingen, dass tief in uns verwurzelte Glaubenssätze weitgehend alles leiten, was wir tun. Doch wenn Einstein seinen Gedanken darauf hinauslaufen lässt, dass alles ein Wunder ist, nimmt er die Wissenschaft unwillentlich aus der Verantwortung. Die Wissenschaft erforscht keine Wunder, doch wenn alles in diese Kategorie fällt, ist es egal, woran man arbeitet. Die nächste Entdeckung eines neuen industriellen Kunststoffs findet auf dem gleichen Spielfeld statt wie die Entdeckung der Quelle des Bewusstseins im Universum.

Aber das ist eine Ausflucht, wie Einstein wohl wusste, denn er war jemand, der spirituelle Perspektiven respektierte; womöglich übte bei diesem Thema die Realität Druck aus.

Sobald sich das Quantenfeld etabliert hatte, wurde es dringlich herauszubekommen, wo das Feld seinen Ursprung hatte; das war gleichbedeutend damit, den Ursprung von Raum und Zeit zu entdecken, und dies wiederum führte notwendig zur Erforschung dessen, was jenseits von Raum und Zeit ist. Wenn aber das Gehirn aus Atomen besteht, die auf subatomare Teilchen zurückgeführt werden können und diese ihrerseits im unendlichen unsichtbaren Quantenfeld verschwinden, kann man mit demselben Recht fragen, wie Bewusstsein aus dem gleichen „Nichts" entstand wie das Universum selbst – aus dem Quantenvakuum oder, wie Laszlo es nennt, dem holistischen Akashafeld.

Laszlo hat all' diese Aspekte und Fragen in eine „alle Wege führen nach Rom"-Karte zusammengetragen, die meines Erachtens absolut adäquat und letztlich notwendig ist. Die Wissenschaft steht gegenwärtig vor zwei Möglichkeiten: Entweder war die Materie zuerst da und erzeugte den Geist, was materialistische Erklärungen für alles bedeuten würde. Oder der Geist war zuerst da und schuf das gesamte sichtbare Existenzspektrum, was bedeuten würde, dass alles sich auf das Bewusstsein zurückführen ließe. Die Zeit, in der man sich zwischen diesen zwei entgegengesetzten Wahlmöglichkeiten entscheiden musste, ist vorbei. Vorbei auch die Annahme, das Thema Bewusstsein könne als irrelevant für das realitätsverpflichtete Geschäft der Wissenschaft auf die Seite gelegt werden, denn letztere bedeute messen, experimentieren, Daten sammeln und Fakten verifizieren.

Wir leben in einer diffusen Zwischenzone, die das vorliegende Buch mit bemerkenswertem Erfolg hinter sich zu lassen versucht. Rasch schließt sich gerade die Epoche des naiven Realismus, die dem Glauben folgte, die Welt der fünf Sinne könne einfach als gegeben hingenommen werden. Das Arrangement war schon vor einem Jahrhundert gekippt worden, als Quantenpioniere wie Erwin Schrödinger Folgendes zu bestätigen vermochte:

- Bewusstsein zu teilen oder zu multiplizieren, ist sinnlos.[1]
- Ich gehe das Wagnis ein, ihn [den Geist] als unzerstörbar zu bezeichnen, denn er besitzt einen ureigenen Zeitplan, Geist ist immer jetzt. Es gibt kein vor und nach dem Geist.[2]
- Es gibt offensichtlich nur eine Alternative, nämlich die Vereinigung von Geist(ern) oder Bewusstsein ... In Wahrheit gibt es nur einen Geist.[3]

Offensichtlich können wir auf eine reiche Geschichte des Nachdenkens über Fragen zurückblicken, welche die Wissenschaft zunächst zu überfordern schienen, die sie später aber einzuholen vermochte. Lange drehten die führenden Forscher ab von Schrödingers Kurs. Heute schließt sich der Kreis, wenn wir an eine Basisbehauptung anknüpfen, die Max Planck, ein anderer Quantenpionier, gemacht hat: „Es gibt keine Möglichkeit, hinter das Bewusstsein zurückzugehen."[4]

Weil das vorliegende Buch Erfahrungen *im* Leben ebenso wie Erfahrungen *nach* dem Leben kartographiert, kann und wird ihm gewiss der Vorwurf gemacht werden, herumzupfuschen und Wissenschaft und Mystik zu vermischen. Hinter solch einer Anklage verbirgt sich das Bedürfnis, rückwärtsgewandte Ideen zu schützen. Eine von ihnen betrifft das Gehirn, die Schnittstelle zur Realität (darüber besteht Einigkeit). Für einen eisernen Physiker, jemanden, der jeden Erklärungsansatz außerhalb des Materialismus verweigert, muss das Gehirn der Schöpfer des Geistes sein, und die wahrnehmbare Welt dem Gehirn abbildgetreu eingezeichnet. Doch gibt es keinen Zweifel daran, dass das menschliche Gehirn fehlbar ist. Es ist ein Leichtes, seinen Mechanismus beispielsweise durch optische Vorspiegelungen zu täuschen. Seine festen Nervenbahnen verzerren unentwegt sogar Basiswahrnehmungen, so wenn etwa eine unter Magersucht leidende Person ihren ausgehungerten und abgemagerten Körper als „zu fett" betrachtet.

Abgesehen von seiner Fehleranfälligkeit verarbeitet das menschliche Gehirn nur einen Bruchteil der Milliarden von Sinnesimpulsen, mit denen es tagtäglich bombardiert wird. Über einen Filter- und Reduktionsprozess erstellt es eine Karte der Welt, die zwar für die tägliche Navigation akzeptabel ist, mehr aber nicht. Es wurde richtig bemerkt, die sogenannte „reale Welt" gebe einfach ein Bild davon, wie das Gehirn arbeitet. „Sie" bzw. „es" ist ein Abstraktum, entstanden durch mechanische Verarbeitung auf Nervenebene.

Einfach gesagt, funktioniert unsere Karte der Realität wie ein umzäuntes Gehege, das nur Erlaubtes und Annehmbares einschließt, aber herausschmeißt, was dem nicht entspricht. Was erlaubt und annehmbar sei, hängt bekanntlich von persönlichen Begriffen ab; wir alle kennen Leute, die blind für Aspekte des Lebens sind, die für andere nur so schreien vor Offensichtlichkeit. Dazu kommen soziale und kulturelle Sichtweisen. Das Gehirn kann völlig ausschalten, was die Gesellschaft nicht sehen will. Zuweilen lagert sich diese Verweigerung tief im Unterbewusstsein ab. Die historische Verleugnung von Frauen und Schwarzen beispielsweise entstand aus einer komplexen Mischung von Glaubenssätzen, Haltungen, Wahrnehmungen, überkommenen Meinungen und vorsätzlicher Blindheit. All' diese Ingredienzien veränderten das Gehirn der Leute, die dabei mitmachten, das der Opfer inklusive.

Eine wissenschaftliche Karte des Bewusstseins muss weit über die Konventionen einer Realität hinausgehen, deren Akzeptanz und Zulässigkeit auf dem Gehirn basiert. Für Physiker ist dies nur in begrenzter Weise denkbar. Denn sie bestehen darauf, dass das Gehirn die Realität generiert; für sie gibt es keine Alternative, das Gehirn nimmt eine privilegierte Stellung ein. Felsen, Bäume, Wolken, Wasserstoffatome und

Quarks sind nicht bewusst; doch selbst wenn das Gehirn offensichtlich Teil der Szenerie ist, ohne Eigenschaften, die ihm erlauben, seine eigene „Dinghaftigkeit“ von der „Dinghaftigkeit“ um es herum zu unterscheiden, sollen wir seiner absoluten Einzigartigkeit huldigen. Das ist reiner Animismus: zu glauben, Geister leben im Inneren materieller Objekte. An der Schwelle zu Religiosität, macht eine solche Vorstellung aus dem Gehirn einen drei Pfund schweren Gott.

Wenn wir die physikalische Deutung der Realität aufgeben, kehren wir gleichwohl nicht in ein Zeitalter des Aberglaubens zurück (das beliebte Schreckgespenst des skeptischen Campus). Ganz im Gegenteil würden wir die Reichweite der Wissenschaft vergrößern, mehr Realität zulassen. Bis wir verstehen, wie das Gehirn mit der Realität interagiert, besitzen wir keine tragfähige Erklärung für irgendeine Erfahrung, geschweige denn die mystische.

Die neue Karte, wie sie in diesem Buch beschrieben wird, erforscht die Realität jenseits des Gehirns, nicht nur in Bezug auf das Leben nach dem Tod, sondern als einzigen Weg zum Urgrund des Seins. Die Vorstellung von einem Geist außerhalb des Gehirns war üblich in Zeiten des Glaubens, in denen Gott als kosmischer Geist erfahren und verstanden wurde; und sie stellte eine praktikable Hypothese in der Philosophie von den Griechen aufwärts dar. Von der Revolution der modernen Wissenschaft an den Rand gedrängt, wurde sie bis gestern noch als wissenschaftliche Häresie betrachtet. Das kümmerte die Realität selbst nicht. Wie auch immer unsere Ansichten sich verschoben haben, die Realität hat uns an einen Scheidepunkt geführt; ein Wegweiser sagt „Bewusstsein ist der Ursprung“, der andere „Materie ist der Ursprung“. Ervin Laszlo taucht tief in die Geheimnisse der Realität ein und leitet aus ihnen ab, welcher Weg zu wählen ist. Und mit der neuen Karte der Realität gibt er uns den Mut, ihn zu gehen.

Endnoten

1 Schrödinger, E.: My View of the World. Cambridge UP, London, 1964, S. 30

2 Schrödinger, E.: Mind and Matter. Cambridge UP, London, 1967, S. 135

3 Schrödinger, E.: What is Life? The Physical Aspect of a Living Cell. Cambridge UP, London, 1967, S. 129

4 Sullivan, J. W. N.: „Interviews with the Great Scientists VI: Max Planck“ in *The Observer*, Jan. 25, 1931, S. 17.

Einleitung

Stanislav Grof

Nach 15 Jahren intensiven Studiums der Wissenschaftsgeschichte publizierte 1962 Thomas Kuhn, einer der einflussreichsten Philosophen des 20. Jahrhunderts, sein bahnbrechendes Buch „The Structure of Scientific Revolutions".[1] Er konnte zeigen, dass die Wissenschaftsgeschichte nicht einfach eine fortschreitende Datenanhäufung und Formulierung von immer genaueren Theorien darstellt. Sie zerfällt in deutlich unterscheidbare Epochen, deren jede von etwas bestimmt wird, was Kuhn Paradigma nannte: eine Konstellation von metaphysischen Grundannahmen, Glaubenssätzen, Wertvorstellungen und Techniken, die von den Mitgliedern der akademischen Gemeinschaft anerkannt werden. „Normale" wissenschaftliche Tätigkeit ist wesentlich lösungsorientiert, verharrt dabei aber innerhalb der konzeptuellen Regeln des Paradigmas der jeweiligen Epoche, einem Schachspiel vergleichbar.

Das Muster bleibt unverändert, bis neue Fakten auftauchen, welche die Grundannahmen des führenden Paradigmas in Frage stellen. Erst wenn Mainstream-Wissenschaftler gezwungen sind einzuräumen, dass das in die Schusslinie geratene bisherige Glaubenssystem nicht mehr durch Zweifel an der Expertise, Integrität oder Zurechnungsfähigkeit ihrer Autoren gerettet werden kann, wagen es alternative Denker, Alternativen zum überkommenen Denkweg zu formulieren, um Lösungsansätze für die konzeptuelle Krise zu finden. Diese Periode „anormaler Wissenschaft" endet, wenn eine dieser Alternativen als ein alles einbeziehendes Paradigma akzeptiert wird, um Theorie und Praxis der folgenden historischen Epoche regeln zu können.

Heutzutage ist unübersehbar, dass wir uns mitten in einem tiefgreifenden Paradigmenwechsel befinden, dessen Tragweite und Ziel der Kopernikanischen Revolution vergleichbar sind. Im Laufe des 20. Jahrhunderts hatten die verschiedenen Disziplinen der modernen Wissenschaft ein ungeheuer weites Spektrum an Beobachtungen angehäuft, die sich aus materialistischer Weltsicht weder mehr erfassen geschweige denn erklären ließen. Diese „abnormen Phänomene" stammten aus einer immensen Bandbreite, angefangen von Astrophysik, Quanten- und Relativitätsphysik, Chemie und Biologie bis hin zu Anthropologie, Thanatologie, Parapsychologie und transpersonaler Psychologie. Eine ausgezeichnete Definition für „abnormale Phänomene" wäre: „was nach Anwendung einer schlechten Theorie übrig bleibt". Wenn so viele führende wissenschaftliche Disziplinen einer Weltanschauung von solch irritierenden Beobachtungen und paradoxen Entdeckungen geplagt werden, wird ein radikaler Paradigmen-Wechsel unvermeidbar.

Pionierforscher formulierten neue revolutionäre Theorien, um die im Wege stehenden Rätsel auf ihrem jeweiligen Gebiet zu lösen. So kristallisierte sich in den letzten Jahrzehnten eine überraschend andersgestalte Karte von Realität und Menschheit heraus – ein neues Paradigma. Zu diesen veränderten Perspektiven gehörten David Bohms Theorie des Holomovement, Karl Pribrams holographisches Gehirnmodell, Rupert Sheldrakes Theorie der morphogenetischen Felder, Ilya Prigogines Theorie dissipativer Strukturen, Ansätze wie die der transpersonalen Psychologie, und weitere.[2]

Doch bildeten diese Vorstöße vorerst nur ein Mosaik aus Versuchen, spezifische Probleme zu lösen, die im individuellen Fachkontext aufgetaucht waren. Es mangelte ihnen an Kohäsion untereinander, sie blieben zusammenhanglose Enklaven im Gewebe einer materialistischen Weltsicht.

Ervin Laszlos systemische inter- und transdisziplinäre Forschung, die sich über ein halbes Jahrhundert erstreckt und in diesem Buch kulminiert, hatte etwas geschafft, wozu kein revolutionärer Ansatz bisher in der Lage gewesen war. Seine Konnektivitätshypothese und sein Konzept vom Akasha-Raum ergaben plausible Erklärungen für anomale Phänomene, widersprüchliche Beobachtungen und Anfechtungen des bis dahin gültigen Paradigmas, die viele Disziplinen quälten, und machten es möglich, sie in eine verständliche Theorie des universellen Informationsfelds zu integrieren, eine „theory of everything".[3] In seiner einzigartig systemischen und interdisziplinären Herangehensweise gelang es Laszlo nun, eine Karte zu erstellen, welche die Barrieren zwischen den Naturwissenschaften und dem Studium von Geist und Spiritualität einzureißen vermochte. In der vorliegenden Einführung möchte ich den Fokus auf diesen letzten Aspekt in Ervin Laszlos Arbeit legen.

Ich hatte das Vergnügen und Privileg, die transpersonale Psychologie aus der Taufe heben zu dürfen, eine Disziplin, die versucht, das Beste der modernen Wissenschaft mit authentischer Spiritualität zusammenzuführen; zudem bin ich seit einem halben Jahrhundert in der Bewusstseinsforschung involviert. Mein besonderes Interesse gilt der Untersuchung einer erstaunlich weitreichenden Subkategorie von ungewöhnlichen Bewusstseinszuständen mit einzigartigem heilendem, transformativem, heuristischem und sogar evolutionärem Potential. Für diese Zustände habe ich den Begriff „holotropic" geprägt, das heißt wörtlich „sich auf die Ganzheit zubewegend", vom griechischen holos = ganz und trepo/trepein = sich in Richtung auf … bewegen.[4]

Schamanennovizen durchlaufen während ihrer Initiationskrisen holotrope Zustände und rufen solche später bei ihren Patienten zu therapeutischen Zwecken hervor. Alte und native Kulturen nutzten diese Zustände in ihren Übergangsriten und Heilungszeremonien seit Jahrhunderten. Mystiker aller Epochen und Initiierte in alten Mysterienkulten von Tod und Geburt beschrieben sie. Verfahren, um sie herbeizuführen („Sakraltechniken") wurden auch im Kontext der großen Weltreligionen entwickelt und angewandt – im Hinduismus, Buddhismus, Jainismus, Taoismus, Islam, Judentum, im Zoroastrischen Glauben und im Christentum. Dazu kommen weitere wichtige Kategorien holotroper Zustände wie Erlebnisse, die durch psychedelische Substanzen ausgelöst werden, Nahtoderfahrungen (NTEs) und UFO-bezogene Geschehnisse und Phänomene.

Meine eigene Einführung in holotrope Bewusstseinszustände geschah im November 1956, als ich in meinen Anfangsjahren als Psychiater freiwillig bei einem Experiment mit LSD-25 teilnahm, einer neuen Substanz, die zu Forschungszwecken von der pharmazeutischen Firma Sandoz in Basel an das Psychiatric Department of Charles University in Prag geschickt worden war. In meiner Sitzung wurde mir eine großartige Erfahrung kosmischen Bewusstseins zuteil, die einen enormen Einfluss auf mein weiteres professionelles und privates Leben haben sollte. Das Studium holotroper Bewusstseinszustände wurde mein Beruf, meine Berufung und Leidenschaft.[5]

Drei Jahre lang untersuchte ich diese Substanzen im Rahmen eines breit angelegten multidimensionalen und interdisziplinären Projekts; dann begann ich, Psychedelika als Hilfe in der Psychotherapie einzusetzen. Die außergewöhnliche inter- und intraindividuelle Vielfalt an Reaktionen unserer Versuchssubjekte hatte es so in der Welt der Pharmakologie noch nicht gegeben. Damit war klar, dass diese Substanzen keine gewöhnlichen pharmakologischen Stoffe mit halbwegs vorhersehbaren Wirkungen waren. Sie stellten sich als mächtige Katalysatoren für den unbewussten Prozess heraus, denn sie holten Dinge aus der Tiefe der Psyche ins Bewusstsein hoch. Ich erkannte, dass wir da keine pharmakologische Forschung mehr betrieben, sondern die menschliche Psyche mit Hilfe phantastischer neuer Mittel studierten. Ich übertreibe nicht, wenn ich die potentielle Bedeutung der Psychedelika für die Psychiatrie mit der entscheidenden Rolle vergleiche, die das Mikroskop in Biologie und Medizin oder das Teleskop in der Astronomie spielt.

Von Anfang an brachte die Verwendung von Psychedelika in Serienversuchen für Selbstforschung und Psychotherapie Erfahrungen und Beobachtungen zum Vorschein, die das bis dahin herrschende Wissenschafts-Paradigma anfochten. Zuerst erlebten meine Patienten farbige geometrische (fraktalartige) Visionen und Erinnerungen aus Säuglings- und Kindesalter. Doch sobald die Sitzungen länger wurden oder die Dosis erhöht, tauchte ein neues Phänomen auf: dieselben Patienten entdeckten nun in ihrer Psyche einen transbiographischen Bereich, der von Mainstreamakademikern und -klinikern nicht anerkannt wird. Sie erlebten Phasen ihrer biologischen Geburt wieder und konnten die seelischen und physischen Gefühle loslassen, die sie seit ihrem Eintritt in diese Welt zurückgehalten hatten. Das stellte zwar die Meinung traditioneller Psychiater in Frage, nach der eine Erinnerung an die eigene Geburt unmöglich ist, da das Gehirn des Neugeborenen noch nicht vollständig myelinisiert ist, doch bedeutete es noch keine grundsätzliche Anfechtung. („Myelinisiert" meint die im Laufe der Entwicklung stattfindende Umhüllung von Proteinen und Phospholipiden mit Myelin, wie es mit gesunden Nervenzellen geschieht.)

Der Myelinisierungseinwand ist sehr wenig überzeugend und im Grunde absurd, zieht man hinzu, dass die pränatale Forschung eine Sensitivität des Fötus schon in utero hat nachweisen können. Außerdem existiert Erinnerungsvermögen sogar in primitiven Organismen, die überhaupt kein Gehirn besitzen; und es herrscht Einigkeit in professionellen Kreisen darüber, dass die Qualität von Stillverhalten und frühkindlicher Bindung (bonding: Blickkontakt zwischen Mutter und Neugeborenem) einen tiefen Einfluss auf das postnatale Leben hat (Kennel, und Klaus 1985, Kennell und Klaus 1988). Die an sich unlogische Leugnung der Bedeutung der Geburt für die Psyche des Erwachsenen lässt sich wahrscheinlich auf eine Unterdrückung dieser sehr schmerzhaften und womöglich lebensbedrohlichen Situation zurückführen. Doch im Laufe der psychedelischen Forschung ergaben sich weitere faszinierende konzeptuelle Infragestellungen. Während der Sitzungen traten Erinnerungen aus verschiedenen pränatalen Stadien auf, beschleunigte experimentelle Wiederholungen der gesamten Embryogenese, und sogar Zellerinnerungen von Spermatozoen und Eizellen während des Befruchtungsprozesses.[6]

Beim weiteren Sondieren des Tiefenbewusstseins enthüllte sich mir ein großes transbiographisches Experimentierfeld, für das ich den Begriff transpersonal wählte. Es umfasst ein reiches Erlebnisarreal, in dem das Bewusstsein die Körper- bzw. Egogrenzen und die übliche Eingrenzung auf die lineare Zeit und den dreidimensionalen Raum sprengt. Ich brauchte drei Jahre, um eine neue Kartographie für die wichtigsten Kategorien und Typen transpersonaler Erfahrungen und Phänomene zu entwickeln. Dabei realisierte ich, dass dies Verständnis der Psyche ganz und gar nicht neu war. Teile davon hatten bereits Renegaten der Psychoanalyse wie Otto Rank, C.G. Jung und Sándor Ferenczi beschrieben, andere hatten Ähnlichkeit mit den großen Systemen der östlichen Spiritualität, wie sie Aldous Huxley in seiner „Perennial Philosophy“[7] zusammengetragen hatte. Meine Karte integrierte all' diese zunächst unzusammenhängend scheinenden Einblicke in die menschliche Psyche und ergänzte sie durch neue Beobachtungen aus der modernen Bewusstseinsforschung.[8]

Transpersonale Phänomene haben eine außergewöhnliche Eigenschaft, welche die metaphysischen Grundannahmen der westlichen Wissenschaft unterminiert: Sie können Zugang verschaffen zu genauer Information über diverse Aspekte des Universums, die weit über das intellektuelle Wissen der involvierten Subjekte hinausgehen. In manchen Fällen konnte man beweisen, dass besagte Individuen diese Information nicht über gewöhnliche Wege hatten erhalten haben können; in anderen ging es um eine Art Information, die gar nicht über ein Medium vermittelbar ist (z.B. das Körpergefühl von Tieren, olfaktorische, Geschmacks- und taktile Wahrnehmungen, oder artspezifisches Erleben bei sexueller Erregung). Interessierte Leser finden hierzu zahlreiche Beispiele in meinen früheren Veröffentlichungen.[9]

Beispielsweise kann die experimentelle Identifikation mit einer anderen Person tiefe Einsichten in deren Persönlichkeit, emotionales Leben, Gedanken und manchmal sogar persönliche Erinnerungen bringen. Wenn man zum Adler, Delphin oder zur Fledermaus wird, bekommt man Zugang zu Informationen über das Körperbild dieser Tiere und ihre spezifische Art, die Welt wahrzunehmen. Leute, die archetypischen Wesen begegnen und archetypische Regionen besuchen, können Informationen über Mythologien erhalten, über die sie vorher nichts wussten.[10] Nachtodliche Erlebnisse liefern oft genaue Bilder von Gewändern, Waffen, Gebäuden und anderen Aspekten jeweiliger Kulturen und historischer Epochen, zuweilen sogar von besonderen historischen Ereignissen.[11]

Das Überschreiten des Raum-Zeit-Bewusstseins beginnt mit der Erfahrung dualer Einheit, bei der sich die Körper/Ego-Grenzen auflösen und das Individuum mit einer anderen Person eins zu werden scheint, dabei gleichzeitig aber ihre eigene Identität behält. Solche Erfahrungen sind normal zwischen einer schwangeren Mutter und ihrem Fötus oder einer stillenden Mutter und ihrem Baby. Entsprechend können Erwachsene, die in holotropen Zuständen eine Regression zu Mutterbrust und Mutterleib hin erfahren, das Gefühl haben, mit ihrer Mutter zu verschmelzen. Die Praxis von Maithuna, der sexuellen Vereinigung im Vamamarga Tantra, dient dazu, die Sexualpartner durch ihre experimentelle Fusion auf eine höhere spirituelle Stufe zu führen.

In mediumistischen Erfahrungen wird die Identifikation mit dem anderen so stark und überzeugend, dass das Individuum seine oder ihre Identität verliert. Die Aufhebung des Bewusstseins kann bis hin zur experimentellen Identifikation mit ganzen Gruppen von Leuten gehen (z.B. allen Müttern dieser Welt oder allem individuellen Leid oder Sterben) – und sogar der gesamten menschlichen Spezies. Erfahrungen dieser Art können auch zu Abbildungen des Körperinneren des Subjekts führen und es auf seine mikroskopische Ebene heranzoomen – seine Organe, Gewebe, und sogar Zellen. Das Transzendieren von Raumgrenzen führt potentiell über die Schranken der Spezies hinaus zu einer authentischen Identifikation mit Tieren und Pflanzen auf jeder Ebene des Evolutionsbaums. Weniger häufig tritt experimentelle Identifikation mit anorganischen Substanzen und Prozessen auf, wie Granit, Bernstein, oder einem explodierendem Vulkan.[12]

Unglaubwürdig und absurd mögen diese Erfahrungen einem monistisch-materialistischer Weltanschauung verpflichteten westlichen Beobachter erscheinen, doch legen sie nahe, dass alles, was wir in einem alltäglichen Bewusstseinszustand als Objekt wahrnehmen, in einem holotropen Bewusstseinszustand eine subjektive Entsprechung hat. Dergleichen Beobachtungen pflichten der Grundlehre der hinduistischen Philosophie bei, nach der die materielle Welt eine Manifestation des absoluten Bewusstseins ist (Brahman, Satchitananda).

Das Wiedererleben von Vorfällen aus Kindheit, Geburt und pränatalem Leben lässt sich eher als repräsentativ verstehen für das Transzendieren linearer Zeit denn als Wiedererleben im konventionellen Verständnis. Der Grund dafür liegt darin, dass solche Erlebnisse einen integralen Part einer ununterbrochenen Reihe von Vergangenheitserlebnissen darstellen, welche auch Vorkommnisse beinhalten, für die sich kaum oder überhaupt kein materielles Substrat finden lassen. Dazu gehören Identifizierungen mit Spermatozoen und Eizellen während der Empfängnis auf zellularer Bewusstseinsebene, anzestrale, rassische, kollektive und karmische Erlebnissequenzen und solche, die Ereignisse innerhalb der botanischen und zoologischen Evolution abbilden. Zeitentgrenzungen können auch anorganische Objekte und Prozesse ebenso wie die Evolution des Universums oder die Frühgeschichte unseres Planeten miteinbeziehen.

Manche transpersonale Erfahrungen rühren an eine Dimension, die sich von der Konsensrealität radikal unterscheidet. Sie ist immateriell und liegt jenseits von Raum und Zeit; in ihr gibt es keine Grenzen und alles scheint im ewigen Jetzt zu koexistieren. Es ist ein Reich, das Archetypen und kosmische Prinzipien in sich birgt, welche die materielle Welt bilden und beseelen; diese können sich entweder in ihrer universellen Form oder in Form von spezifisch kulturbedingten Einheiten manifestieren. Es ist das Reich, das Laszlo in seinem vorliegenden Buch Akasha Holofield nennt, das holographische Akasha-Feld, den kosmischen Bereich jenseits des Raumzeitkontinuums.

Das experimentelle Spektrum holotroper Zustände schließt Begegnungen und Kommunikationen mit verstorbenen Personen und entkörperlichten Wesen wie Geistern, schamanistischen Krafttieren und Geistführern mit ein. An seiner äußersten Grenze kann individuelles Bewusstsein mit dem universellen Geist oder kosmischen Bewusstsein, dem Urgrund des Universums, eins werden. Die tiefst mögliche Erfahrung in holotroper Verfassung ist das Eintauchen in die Suprakosmische und Metakosmische Leere, die uranfängliche Leerheit und das Nichts – die eigentliche Quelle der Existenz. Die Leere besitzt ein widersprüchliches Wesen; sie ist ein Vakuum, insofern sie jeder konkreten Form entbehrt, doch gleichzeitig Fülle, da sie über das notwendige Potential – jedwede Information und Energie – verfügt, um das materielle Universum zu manifestieren.

Eine weitere Kategorie transpersonaler Erlebnisse betrifft Phänomene, die in einer Zwischenzone zwischen Bewusstsein und materieller Welt stattfinden. C.G. Jung verwendete für sie die Bezeichnung psychoid, den Begriff von Hans Driesch übernehmend, dem Begründer des Neovitalismus. Bezeichnend für diese sind Synchronizitäten, bedeutungsvolle Verbindungen zwischen innerpsychischen Erlebnissen und Ereignissen in Raum und Zeit (Jung 1960). Dazu kommen außergewöhnliche physische Fähigkeiten von Athleten, yogische Sonderkräfte (Siddhis), physisch-mediumistische Vorkommnisse in spiritistischen Sitzungen, UFO-Erlebnisse, Poltergeist-Erfahrungen und intentionale Psychokinese.[13]

Existenz und Wesen transpersonaler Erfahrungen greifen die Grundthesen der materialistischen Wissenschaft an. Sie setzen scheinbar absurde Dinge wie Relativität und willkürliche Natur aller physischen Grenzen voraus, ortsunabhängige Verbindungen innerhalb des Universums, Verständigung über unbekannte Mittel und Kanäle, Erinnerung ohne materielles Substrat, Nichtlinearität von Zeit oder mit allen lebenden Organismen und sogar anorganischer Materie verbundenes Bewusstsein. Viele transpersonale Erfahrungen schließen Begebenheiten aus Mikro- und Makrokosmos mit ein, Gefilde, an die menschliche Sinne ohne Hilfe nicht heranreichen können, oder Ereignisse aus Epochen, die vor dem Ursprung des Sonnensystems liegen, der Bildung des Planeten Erde, dem Auftreten lebender Organismen, der Entwicklung des Nervensystems und dem Auftauchen des Homo sapiens.

Die Gesamtheit der oben beschriebenen Erfahrungen und Beobachtungen stellt eine ungeheure Herausforderung für die materialistische Wissenschaft dar, etwas, was sich nicht durch einfache konzeptuelle Patchworkarbeit (Hypothesen ad hoc) erledigen lässt, sondern nach einer größeren Generalüberholung des aktuellen Paradigmas ruft. Nach über einem halben Jahrhundert Forschung über holotrope Bewusstseinszustände bin ich von der ontologischen Realität des transpersonalen Bereichs und seiner zentralen gnoseologischen Bedeutung überzeugt. Mainstreamwissenschaftler neigen dazu, auf diese Herausforderung mit Leugnen oder Uminterpretieren des Offensichtlichen zu reagieren. Dieser unerschütterliche Widerstand beruht auf der radikalen Inkompatibilität der neuen Daten mit dem herrschenden Wissenschaftsparadigma und wird geschürt von der Tendenz von Wissenschaftlern, „die Karte mit dem Territorium zu verwechseln“, wie Thomas Kuhn es treffend nannte und mit Alfred Korzybski und Gregory Bateson diskutierte.[14] Gleichwohl hält sich hartnäckig in der Welt der Wissenschaft die Tendenz, das bestehende Paradigma weiterhin als treffende und definitive Beschreibung der Realität zu missdeuten.

Ervin Laszlos „Was ist Realität" rüttelt an Problemen und Paradoxien in verschiedenen Disziplinen der modernen Wissenschaft und verblüfft mit unerwarteten Neuansätzen. Sie ist ein Parforceritt durch ein halbes Jahrhundert Forschung und kulminiert in dem vorliegenden Buch, eine phänomenale Leistung.[15] Die Bedeutsamkeit seiner neuen Karte ist bahnbrechend. Ich resümiere hier kurz die radikal neue Perspektive, welche diese Karte auf offene Fragen in der Erforschung holotroper Zustände wirft, insbesondere solche in Reichweite personaler Erfahrungen.

Als wichtigste allgemeine Schlussfolgerung ergibt sich aus den Vorgehensweisen moderner Bewusstseinsforschung, dass Bewusstsein kein Produkt neurophysiologischer Prozesse im Gehirn ist, sondern ein essentieller und integraler Part der Existenz. Diesen Tatbestand umzusetzen, ist das Hauptanliegen von Laszlos Karte der Realität. Ihr gemäß entsteht Bewusstsein nicht im Gehirn, sondern jenseits von Raum und Zeit im Akasha-Feld. Hier formt und in-formiert die In-formation alle Entitäten und Phänomene in Raum und Zeit.

Der Akasha-Urgrund birgt den Logos des Kosmos; er enthält Information, Gesetz- und Regelmäßigkeiten, welche die Geschehnisse in der sichtbaren Welt und das Verhalten ihrer Bestandteile regeln. Er bewahrt auch eine vollständige holographische Aufzeichnung der Geschichte des Universums und unseres Planeten, einschließlich der von ihm erschaffenen Bewusstseinsmuster. Da dieser Bereich weder Grenzen noch Zonen hat, ist alle In-formation an allen seinen Punkten gegenwärtig. Das Bewusstsein dreidimensionaler Entitäten findet zwar einen Ort in Raum und Zeit, bleibt jedoch wesentlich ortsungebunden, da es ursprünglich eine Projektion aus dem Akasha-Bereich jenseits von Raum und Zeit ist. Kommunikation zwischen diesen Entitäten kann augenblicklich und über jede Distanz und jedes Zeitintervall hinweg stattfinden.

Viele Probleme in Bezug auf transpersonale Erfahrungen fänden eine Lösung, wenn wir Laszlos Postulat des holistischen Akasha-Felds mit allen beschriebenen Eigenschaften akzeptieren und die Möglichkeit in Betracht ziehen würden, dass örtlich sich manifestierendes Bewusstsein seine Verbindung mit diesem Feld hält und die in ihm gelagerte Information jederzeit abrufen kann.

Eine der erstaunlichsten Beobachtungen in holotropen Bewusstseinszuständen ist die offensichtliche Befähigung zu Zeitreisen in andere historische Epochen und Länder. In meinen Aufzeichnungen befinden sich zahlreiche Berichte von Individuen, die überzeugt davon waren, dass ihre Erlebnisse sich im antiken Assyrien oder Babylonien abspielten, im Japan der Samurai-Zeit, während der Französischen Revolution, in Afrika zur Kolonialzeit und an vielen anderen Plätzen und in anderen Epochen. Ich habe es persönlich erlebt, wie überzeugend nachtodliche Erlebnisse im Alten Ägypten, Zaristischen Russland und ähnlichen Abschnitten weit zurückliegender oder jüngerer historischer Epochen und an unterschiedlichen geographischen Orten sich darstellen können.[16] Die Möglichkeit holographischer Aufzeichnung und Speicherung von raumzeitlichen Geschehnissen im Akasha-Raum jenseits von Raum und Zeit ist eine Grundbehauptung von Ervin Laszlos Gesamtkarte hinsichtlich der Bewusstseinsforschung. Die Existenz dieser Erfahrungen darf als empirische Validierung dieser Karte betrachtet werden.

Experimentelle Identifikation mit Menschen, Tieren, Pflanzen und anorganischen Dingen, für die bisher keine horizontalen Kommunikationskanäle gefunden werden konnten, wird erklärlich, wenn wir die Möglichkeit einer Verbindung zulassen, die durch In-formation von jenseits des Raumzeitkontinuums geschaffen wird. Diese In-formation würde auch für Jungs „akausales Verbindungsprinzip" gelten, zu dem Synchronizitäten gehören und ESP-Phänomene wie Telepathie, Hellsichtigkeit, Psychometrie und Astralprojektion. Psychoide Ereignisse ließen sich als Situationen betrachten, in denen örtliches Bewusstsein über Raum und Zeit hinausginge und die Fähigkeit erwürbe, das Verhalten unterschiedlicher Elemente der Raumzeit zu steuern, so wie es dies in der Schöpfung der Welt der Phänomene selbst tut. Der Wechsel vom ortsbezogenen Bewusstsein zum Akasha'schen Holo-Feld könnte viele Erlebnisse und Geschehnisse während Nahtoderfahrungen, des Sterbeprozesses oder des biologischen Todes verstehen helfen. Als Beispiele ließen sich außerkörperliche Erfahrungen (engl. OBEs) heranziehen, wahrhaftige OBEs bei blind geborenen Menschen („mindsight" – Innenschau, siehe u.a. Daniel Siegel), Bardoleib und Bardoreich, wie sie im Tibetanischen Totenbuch beschrieben sind, Erscheinungen von kürzlich verstorbenen Verwandten und Freunden, das „Willkommenskomittee" verstorbener Leute, das Sterbenden erscheint, verdächtige Synchronizitäten bei Überlebenden, Kommunikation mit Verstorbenen, bespukte Häuser und Schlösser sowie astrale Fluggeräte und Geister.

Ervin Laszlos Karte der Realität bietet mit ihren Funden und Theorien an der Grenze der Wissenschaft elegante Lösungen für Dilemmas und Paradoxien in vielen wissenschaftlichen Disziplinen, die bestehen geblieben waren trotz früherer revolutionärer Vorstöße, die teilweise schon Korrekturen ermöglicht hatten. Dabei beziehe ich mich auf David Bohms Theorie des Holomovement, Karl Pribrams holographische Gehirntheorie, Rupert Sheldrakes Konzept morphischer Resonanz und morphogenetischer Felder, Ilya Prigogines Entdeckung dissipativer Strukturen, Alfred North Whiteheads Prozessphilosophie, Gregory Batesons generalistische Weltanschauung und andere mehr.[17]

Laszlos Neue Karte schafft etwas, was Generationen von modernen Wissenschaftlern bisher nicht für möglich gehalten hatten. Sie erklärt und erhellt eine Reihe scheinbar obskurer und absurder Aussagen und Lehren, wie man sie in mystischer und esoterischer Literatur findet. Zum Beispiel beschreibt der Jainismus alle Wesen im Universum als selbstverblendete getrennte Einheiten des Bewusstseins (Jivas), die sich irrtümlicherweise als autonome Einheiten wahrnehmen. Die Jivas weisen ein wichtiges Charakteristikum auf, das fantastisch und unglaublich erscheint: Jedes von ihnen besitzt Information über alle anderen. Vedische Mythologie schildert eine Perlenhalskette in Indras Himmel, in dem die Perlen so angeordnet sind, dass jede einzelne alle widerspiegelt; diese Halskette symbolisiert das Universum. In der erstaunlichen Philosophie wechselseitigen Durchdringens, wie sie im Avatamsaka (Huayan) Buddhismus zu finden ist, wird die Essenz des Universums in vier Feststellungen erfasst: Eines in Einem, Eines in Vielem, Vieles in Vielem, und Vieles in Einem.

Auf der antiken Smaragdtafel (tabula smaragdina), die dem Hermes Trismegistus zugeschrieben wird, steht zu lesen: „Was unten ist, ist wie das, was oben ist, und was oben ist, ist wie das, was unten ist, so werden die Wunderwerke des Einen erwirkt." Die Vorstellung, dass der Makrokosmos in jedem Mikrokosmos enthalten ist, findet sich in vielen esoterischen Systemen wieder: im Tantra, der Kabbalah, der gnostischen Überlieferung, und anderen. Grafisch wird das Konzept, nach dem jeder von uns mit dem gesamten Universum identisch ist, dargestellt in den Bildern von Purushakara Yantra, Adam Kadmon und dem kosmisch-gnostischen Menschen. Untersuchungen holotroper Zustände validieren, richtig verstanden, diese Idee. Jeder von uns ist mit dem ganzen Universum identisch, doch nicht als etwas Mess- und Wägbares, sondern insofern wir das Potential besitzen, uns experimentell mit jedem seiner Teile zu identifizieren.

Laszlos neue Karte der Realität subsummiert Vorstellungen von verschiedenen philosophischen Systemen. So besteht in der Monadologie des großen deutschen Mathematikers und Philososphen Gottfried Wilhelm Leibniz das Universum aus Monaden, Wesensformen des Seins, die ewig und unzerstörbar sind. Jede von ihnen enthält Information über alle anderen und spiegelt das gesamte Universum in einer präetablierten Harmonie wider.[18] Gemäß Alfred North Whitehead konstituiert das Universum sich eher aus im jeweiligen Augenblick sich ereignenden Erfahrungen denn aus bleibender materieller Substanz. Jeder dieser Momente („wirkliche Gelegenheiten") enthält die ganze Geschichte des Universums und bezieht sich von innen her auf alle anderen.[19]

Laszlos transdisziplinäres Verständnis von Kosmos und Bewusstsein versammelt sich in seinem Opus Magnum „Die Neue Karte der Realität: Einführung in die integrale Wissenschaft des 21. Jahrhunderts"; es baut Brücken zwischen Naturwissenschaft, Philosophie, Metaphysik und Spiritualität. Doch reicht seine potentielle Bedeutung noch weiter: Das Denken in der Akasha-Dimension hat wichtige Folgen und Anwendungsmöglichkeiten für Ökologie, Ökonomie, Soziologie, Politik und Religion. Laszlos Entwurf einer neuen Karte der Realität könnte ein kostbares Instrument für die Lösung von Problemen werden, die das technisch-industrielle Denken in die Welt gebracht hat, und uns den Weg zeigen in eine nachhaltige globale Zivilisation.

Endnoten

1 Kuhn, Th.: The Structure of Scientific Revolutions. University of Chicago Press, Chicago, IL, 1962

2 Bohm, D.: Wholeness and the Implicate Order. Routledge & Kegan Paul, London, 1980; Pribram, K.: Languages of the Brain. Prentice Hall, Englewood Cliffs, NJ, 1971; Sheldrake, R.: A New Science of Life: The Hypothesis of Formative Causation. J. P. Tarcher, Los Angeles, CA, 1981; Prigogine, I.: From Being to Becoming: Time and Complexity in the Physical Sciences. W. H. Freeman, San Francisco, CA, 1980

3 Laszlo, E.: Science and the Akashic Field: An Integral Theory of Everything. Inner Traditions, Rochester, VT, 2007

4 Grof, S.: Beyond the Brain: Birth, Death, and Transcendence in Psychotherapy. State University of New York Press, Albany, New York: 1985; Grof, S.: Psychology of the Future. State University of New York Press, Albany, New York, 2000

5 Grof, S.: When the Impossible Happens: Adventures in Non-Ordinary Realities. Sounds True, Louisville, Colorado, 2006

6 Ebd.

7 Huxley, A.: Perennial Philosophy. Harper and Brothers, New York and London, 1945

8 Grof, S.: Beyond the Brain: Birth, Death, and Transcendence in Psychotherapy. State University of New York Press, Albany, New York, 1985; Grof, S.: Psychology of the Future.

9 Grof, S.: Beyond the Brain; Grof, S.: Psychology of the Future

10 Jung, C. G.: Symbols of Transformation. Collected Works, vol. 5, Bollingen Series XX. Princeton University Press, Princeton, N.J., 1956; Jung, C. G.: The Archetypes and the Collective Unconscious, Collected Works, vol. 9,1, Bollingen Series XX. Princeton University Press, Princeton, N.J., 1959

11 Grof, S.: When the Impossible Happens

12 Ebd.

13 Jung, C. G.: Synchronicity: An Acausal Connecting Principle. Collected Works, vol. 8, Bollingen Series XX. Princeton University Press, Princeton, 1960

14 Korzybski, A.: „A Non-Aristotelian System and Its Necessity for Rigor in Mathematics and Physics“. Ein Vortrag vor der American Mathematical Society auf dem Treffen der American Association for the Advancement of Science. New Orleans, Louisiana, December 28, 1931; Bateson, G.: Steps to An Ecology of Mind. Chandler Publications, San Francisco, 1972

15 Laszlo, E.: The Creative Cosmos: A Unified Science of Matter, Life and Mind. Floris Books, Edinburgh, 1993; Laszlo, E.: The Interconnected Universe: Conceptual Foundations of Transdisciplinary Unified Theory. World Scientific Publishing, Singapore, 1999; Laszlo, E.: The Connectivity Hypothesis: Foundations of an Integral Science of Quantum, Cosmos, Life, and Consciousness State University of New York Press, Albany, NY, 2003

16 Grof, S.: When the Impossible Happens

17 Bohm, D.: Wholeness and the Implicate Order; Pribram, Languages of the Brain; Sheldrake, A New Science of Life; Alfred North Whitehead, Process and Reality. Macmillan, New York, 1929; Bateson, G.: Steps to an Ecology of Mind

18 Leibniz, G. W.: The Principles of Philosophy Known As Monadology. Cambridge University Press, Cambridge, 2010

19 Whitehead, A. N : Process and Reality

Teil I

Die neue Karte

Kapitel 1

Kosmos

Paradigmenverschiebung

Von Zeit zu Zeit ergeben sich innerhalb der Wissenschaft Paradigmenverschiebungen – fundamentale Verschiebungen hinsichtlich der Art und Weise, in der Wissenschaftler die Realität wahrnehmen. Große Verschiebungen solcher Art erlebte bereits das 20. Jahrhundert, doch jenes Paradigma, welches sich in diesem zweiten Jahrzehnt des 21. Jahrhunderts herauskristallisiert, unterscheidet sich von den vorangegangenen ebenso sehr wie diese von den vorwissenschaftlichen Spekulationen, welche lange Zeit das überlieferte Nachdenken über die Welt beherrscht hatten. Das Paradigma, welches jetzt nach vorne drängt, deutet auf eine radikal neue Konzeption des Wesens der Realität hin.

Das klassische Paradigma

Das mittlerweile obsolet gewordene, aber immer noch geläufige und in mancherlei Hinsicht herrschende bisherige Paradigma ist das Erbe der klassischen Physik. Aus seiner Sicht besteht die Welt aus individuellen „Materie"-Stückchen, die in einem passiven Raum und einer indifferent zur Verfügung stehenden Zeit interagieren. Dieses Konzept ist bereits im ersten Jahrzehnt des 20. Jahrhunderts durch die Relativitätsrevolution und im dritten Jahrzehnt durch die Quantenrevolution in Frage gestellt worden. Das neue Paradigma vom Beginn des 21. Jahrhunderts konsolidiert diese beiden Revolutionen. Es betrachtet die Welt als ein ganzheitliches System, in dem alle Dinge wesentliche Elemente eines zusammengehörigen Ganzen sind und als solche miteinander interagieren und gemeinsam ein verschränktes quantenähnliches System bilden.

Der „globale Realismus" dieses neuen Paradigmas steht im Kontrast zum „lokalen Realismus" des klassischen Konzepts. Im letztgenannten nehmen reale Dinge in Raum und Zeit unverwechselbare Positionen ein und werden lediglich von lokalen Kräften beeinflusst, die durch mechanische Interaktion übertragen werden.

Der globale Realismus stützt sich auf beobachtbare und experimentell nachvollziehbare Indizien. Er hat die Entdeckung gemacht, dass Dinge selbst dann miteinander in Verbindung bleiben, wenn sie sich in einer klar definierten raumzeitlichen Entfernung voneinander befinden. Eine solche Fernwirkung stellt für das klassische Paradigma eine Anomalie dar, die sogar Einstein einmal als „spukhaft" bezeichnet hat.

Den ersten Beweis für diese Raum und Zeit transzendierende „nonlokale" Verbindung hat die Physik geliefert. Er zeigt auf, dass Teilchenpaare, die aus der gleichen Quelle stammen, aber entgegengesetzte Spins (Eigendrehimpulse) haben, untrennbar miteinander verbunden sind. Misst man eines der beiden Teilchen, wirkt sich das unmittelbar auf das andere aus – egal, wie weit sie voneinander entfernt sind. Von dieser überraschenden (und für das klassische Paradigma anomalen) Entdeckung berichteten Alain Aspect und seine Mitarbeiter 1982.[1] Sie überprüften das Einstein-Podolsky-Rosen-Gedankenexperiment, das sogenannte EPR-Paradoxon, welches 1935 unter dem Titel „Can quantum-mechanical description of physical reality be considered complete?" veröffentlicht worden ist.[2] Aspect und seine Mitarbeiter erhielten durch ihr Experiment einen Beweis für nonlokale Verbundenheit, auch wenn dieser nicht der ursprüngliche Zweck des Experiments gewesen war (Einstein wollte zeigen, dass die quantenmechanische Beschreibung der physikalischen Welt wesentlich unvollständig ist). Seither haben zahlreiche Experimente die Verbundenheit zwischen Teilchen in unterschiedlichen Entfernungen voneinander getestet und sie als real nachgewiesen. Skeptiker wandten ein, dass diese Tests das Vorhandensein von klassischen Verbindungen der Teilchen untereinander nicht berücksichtigt hätten, doch 2015 berichteten die Physiker Hensen, Bernien, Dreau und andere mehr, von einem Experiment „ohne Hintertürchen", das den nahezu zweifellosen Nachweis dafür erbrachte, dass in der Natur eine entfernte Verbundenheit der Dinge untereinander existiert.[3]

Zumindest auf Quantenebene zeigte sich, dass die Realität verbunden, verschränkt und nonlokal ist. Damit war und ist nicht gemeint, dass es in der Welt der Mikroskala keine getrennten Entitäten gibt, nur dass diese Entitäten „verschränkt" – wesentlich miteinander verbunden sind. Im zweiten Jahrzehnt des gegenwärtigen Jahrhunderts kamen solche verschränkten Verbindungen zum Vorschein – in der lebendigen Welt und sogar der makrokosmischen Dimension von Astrophysik und Kosmologie.

Das neue Paradigma

Heute, in der zweiten Dekade des 21. Jahrhunderts, ist es uns möglich, die Grundzüge dieses neuen Paradigmas zu beschreiben. Teilchen sind keine korpuskulären Einheiten, und sie existieren nicht unabhängig von einem passiven Hintergrund. Die fundamentale Realität ist nicht Materie, sondern Energie, und die Naturgesetze sind keine Regeln für mechanistische Interaktion, sondern „Anweisungen" oder „Algorithmen", die Energiemuster verschlüsseln.

Seitdem Thomas Young 1801 seine berühmten Doppelspaltexperimente durchgeführt hat, weiß man, dass Teilchen ebenso korpuskuläre wie wellenartige Eigenschaften besitzen. Gemäß der Standardversion der Quantentheorie treten diese unterschiedlichen und in mancher Hinsicht widersprüchlichen Eigenschaften in Erscheinung, je nachdem welche Art von Experiment man durchführt, um sie zu beobachten. Diesen Dualismus mitten im Herzen der Natur hat das neue Paradigma hinter sich gelassen. Ihm gemäß ist Realität grundsätzlich Wellenform. Integrale Wellenpakete treten zwar als Korpuskel auf, sind im Grunde aber Ansammlungen von interagierenden Wellen. Die Welt besteht aus Clustern stehender und fortschreitender Wellen.

Stehwellen, die wir als Teilchen kennen, kann man beobachten und messen. Sie verfügen über eine Masse, reflektieren Licht und gehorchen, wenn sie in Aktion treten, lokalen und universellen Kräften. Gleichwohl sind sie keine materiellen Einheiten, sondern relativ stabile Cluster aus interferierenden Wellen. Dasselbe gilt für Atome und Moleküle sowie die aus ihnen gebildeten Strukturen. Demnach muss die Definition der realen Welt der Dinge revidiert werden. Nach der Definition des alten Paradigmas würden wir sagen, dass ein lebender Körper eine Schwingung von beispielsweise 10^{15} Hertz besitzt, was bedeutet, dass es einen materiellen Körper in Raum und Zeit gibt, der mit 10^{15} Schwingungen pro Sekunde vibriert. Nach der Definition des neuen Paradigmas aber muss es richtig heißen, dass interferierende Stehwellen mit einer Schwingung von 1015 Hertz einen lebendigen Körper bilden.

„Wollen Sie die Geheimnisse des Universums ergründen," empfahl 1942 der geniale Querdenker Nikola Tesla, „dann denken Sie in Begriffen von Energie, Frequenz und Schwingung."[4] Diese Erkenntnis unterstützte der große Physiker Max Planck 1944, als er sagte,

> „Als Physiker, der sein ganzes Leben der nüchternen Wissenschaft der Erforschung der Materie widmete, bin ich sicher von dem Verdacht frei, für einen Schwarmgeist gehalten zu werden. Und so sage ich nach meinen Erforschungen des Atoms dieses: Es gibt keine Materie an sich. Alle Materie entsteht und besteht nur durch eine Kraft, welche die Atomteilchen in Schwingung bringt und sie zum winzigsten Sonnensystem des Alls zusammenhält."[5]

Planck führte diesen Gedanken weiter bis zu einer Schlussfolgerung, die ebenso überraschend ist wie die Negierung der Materie: „Wir müssen hinter dieser Kraft die Existenz eines bewussten und intelligenten Geistes annehmen."

Führt man Teslas Vorschlag, in Begriffen von Energie, Frequenz und Schwingung zu denken, wenn man die Geheimnisse des Universums aufdecken will, mit Plancks Behauptung zusammen, in der Welt gebe es nichts, was wir „Materie" nennen können, und das in ihr Vorhandene setze die Anwesenheit eines bewussten und intelligenten Geistes voraus, so erhält man die Voraussetzungen für die Art von Basisschema, zu dem Wissenschaftler die von ihnen beobachteten Fakten zusammenzufügen versuchen. In diesem Fall sind es die Voraussetzungen zu dem einfachst möglichen Schema, das alle beobachteten Fakten (oder zumindest deren repräsentative Mehrheit) miteinander verbinden kann. Ausgearbeitet und ausdifferenziert, liefert es uns die vertrauenswürdigste Karte vom fundamentalen Wesen der Realität, die wir bisher je hatten.

Die Karte des Kosmos

Im Sinne des altgriechischen *Kosmos* verstanden, meint der Begriff „Kosmos“ die geordnete Gesamtheit aller Dinge in der Welt. Eine wissenschaftliche Theorie des Kosmos integriert alle Dinge in ein Gesamtgefüge, welches auf bestmögliche Weise in sich konsistent und zugleich ökonomisch ist. Und genau das ist die Absicht der Karte des Kosmos, die wir im Folgenden aufzeichnen wollen. Hinsichtlich des etablierten und jetzt hinter uns gelassenen klassischen Paradigmas bedeutet diese Karte zwar eine radikale Neuerung, stellt aber eigentlich nur ein „Wieder-Erkennen“ von Einsichten in das Wesen der Realität dar, wie sie seit Jahrtausenden schon der Intuition des Menschen entsprungen sind.

Grundprinzipien

Auf der neuen Karte des Kosmos gibt es so etwas wie „Materie“ nicht, sondern nur „materie-artige“ Entitäten, die aus Clustern von koordinierter Schwingung bestehen.

Die materiellen Dinge, die wir als Elemente der realen Welt betrachten, sind Schwingungspartikel und -cluster, oszillierende Wellen in verschiedenen Größen- und Komplexitätsmaßstäben. Planckgroße Partikel finden sich zu koordinierten Schwingungsclustern zusammen, und deren Interaktion erschafft die manifeste Welt. Aus Clustern, Super- und Hyperclustern entstehen Teilchen, Atome und Moleküle, Organismen und ökologische Systeme sowie Sterne, Sternensysteme und Galaxien, welche der materielle Inhalt – die „Möblierung“ – der Welt sind. Sie stellen zwar individuell unterscheidbare, aber nicht kategorisch getrennte Entitäten dar und sind integrale Elemente des Schwingungsfeldes, in dem sie in Erscheinung treten.

Die Schwingungen, welche die Welt „möblieren“, tauchen im „erregten“ Zustand (im Kontrast zum „Grund“-Zustand) des Kosmos auf. Mithin lässt sich unser Universum definieren als ein Kohärenzgebiet im globalen Wellenfeld des erregten Zustands des Kosmos. Alle Dinge darin sind koordinierte Schwingungscluster.

Die folgenden Punkte beschreiben die Grundprinzipien der Karte der Realität, die auf diesem Entwurf des Kosmos beruht.

Intelligenz im Grundzustand des Kosmos

Die Dinge, die Raum und Zeit möblieren, sind koordinierte Muster aus interferierenden Wellen. Die manifeste Welt ist ein Gefüge koordinierter Schwingungscluster im erregten Zustand des Kosmos. Die Koordiniertheit der Schwingungscluster legt Un-Zufälligkeit im Herzen der Realität nahe. Die Cluster sind von einem Faktor „in-formiert", den wir (mit Planck) als eine dahinterliegende kosmische Intelligenz identifizieren.

Die Anwesenheit von Intelligenz im Herzen der Realität ist ein vertrauter Grundsatz von religiösen und spirituellen Systemen. Im Alten Testament der abrahamitischen Religionen tritt sie als Logos auf – „das Wort" –, das nicht nur von Gott ist, sondern Gott selbst. („Im Anfang war das Wort, und das Wort war bei Gott, und das Wort war Gott." Johannes-Evangelium 1:1). Für das chinesische Glaubenssystem ist die kosmische Intelligenz Tao, für das hinduistische Brahman, für den Buddhismus Dharmakaya, und für afrikanische und präkolumbianische Glaubenssysteme der große Geist, der in der Natur im Herzen aller Dinge wohnt.

Die Erregung des Grundzustands

Im Grundzustand ist der Kosmos Schwingung, die im Nullpunkt dieses Zustands zentriert ist. Sie ist pures Potenzial, das, einmal realisiert, die koordinierte Schwingung erschafft, welche das Universum begründet. Die Schwingung des Grundzustands in-formiert die sich daraus ergebenden Schwingungscluster.

Diese Schwingung des Grundzustands ist ewig und unveränderbar, aber zur Erregung fähig. In Erregung geraten, stellt sie das manifeste Universum her. Der kosmische Grundzustand scheint vor 13,9 Milliarden Jahren durch den Zustrom von Energien erregt worden zu sein, die von dem einzigartigen Ereignis, das wir Big Bang nennen, freigesetzt worden sind. Der Kosmos trat in den Erregungszustand ein, in dem er zu einem globalen Schwingungsfeld wurde, welches Wellen von unterschiedlicher Amplitude, Phase und Frequenz auslöste. Die Interaktion dieser Wellen erzeugt Interferenzmuster, deren Cluster und höhergradige Supercluster die materieartigen Entitäten des Universums darstellen.

Manifeste Entitäten im Erregungszustand

Die Erregung des Grundzustands ruft vielfältige Strukturen und Clusterstrukturen koordinierter Schwingung hervor. Sie erzeugt fortschreitende Wellen wie Photonenströme (EM-Wellen), Wellen mit nahwirkender Anziehung und Abstoßung (Kernkraft) und Wellen mit fernwirkender Anziehung (Gravitationswellen). Und sie erzeugt Stehwellen: feststehende unbewegliche Knoten innerhalb des sich im erregten Zustand befindlichen Wellenfelds. Ihre koordinierte Schwingung tritt als Quarks und aus Quarks zusammengesetzten Teilchen in Erscheinung, zu denen auch Leptonen, Hadronen, Baryonen, Bosonen, Fermionen sowie andere Arten von kurzlebigen virtuellen Teilchen gehören.

Aus der Interferenz von Nukleonen und Elektronen entstehen immer komplexere koordinierte Schwingungen: die Atome der Elemente. Die koordinierte Schwingung von Atomen ihrerseits produziert Moleküle und multimolekuläre Systeme. Das synchrone Vorhandensein dieser Entitäten führt in das Wellenfeld des sich im erregten Zustand befindenden Kosmos Raum ein, und ihr diachrones Nacheinander Zeit.

Einige Stehwellen-Interferenzmuster enthalten Wellen mit koordinierter Frequenz. (Soweit bekannt, bedarf es zur Phasenkoordination keiner zusätzlichen Energiezufuhr, da sie ein Phänomen ist, welches zu komplexen Wellenfeldern wesentlich dazugehört.) Phasengleiche Wellen verstärken sich eher gegenseitig, als destruktiv aufeinander einzuwirken, daher sind die von ihnen gebildeten Cluster relativ stabil. Einige dieser Korrelationen sind weiträumig und umfassen große Gebiete des erregten Wellenfeldes.

Manche der Stehwellen-Interferenzmuster bilden sich selbst regenerierende „autokatalytische“ Zyklen. Jene, die weitere autokatalytische Zyklen erzeugen oder ihre Erschaffung anregen, sind besonders stabil: sie bilden „kreuzkatalytische“ Zyklen. Aus diesen koordinierten Schwingungsstrukturen und Schwingungsstrukturclustern entsteht ein Kohärenzbereich innerhalb des sich im erregten Zustand befindlichen Wellenfeldes: unser Universum.

Zwei Arten manifester Entitäten

Die manifesten Entitäten des Universums sind Cluster aus fernwirkenden koordinierten gleichphasigen Stehwellen. Es sind reale Gestalten: „Figuren“, die sich gegen den „Hintergrund“ chaotischer, weniger koordinierter Wellenkonfigurationen abheben.

Zwei Arten von Welleninterferenzclustern sind besonders bemerkenswert. Die eine tritt in Form von physisch realen Objekten in Erscheinung, die andere als Bewusstseinsphänomen. Die erste entspricht dem kartesianischen Konzept der *res extensa*, das heißt Quanten, Atomen, Molekülen sowie multiatomaren und multimolekulären Systemen, die zweite *res cogitans*, also Denk- bzw. Bewusstseinselementen. Beide aber, sowohl die physikalischen als auch die dem Bewusstsein zugeordneten Phänomene sind Cluster aus vergleichsweise stabilen Welleninterferenzstrukturen innerhalb des Wellenfelds des sich im Erregungszustand befindlichen Kosmos. Ihr Vorhandensein verweist aber nicht auf Dualität, sondern lässt auf Vielfalt im Universum schließen.

Demnach stellen weder Bewusstsein noch Materie die Basisrealität dar. Die Basisrealität ist die Intelligenz, welche die Schwingungscluster, die als objektähnliche und bewusstseinsähnliche Phänomene auftreten, koordiniert. Und das passt zu Wolfgang Paulis Prophezeiung:

> „Meine persönliche Ansicht ist die, dass in einer zukünftigen Wissenschaft die Realität weder ‚psychisch' noch ‚physisch' sein wird, sondern irgendwie beides und keines von beiden."[6]

Frequenzfelder, Zeitbeständigkeit und die Manifestation von Entitäten

Innerhalb des Schwingungsspektrums schwingen objektähnliche Wellencluster in einer relativ hochfrequenten Schwingungsbandbreite, bewusstseinsähnliche Cluster einer niederfrequenteren Bandbreite. Allerdings lassen sich Frequenzniveaus nicht eindeutig bestimmen, da die Wellen, welche die Cluster bilden, in unterschiedlichen kontextabhängigen Frequenzen schwingen. Das gilt auch für die materieähnlichen hochfrequenten Cluster, denn in ihnen wurden beispielsweise Biomoleküle gefunden, die in extrem hohen Bandbreiten mitschwingen. Die Frequenz jener Strukturen, die bewusstseinsähnliche Gestalten erzeugen, kann man nicht mit uns geläufigen Geräten messen, doch weiß man, dass beim Auftreten solcher Phänomene die vom Gehirn produzierten Wellen sich am unteren Ende des EEG-Spektrums bewegen – im Delta-, Theta- und Alphabereich.

Im Universum entstanden komplexe objektähnliche Cluster, und zu ihnen gehören auch jene, die wir als lebende Systeme bezeichnen. Die komplexeren unter diesen Clustern oszillieren über eine weite Frequenzbandbreite hinweg und umfassen sowohl hochfrequente objektähnliche wie niederfrequente bewusstseinsähnliche Cluster.

Hochfrequente objektähnliche Cluster haben eine endliche Existenz. Von Elektronen wahrscheinlich abgesehen, zerfallen alle Quantenteilchen mit der Zeit. Zwar gelingt es ein paar virtuellen Teilchen, die manifeste Realität zu „untertunneln", und Atome, die schwerer als Uran sind, sogenannte „Transurane", können eventuell „Inseln der Stabilität" bilden, doch sind komplexe Moleküle generell dem Zerfallsprozess unterworfen. Und mögen Zellen auch unendlicher Teilung fähig sein, so sind sie doch aus Molekülen zusammen- und damit der *Apoptose* ausgesetzt – der Zelltod ist vorprogrammiert.

Innerhalb der hochfrequenten Bandbreite bestehen objektähnliche Cluster aus Wellen mit großen Amplituden und sind relativ manifest, währenddessen die Wellen innerhalb der niederfrequenten Bandbreite eine kleine Amplitude haben und die von ihnen erzeugten Gestalten dementsprechend weniger klar definiert sind: Gedanken, Intuitionen und unaussprechliche Empfindungen.

Die Nichtlokalität manifester Entitäten

Die vergleichsweise stabilen Welleninterferenzcluster, aus denen die manifesten Entitäten des Universums bestehen, unterscheiden sich phänomenologisch voneinander, sind aber nicht ontologisch voneinander getrennt. Sie stellen „nonlokale" Manifestationen innerhalb dieses Kohärenzbereichs des Kosmos dar.

Von Entitäten im Mikromaßstab, die im ultrakleinen Bereich der hochfrequenten Bandbreite auftauchen, weiß man um ihre Nichtlokalität und Verschränkung. Quarks sowie aus Quarks zusammengesetzte Quantenteilchen treten als wesentlich zugehörige Teile der Felder in Erscheinung, in denen sie sich manifestieren. Ein Elektron beispielsweise stellt eine hochverdichtete Konfiguration aus Feldern um den Nukleus herum dar; es manifestiert sich dort, wo diese Feldkonfiguration am dichtesten ist. Cluster oberhalb der Quantenskala jedoch manifestieren sich als separate Objekte.

Dank der Anwesenheit komplexer, gleichphasiger und sich selbst stabilisierender fernwirkender Cluster aus interferierenden Stehwellen ist das Universum von einer Vielfalt objektähnlicher ebenso wie bewusstseinsähnlicher Entitäten bevölkert: Physikalische Objekte reichen von Quanten bis zu Galaxien hin, und individuelle Bewusstseinsformen ziehen sich über ein weites Spektrum von Artikulations- und Evolutionsstufen hin. Und diese sind individuell reale, doch keine individuell getrennten Entitäten.

Die In-formation manifester Entitäten

In seinem Grundzustand ist der Kosmos ein kohärentes Schwingungsmeer – pures Potenzial. Die Wellen, die im erregten Zustand aus ihm hervorgehen, stellen die Aktualisierung dieses Potenzials dar, und leiten die Schwingung des Grundzustands weiter. Folglich sind die Cluster, welche die manifesten Entitäten des Universums bilden, von der Schwingung des kosmischen Grundzustands in-formiert. Objektähnliche Strukturen und Strukturcluster im hochfrequenten Bereich sind von den Einschränkungen und Freiräumen in-formiert, welche die Naturgesetze festlegen; und bewusstseinsähnliche Strukturen innerhalb der niederfrequenten Bandbreite spiegeln die Intelligenz wider und schwingen mit ihr mit, welche das Wellenfeld des sich im erregten Zustand befindlichen Kosmos durchzieht.*

Die Tiefendimension

In der zeitgenössischen Physik ist der Grundzustand eines Objekts sein niedrigster Energiezustand, und dieser Zustand hat seinen Ursprung im Quantenvakuum. Das Quantenvakuum jedoch ist, seiner Benennung zum Trotz, kein leerer Raum, sondern mit fluktuierenden Feldern gefüllt. In Anbetracht dessen, dass diese Felder um den Erwartungswert Null herum fluktuieren, ist das Quantenvakuum ein Null-

* Dieses Grundprinzip steht mit der althergebrachten spirituellen Sichtweise in Konflikt, die davon ausgeht, dass sogenannte „höhere Schwingungen" Schwingungen einer höheren Frequenz sind (im Sinne des hergebrachten Ausdrucks „die Frequenz von jemandes Schwingung erhöhen"). Richtig aber ist, dass jene Schwingungen, die wir als „höher" erachten, tatsächlich Schwingungen einer niedrigeren Frequenz sind. Hochfrequente Schwingungen rufen Bewusstseinszustände von hoher Erregung hervor mit einer intensiven, aber begrenzten Ausrichtung. Wellencluster, die in solchen Frequenzen schwingen, bewegen sich nur in einem kleinen Spektrum und sind relativ kurzlebig. Die niederfrequenten Cluster hingegen umfassen ein weiteres Spektrum und sind vergleichsweise langlebig. Sie machen die Kommunikation und den Kontakt mit einem breiteren Spektrum von Bewusstseinsphänomenen möglich, sind tatsächlich also sie die „höheren" Schwingungen. Die Beatles hatten Recht, als sie sangen, „je tiefer du gehst, desto höher fliegst du", und es empfiehlt sich eher, danach zu streben, seine Schwingungsfrequenz zu senken als sie zu erhöhen. Und das kann man erreichen, indem man sich tief in einen Zustand von Meditation, Gebet, ästhetischer Freude oder bedingungsloser Liebe versenkt.

punktfeld. Doch ist es mehr als nur ein Energiefeld: David Bohm nannte diesen Bereich die implizite Ordnung – eine Dimension, in die manifeste Entitäten sich „einfalten“, von der aus sie sich aber auch „entfalten“.

Das Quantenvakuum stellt die Tiefendimension des Kosmos dar: die In-formationsquelle der Cluster, welche sich innerhalb der Dimension des erregten Zustands manifestieren. Je näher die Cluster der Schwingung der Tiefendimension kommen, desto mehr sind sie von der Intelligenz in-formiert, die dem Kosmos innewohnt.

Die Tiefendimension in klassischer Philosophie und moderner Wissenschaft

Die Schöpfungsgeschichten fast aller religiösen und spirituellen Überlieferungen der Welt sprechen von einem ursprünglichen Bereich, aus dem heraus die manifeste Welt entstanden ist. In manchen Darstellungen der östlichen Metaphysik wird er als kosmisches Ei, im Alten Testament hingegen als dunkles und formloses Meer beschrieben. „Im Anfang schuf Gott Himmel und Erde; die Erde aber war wüst und wirr, Finsternis lag über der Urflut und Gottes Geist schwebte über dem Wasser.“ (Genesis 1:1-1:2, Die Bibel, Einheitsübersetzung). Aus dieser raum- und zeitlosen Leere schuf Gott Licht, Firmament, Tag und Nacht, und schließlich alle Dinge, die in der Welt existieren.

Die Anerkennung einer Tiefendimension jenseits von Raum und Zeit durchzieht die ganze Philosophiegeschichte. Platon nannte sie die „Sphäre“ der Formen und Ideen und erkannte in ihr den Sitz der Seele. Die griechischen Philosophen gaben ihm verschiedene Bezeichnungen: Pythagoras nannte ihn *Kosmos*, Plotin *Das Eine*.

Bereist ein Jahrhundert vor Platon sprach Pythagoras vom „Äther“ als dem fünften Element der Welt und fügte ihn der Erde, der Luft, dem Feuer und dem Wasser hinzu. Aristoteles wies darauf hin, dass dies Element keinerlei Eigenschaften besitze, es werde weder heiß noch kalt wie die anderen Elemente. Plotin arbeitete diesen Ansatz im 4. Traktat seiner *Zweiten Enneade* aus. Von gewissen Grundannahmen ausgehend, kam er zu dem Schluss, dass Materie auf zwei unterschiedliche Weisen existieren müsse: einerseits erschaffe sie die materielle Welt, in der Dinge Formen annehmen und wechseln können, andererseits sei sie formlos. Das kosmische Schöpfungsprinzip bringt also formlose Materie hervor, und aus formloser Materie ihrerseits entsteht sich verändernde und die Form wechselnde Materie.

Platon illustriert die Vorstellung von diesen zwei Dimensionen in seinem berühmten Höhlengleichnis. Stell dir eine Höhle vor, empfiehlt er, eine Höhle, in der so viele an den Boden geketteten Gefangenen sitzen, dass sie nur die Wand vor sich erblicken können. Der Eingang in die Höhle liegt hinter ihnen, und das von dort hereindringende Licht wirft Schatten an die gegenüberliegende Höhlenwand. Die Gefangenen sehen nur die Schatten und fangen an, ihnen Namen zu geben. Schließlich glauben sie, dies sei die reale Welt, doch in Wirklichkeit befindet sich die reale Welt hinter ihnen. In ihrer Lage bedarf es schon eines erleuchteten Geistes, um die Schattenwelt nicht für die reale Welt zu halten.

Der chinesische Weise Lao-Tse lehrte im Grunde die gleiche Erkenntnis. Alles entsteht aus dem Tao (auch Dao genannt) und kehrt ins Tao zurück. Das Tao erschafft Himmel, Mutter Erde und unzählige Planeten, Sterne, Galaxien und Universen. Es ist aller Dinge Quelle und Ziel zugleich, lässt sich selbst aber nicht beobachten, ja nicht einmal benennen. „Tao kann“, so sagte Lao-Tse, „nicht mit unseren Augen gesehen werden, Tao kann nicht von unseren Ohren gehört werden, Tao kann nicht von unseren Händen berührt werden.“ Es hat weder Form noch Raum noch Zeit. Was ist es dann? Das Tao ist die „verzerrte Realität“ – das verschleierte Reich der Welt.

Diese Vorstellung war auch in Indien im Schwange. Aus hinduistischer Sicht ist Brahman die ewige und auf ewig unveränderliche Realität. Die Welt von Raum und Zeit hingegen ist *lila*, das fortwährende Spiel von Erscheinen und Verschwinden, von Formwerden und sich wieder Auflösen der Form. In dieser Welt kommt die tiefere Realität jenseits von Raum und Zeit an die Oberfläche – manifestiert sich Brahman.

Der Gedanke, dass die beobachtete Welt von einer höheren oder tieferen Dimension aus In-formation erhält, findet sich sowohl in westlichen und östlichen Kulturen wie auch in animistisch-naturalistischen Kulturen indigener Gesellschaften.[7]

In Indien nannten die *rishis* („Seher“) die Tiefendimension der Realität „Akasha“. Aus dem Sanskrit stammend, steht Akasha für das fünfte Element der Welt, nach *vata* (Luft), *agni* (Feuer), *ap* (Wasser), und *prithivi* (Erde). Einerseits trägt Akasha alle diese Elemente in sich, existiert andererseits jedoch auch außerhalb von ihnen. In seinem Standardwerk *Raja Yoga* schrieb Swami Vivekananda, am Anfang der Schöpfung habe es nur Akasha gegeben, und am Ende des aktuellen Zyklus würden das Feste, das Flüssige und das Gasförmige wieder zu Akasha werden, um sich im nächsten Zyklus erneut zu manifestieren. Akasha kann als solches nicht wahrgenommen werden, sondern nur dann, wenn es „schwanger" geworden ist, Form angenommen hat. Es ist die „allgegenwärtige, alles durchdringende Existenz. Alles, was Form besitzt, alles, was das Ergebnis von Verbindung darstellt, ist aus diesem Akasha heraus entstanden."[8] In jüngerer Zeit kommentierte Paramahansa Yogananda, Akasha sei der „subtile Hintergrund", vor dem alles im Universum wahrnehmbar werde.

Akasha ist das intuitiv erfasste, aber bemerkenswert aktuelle Konzept einer das Universum umfassenden Tiefendimension. Im Anbruch der modernen Wissenschaft wurde diese Dimension als raumfüllende Substanz, als Äther, betrachtet. Die Himmelskörper, so erkannte Giordano Bruno, dieser Pionier der modernen Wissenschaft, sind keine Fixpunkte auf den Kristallsphären der Aristotelischen und Ptolemäischen Kosmologie, wie bis dahin angenommen, sondern bewegen sich mit eigenem Antrieb durch die kosmische Substanz – *Äther* oder *Spiritus* genannt.

Im 19. Jahrhundert fand diese Idee von einem Äther dann Eingang in die Mainstreamwissenschaft. Laut Ansicht des französischen Physikers Augustin-Jean Fresnel füllt der Äther den gesamten Raum. An sich selbst sei er nicht beobachtbar, doch rufe er beobachtbare Wirkungen hervor.

Fresnel behauptete, seine materialistische Äthertheorie sei nachweisbar, denn der „Äther-Widerstand – die Reibung, die bei der Bewegung durch den Äther entstehe – müsse messbar sein. An der Wende zum 20. Jahrhundert führten Albert Michelson und Edward Morley ein raffiniertes Experiment durch, bei dem sie die Rotation der Erde relativ zur Sonne miteinbezogen, um die Hypothese vom Äther-Widerstand zu überprüfen. Doch der erwartete Effekt stellte sich nicht ein. Gleichwohl warnte Michelson davor, aus dem Experiment abzuleiten, der Äther an sich existiere nicht, denn es sei ja nur eine bestimmte Vorstellung von diesem überführt worden; doch schob die Mehrheit der Physiker die Hypothese eines raumfüllenden Äthers nun beiseite und adoptierte stattdessen Einsteins Relativitätstheorie.

Doch in der zweiten Hälfte des 20. Jahrhunderts kehrte der Gedanke an eine Dimension jenseits der Raumzeit wieder in die Physik zurück.

John Wheeler stellte fest, dass die Energieniveaus des Universums innerhalb der Planckskala (10-35 Meter räumlich und 10-44 zeitlich) die uns bekannten Dimensionen der Raumzeit überschreiten. Damit könne die Raumzeit nicht die gesamte Realität des Universums ausmachen.

Wie bereits angemerkt, nannte David Bohm die Realitätsdimension jenseits von Raum und Zeit implizite Ordnung. In dieser „eingefalteten“ Dimension bestimmen nicht mehr Raum und Zeit die Beziehung zwischen verschiedenen Elementen, sondern es herrscht eine tiefere, grundlegendere Verbindung zwischen ihnen, und aus dieser Dimension leiten sich unsere Vorstellungen von Raum und Zeit sowie separat voneinander existierender Entitäten darin ab.

Eine Dimension jenseits der Raumzeit setzt auch Schrödingers Wellengleichung voraus. Diese Gleichung baut eine Reihe von Variablen mit Wellenfunktion ein, die alle möglichen Zustände eines Systems in Form von verteilten Wahrscheinlichkeiten definiert und so eine Hochrechnung der Evolution der Wahrscheinlichkeiten in der Zeit erlaubt. Die Wahrscheinlichkeiten „kollabieren“ in den klassischen Zustand, wenn das System beobachtet oder vermessen wird. Doch bevor es beobachtet und gemessen wird, ist der Zustand des Systems „probabilistisch“ – wahrscheinlich. In diesem Zustand befindet sich das System nicht in der Raumzeit, sondern auf einer komplexen Ebene, welche die überlagerten Wahrscheinlichkeiten seines Zustands umfasst.

Bis vor kurzem betrachteten Physiker diese komplexe Ebene als eine mathematisch formulierte metaphysische Abstraktion, die sich zwar als brauchbar erwies, um das Verhalten von Quantensystemen in der Zeit vorherzusagen, nicht aber um physische Realität aufzuzeichnen. Nun aber erweist sie sich als Dimension oder Feld der physikalischen Welt jenseits der Raumzeit und erfährt damit eine Neudeutung.

Die Anerkennung der Existenz eines solchen Feldes löst Rätsel, welche die Quantenphysik von Beginn an plagten. So bietet sie unter anderem einen Schlüssel zu dem sogenannten „Messproblem“. Wie verwandelt sich die abstrakte Wellenfunktion eines Teilchens in das beobachtbare und voraussichtlich reale Wellenpaket bzw. wie erzeugt sie dieses? Die Wellenfunktion beschreibt den Ausgangszustand des Teilchens, seinen Zustand vor einer Interaktion oder Messung. Das Wellenpaket ist das, was entsteht, wenn eine Interaktion oder Messung stattfindet: dann „kollabiert“ die Wellenfunktion. Die Wellenfunktion selbst ist abstrakt (besteht aus imaginären Zahlen), währenddessen das

Wellenpaket real ist – eine Entität, die man beobachten und messen kann. Doch wie kann eine abstrakte Information physikalische Ereignisse hervorbringen? Ohne die Anerkennung einer Dimension, die Teil des Kosmos, aber nicht die Raumzeit ist, lässt sich diese Frage nicht beantworten.

Die „Viele-Welten"-Hypothese, die besagt, dass bei jedem Kollaps der Wellenfunktion ein neues Universum abgespalten wird, gibt keine zureichende Antwort auf diese Frage. Die richtige Antwort muss lauten, dass es eine Dimension des Kosmos gibt, die außerhalb des Zugriffs von Beobachtung und Messung liegt. Die Wellenfunktion des Teilchens hat, wie alle Naturgesetze, ihren Ursprung in der Tiefendimension – dem „Quantenvakuum", dem „Nullpunktfeld" oder der „impliziten Ordnung". Als integraler Teil des Kosmos interagiert diese Dimension mit der beobachtbaren bzw. messbaren Dimension. Sie „in-formiert" das manifeste Universum, indem sie die kosmische „Quanteninformation" liefert, welche Phänomene innerhalb der Raumzeit definiert und durch das Erschaffen manifester Entitäten die Raumzeit selbst erschafft. Gemäß der neuen Karte des Kosmos werden dergestalt Schwingungscluster im hochfrequenten Raumzeitfeld von jenen Einschränkungen und Freiheiten in-formiert, die jenseits der Raumzeit angesiedelt sind und die wir als Naturgesetze kennen (siehe die Ausführungen über „die In-formation manifester Entitäten" oben).

Auch das noch nicht ganz verstandene „Untertunneln" von Teilchen, mit dem sie außer Reichweite der Mess- und Beobachtbarkeit gelangen, legt das Vorhandensein einer Tiefendimension nahe. Ein Wurmloch ist eine „Abkürzung" zwischen zwei separaten Punkten in der Raumzeit, doch bedeutet durch ein Wurmloch reisen nicht, in der Raumzeit zu reisen. Wenn ein Teilchen durch ein Wurmloch reist, dann ist es in dem unterwegs, was Haramein und andere Physiker „das Raumzeitgedächtnis-Mikrowurmloch-Netzwerk" nennen.

Die Wellenfunktion von Quanten und höhergeordneten Systemen, die aus Quanten bestehen, liegt – genauso wie alle Naturgesetze – jenseits der Raumzeit. Ein überzeugender Zugang im Repertoire dieser jenseits der Raumzeit angesiedelten Realitäten ist jenes geometrische Objekt, das als Amplituhedron bekannt geworden ist. Nima Arkani-Hamed vom Institute for Advanced Studies und sein ehemaliger Schüler Jaroslav Trnka konnten zeigen, dass das Amplituhedron die Berechnung der Streuamplituden in Teilcheninteraktionen in Bezug auf ein geometrisches Objekt erleichtert, das über ebenso viele Dimensionen verfügt wie die Interaktion, die es beschreibt.*

Doch geht laut Arkani-Hamed die Entdeckung des Amplituhedrons weit darüber hinaus, Berechnungen zu erleichtern und womöglich den Weg zum Verständnis der Quantenschwerkraft zu ebnen: Es dürfte eine tiefgreifende Verschiebung in unserer Vorstellung von der Realität bewirken. Wahrscheinlich müssen wir die Idee aufgeben, dass Raum und Zeit die Grundelemente der Realität sind. Raum und Zeit sind offenbar einem Urgrund purer Geometrie entsprungen – einer Tiefendimension, die nicht *in* der Raumzeit liegt, sondern die Raumzeit *in-formiert*.

* Bislang wurde die Anzahl und Vielfalt der Teilchen, die aus der Kollision von zwei oder mehr Teilchen (ihrer Streuamplitude) resultieren, durch Diagramme rechnerisch bestimmt, die Richard Feynman 1948 aufgestellt hatte. Doch die zur Errechnung erforderliche Anzahl an Diagrammen war so groß, dass selbst einfache Interaktionen nicht genau berechnet werden konnten, bevor Supercomputer zum Einsatz kamen. (Um beispielsweise die Streuamplitude bei der Kollision zweier Gluone zu beschreiben, aus der vier weniger energiegeladene Gluone hervorgehen, benötigte man 220 Feynman-Diagramme mit Tausenden von Rechentermen.) Vor einiger Zeit nun wurde ein verbesserter Ansatz zur Berechnung von Streuamplituden entwickelt. Es traten nämlich Grundmuster auf, die eine kohärente geometrische Struktur nahelegten. Diese Struktur wurde anfänglich als BCFW-Rekursionsrelation(en) beschrieben (nach den Forschern Ruth Britto, Freddy Cachazo, Bo Feng und Edward Witten). Die BCFW-Diagramme verzichten auf Variable wie Position und Zeit und ersetzen sie durch fremdartige Variable mit dem Namen "Twistoren", die jenseits von Raum und Zeit angesiedelt sind. Sie legen damit nahe, dass zwei fundamentale Grundsätze der Quantenfeldphysik unserem aktuellen Kenntnisstand nicht mehr standhalten: Lokalität und Unitarität. Teilcheninteraktionen beschränken sich nicht auf lokale Positionen in Raum und Zeit, und ihre wahrscheinlichen Ergebnisse lassen sich nicht zu einem einzigen aufsummieren. Das Amplituhedron ist mithin eine Weiterentwicklung der BCFW-Twistor-Diagramme.

Postskriptum: Ist die Tiefendimension ein Hologramm?

Die Schwingung des Grundzustands des Kosmos, so sagten wir, in-formiert die Schwingungscluster, die in seinem Erregungszustand auftauchen. Wenn diese Schwingung alle Phänomene im Universum in-formiert, stellt sich die Frage, ob die Tiefendimension ein Hologramm sein könnte.*

Der Gedanke, dass die Phänomene, denen wir in der Welt begegnen, Projektionen holographischer Codes sein könnten, wird innerhalb der Physik ausführlich diskutiert. Die Theorie vom holographischen Universum wurde 1980 von David Bohm ins Gespräch gebracht[9] und gewann Unterstützung, als der Astrophysiker Jacob Bekenstein den Informationsgehalt eines schwarzen Lochs berechnete. Überraschenderweise entspricht diese „Bekenstein-Grenze“ nicht dem Volumen eines schwarzen Lochs, sondern seinem Rand. Das führte Gerard 't Hooft zu der Annahme, dass die Information eines 3D-Volumens im Raum äquivalent zur 2D-Information auf der Peripherie jenes Volumens ist. Denn das 3D-Universum, das wir beobachten, ist die Projektion eines holographischen 2D-Codes von der Peripherie der Raumzeit.

Experimentell bestätigt wurde die holographische Theorie des Universums 2013, als der Fermilab-Physiker Craig Hogan eine Hypothese aufstellte, die sich entgegen jeder Beobachtbarkeit experimentell bewahrheitete. Er schlug vor, dass die von dem deutschen Gravitationswellendetektor GEO600 beobachteten Fluktuationen auf die Körnung des Raums zurückzuführen sein könnten (gemäß der Stringtheorie ist der kleinst-maßstäbige Raum nicht eben, sondern von winzigen Wirbelstrukturen durchzogen: er ist „körnig“). Und tatsächlich stellte

---

* Ein Hologramm ist ein Bild, das durch die Interferenz zweier Wellengruppen produziert wird: einer Gruppe von Objektwellen und einer Gruppe von Referenzwellen. Die Objektwellen richten sich auf das jeweilige Objekt. Sie kodieren die Intensitätsveränderungen und Phasenverschiebungen, welche die Eigenschaften des Objekts reflektieren, wenn die Wellen es erreichen und von ihm wieder zurückgeworfen werden. Wenn die Referenzwellen dann erneut auf die remodulierten Objektwellen treffen, erzeugen sie ein Interferenzmuster, das die Phasenverschiebungen der Objektwellen in Bezug auf die Referenzwellen aufzeichnet. Dies Muster kodiert die Phasenverschiebungsinformation, und aus ihm wird ein statisches dreidimensionales Bild des Objekts durch eine sogenannte Fourier-Transformation (genauer Gabor-Transformation) erstellt.

sich heraus, dass die Inhomogeneitäten, auf die GEO600 gestoßen war, keine Gravitationswellen sind, wie die Experimentatoren zuerst annahmen (Instrumente, die solche winzigen Wellen aufzeichnen können, wurden erst Anfang 2016 verfügbar), doch gab es Anzeichen dafür, dass sie Wellen in der Feinstruktur des Raums sein konnten. Das wäre der Fall, wenn sie sich als 3D-Projektionen der 2D-Planck-dimensionalen Codes erwiesen, welche die Peripherie der Raumzeit übersäen. Entsprächen die von GEO600 gefundenen Körnchen genau der Größe, die 2D-Planck-dimensionale Codes auf der Oberfläche der Raumzeit im Volumen der Raumzeit erzeugen würden, wäre Hogans Hypothese bewiesen. Nachfolgende Beobachtungen haben gezeigt, dass es sich genauso verhält.

Weitere Beweise für die holographische Universumstheorie lieferten Yoshifumi Hyakutake und seine Kollegen an der Ibaraki University in Japan. Sie berechneten die Binnenenergie eines schwarzen Lochs, die Position seines Ereignishorizonts, seine Entropie und manch andere Eigenschaften, die auf den Prognosen der Stringtheorie und den Wirkungen virtueller Teilchen basieren. Gemeinsam mit Masanori Hanada, Goro Ishiki und Jun Nishimura errechnete Hyakutake dann die interne Energie des entsprechenden geringer dimensionalen Kosmos ohne Schwerkraft. Die beiden Berechnungen passten zusammen: Die interne Energie eines schwarzen Lochs und die interne Energie des entsprechenden geringer dimensionalen Kosmos sind gleich. Schwarze Löcher scheinen ebenso wie der Kosmos, als Ganzes betrachtet, holographisch zu sein.

Gerard 't Hooft und Leonard Susskind stellten daraufhin die Überlegung an, dass, wenn ein 3D-Stern im 2D-Ereignishorizont eines schwarzen Lochs kodiert werden könne, dasselbe für alle Strukturen in der Raumzeit gelten müsse. (Der Bereich der Raumzeit stellt sich als das Areal dar, welches von Lichtwellen – Photonenströmen – bedeckt ist, seitdem das Universum vor 13,8 Milliarden Jahren im Big Bang entstanden ist. Seine wachsende Peripherie ist heute 42 Milliarden Lichtjahre von unserem Planeten entfernt. Sie gilt als 2D-Oberfläche sein, die von jenen 2D-Codes bedeckt ist, die 3D-Strukturen im Raumzeit-Volumen erzeugen.)

Auf den ersten Blick mag die Vorstellung, die 3D-Dinge, auf die wir in der Welt treffen, seien Hologramme, abstrus erscheinen. Doch kommt immer mehr aussagekräftiges Beweismaterial zu Tage, welches diese Hypothese stützt. In einem Forschungsfeld nach dem anderen werden selbstähnliche („fraktale") Muster entdeckt, die nahelegen, dass sie Projektionen holographischer Codes sein können – angefangen von den Abständen zwischen Galaxien bis hin zur Erdbebenenergie (sie folgt anscheinend dem Kraftgesetz der sog. Gutenberg-Richter-Beziehung), und sogar den Milankovitch-Zyklen, die Veränderungen in der Bahnexzentrizität unseres Planeten, der Neigung der Erdachse sowie seiner Taumelbewegung, der Präzession, beschreiben.

Es lassen sich auch fraktale Prozesse finden, die der Morphologie biologischer Systeme zugrunde liegen. Die Differenzierungsprozesse der 256 unterschiedlichen Zellarten im menschlichen Körper scheinen von multifraktalen Attraktoren gelenkt, und die 1000 Billionen Vernetzungen im Gehirn in fraktal gefaltete und verästelte Strukturen gepresst zu werden. Die Pfade, denen sowohl das individuelle Wachstum wie auch die Evolution der Arten (Ontogenese wie Phylogenese) folgen, weisen fraktale Selbstähnlichkeiten auf.

Das Gehirn kann holographische Information nicht nur dekodieren, sondern arbeitet höchstwahrscheinlich selbst auf der Grundlage von solcher Information. Die Gehirnmechanismen zum Dekodieren holographischer Signale wurden von Karl Pribram entdeckt. Gemäß seiner „holonomischen Gehirntheorie" verzweigen sich Dendriten, die Fortsätze der Neuronen im Gehirn, in komplexen Mustern und bilden einen sogenannten Dendritenbaum. In den Welleninterferenzmustern wird Information verschlüsselt und durch das synaptisch-dendritische Netzwerk geschickt. Es handelt sich also um Informationsverbreitung: Jede Verästelung des Dendritenbaums leitet die gesamte Information weiter, die sie vom System als Ganzem erhalten hat.[10] Anfangs brachte Pribram die holonomische Gehirntheorie als Beleg dafür vor, dass die holographisch verschlüsselte Information in Bohms expliziter Ordnung generiert werden würde, doch dann testete er gemeinsam mit Bohm die Möglichkeit aus, dass die vom Gehirn erhaltene holographische Information ihren Ursprung in der impliziten Ordnung hat – der Tiefendimension des Kosmos.

Zurzeit ist der Gedanke, dass die Tiefendimension ein Hologramm sein könnte, und die Dinge, die wir in Raum und Zeit beobachten, ihre Projektion, noch eine Hypothese. Gleichwohl ist diese Hypothese durchaus plausibel, denn sie erklärt den verschränkten, nonlokalen Charakter physikalischer ebenso wie bewusstseinsmäßiger Phänomene im Universum und lässt damit den überholten Materialismus und Lokalrealismus des klassischen Paradigmas hinter sich.

Endnoten

1 Aspect, A., Dalibard, J., Roger, G.: „Experimental Test of Bell's Inequalities Using Time-Varying Analyzers" in *Physical Review Letters*, 1982, (49)

2 Einstein, A., Podolsky, B., Rosen, N.: „Can Quantum-Mechanical Description of Physical Reality be Considered Complete?" in *Physical Review*, 1935, (47): 777– 780

3 Hensen B., Bernien H., Dreau A., u.a.: „Loophole-Free Bell Inequality Violation Using Electron Spins Separated by 1.3 Kilometers" in *Nature*, 2015, (256)

4 *Reflection Magazine* No. 9, Juli/August 1998, p. 22.

5 Planck, M.: „Das Wesen der Materie (The Nature of Matter)" (Vortrag, gehalten in Florenz 1944) in *Archiv zur Geschichte der Max Planck Gesellschaft*, Abt. Va, Rep. 11 Planck, Nr. 1797

6 Pauli, W.: „Brief an Abraham Pais vom 17. August 1950" in: *Meyenn, K. v. (Hrsg.): Wolfgang Pauli. Wissenschaftlicher Briefwechsel*, 1950–1952, 1996, Band IV, Teil I, S. 152

7 Der amerikanische Indianer N. Scott Momaday beschreibt die Weltsicht der nordamerikanischen Prärieindianer wie folgt:

„Als Analogie fällt mir der Blick durch den Sucher einer Kamera ein. Der Bildsucher basiert ja auf dem Prinzip des Teilbildes bzw. Bildschnitts, wobei es darum geht, die beiden Blickfelder dieser speziellen Perspektive – den Ausschnitt im Sucher mit dem da draußen – miteinander zu koordinieren. Das kann als Beispiel dafür dienen, wie wir die Welt um uns herum betrachten. Denn einerseits erblicken wir sie mit dem physischen Auge – so, wie sie uns erscheint, in *einer* Wirklichkeitsdimension. Doch zugleich nehmen wir sie auch mit dem Auge des Bewusstseins wahr. Mir scheint, als hätten die Indianer eine besonders effektive Koordinierung dieser beiden ‚Blickfelder' bzw. Sichtweisen entwickelt. Sie nehmen die Landschaft in beiden Perspektiven zugleich wahr."

N. Scott Momaday: „Native American Attitudes to the Environment" in: *Capps, W. H. (Hrsg.), Seeing With A Native Eye: Essays on Native American Religion*, Harper & Row, 81

8 Vivekananda, S.: Raja Yoga. Advaita Ashrama, Calcutta, 1982

9 Bohm, D.: Wholeness and the Implicate Order. London, Routledge & Kegan Paul, 1980

10 Pribram, K.: Languages of the Brain. Brandon House, 1971; Brain and Perception: Holonomy and Figural Processing. Larence Erlbaum, 1991

Kapitel 2

Bewusstsein

Die klassische Physik bestand darauf, dass alle Phänomene in der Welt ihren Ursprung in der Interaktion von Materieteilchen haben. Alles, was wir beobachten, einschließlich unserer selbst, ist das Resultat dieser Interaktion. Für Geist und Bewusstsein gibt es keinen Platz in dieser Welt, sie sind, wenn nicht überhaupt Illusion, bestenfalls ein Nebenprodukt der Interaktion von Neuronen im Gehirn.

Die Richtigkeit dieser gehirnproduzierten Bewusstseinstheorie stützt sich angeblich auf Beobachtung: Wenn das Gehirn zu funktionieren aufhört, hört auch das Bewusstsein auf. Und das duldet keine Ausnahmen, ein totes Gehirn kann kein Bewusstsein hervorbringen, Bewusstseinsphänomene jenseits des Gehirns müssen pure Fantasie sein. Gleichwohl bricht sich derzeit ein andersartiger Blick auf das Bewusstsein Bahn, denn offenbar kommt Bewusstsein gelegentlich auch in Abwesenheit eines lebenden Gehirns vor.

Glaubwürdige Berichte über Bewusstseins- ohne Gehirnaktivität stammen aus unterschiedlichen Quellen: von Menschen, die an der Schwelle des Todes standen und zurückkehrten, von spirituellen Meistern, aber auch ganz normalen Menschen, die durch Meditation, Gebet, tiefe Liebe oder auf anderem Weg einen ungewöhnlichen Bewusstseinszustand erreicht haben, sowie von medial veranlagten Personen, die das Bewusstsein von bereits Verstorbenen zu „channeln" scheinen. Viele dieser Berichte sind von Wissenschaftlern, Ärzten, Physikern und Neurochirurgen untersucht worden, und eine rasch anwachsende Zahl unter ihnen bestätigt ihre Wahrhaftigkeit: Es gibt Grund genug anzunehmen, dass Bewusstsein sehr wohl über ein funktionierendes Gehirn hinaus existieren kann.

Die konventionelle Theorie

Die allgemein anerkannte „konventionelle“ Theorie hält daran fest, dass das menschliche Gehirn das Bewusstsein erzeugt – das also, was gleichsam stellvertretend für uns Menschen steht. Und dabei verhält es sich wie eine Turbine: Wenn eine Turbine in Aktion ist, erzeugt sie Elektrizität, das heißt einen Strom von Elektronen. Wenn das Gehirn in Aktion ist, erzeugt es Bewusstsein, das heißt einen Strom von Wahrnehmungen. Wird die Turbine abgeschaltet, versiegt der Elektronenstrom – schaltet das Gehirn ab, versiegt der Wahrnehmungsstrom. Allein schon, wenn Gehirnfunktionen geringfügig beeinträchtigt werden, verzerrt sich das Bewusstsein; und wirkt man durch Drogen, Hypnose oder chirurgische Eingriffe auf die Gehirnfunktion ein, kann man damit auch das Bewusstsein manipulieren. Alle diese Argumente führt man ins Feld, um zu beweisen, dass das Bewusstsein vom Gehirn fabriziert wird.

Prüfsteine für die konventionelle Theorie

Doch wie sehr diese Beweise für die konventionelle gehirnproduzierte Bewusstseinstheorie auf den ersten Blick auch zu überzeugen scheinen, erweisen sie sich einer genaueren Betrachtung als zweitrangig. Denn wenn man das Gehirn beobachtet, enthüllt sich einem nicht etwa das Bewusstsein, sondern man erhascht nur einen Blick auf Netzwerke von Neuronen, die in komplexen Sequenzen vor sich hin „feuern“. Wir beobachten einen Strom von Wahrnehmungen, Empfindungen, Willensbekundungen und Intuitionen, und schreiben ihn der Gehirnaktivität zu.

Die daraus resultierende Prognose aber, dass das Bewusstsein verschwindet, sobald das Gehirn seine Arbeit einstellt, gibt uns den entscheidenden Schlüssel in die Hand, denn sie lässt sich durch Beobachtung überprüfen. Wir haben die Möglichkeit zu testen, ob sich Menschen, deren Gehirn nicht mehr in Funktion ist, tatsächlich so verhalten, wie wir es von Menschen ohne Bewusstsein – also ohne Wahrnehmung ihrer selbst und ihrer Umgebung – erwarten. Eine Theorie, die das Bewusstsein als Produkt des Gehirns versteht, erlaubt keine Ausnahmen. Ihr zufolge können wir also nicht mehr mit Bewusstsein in einem toten Gehirn als mit Stromladung in einer abgeschalteten Turbine rechnen. Würde man das Gegenteil beobachten, so wäre das ein kritischer Gegenbeweis gegen die konventionelle Theorie.

Doch genau solche Gegenbeweise kamen ans Licht – Fälle, in denen das Bewusstsein nicht versiegte, als das Gehirn seine Arbeit einstellte. Von den zahlreichen Fallbeispielen wollen wir nun ein paar vorstellen, die ausführlich dokumentiert und handfest genug sind, um diesen Vorstoß zu untermauern.

Nahtoderfahrungen

Ein Argument für das Vorhandensein von Bewusstsein in Abwesenheit eines aktiven Gehirns sind Menschen, die an der Schwelle des Todes standen und ins Leben zurückgekehrt sind. Es kommt vor, dass Schwerkranke nach einem vorübergehenden Hirntod ihre normalen Gehirnfunktionen wiedererlangen.

Nahtoderfahrungen (NTEs) sind gar nicht so selten, wie viele glauben. Einige Forscher behaupten, dass mindestens sechs Millionen Menschen in der ganzen Welt über Nahtoderfahrungen berichtet haben, doch allein in den USA dürfte die Anzahl schon bei 13 Millionen liegen.[1] Das liegt daran, dass periodischer Hirntod gar nicht selten ist, denn normalerweise stellt das Gehirn seine Aktivität bereits 15 Sekunden nach der des Herzens ein, es dauert aber mehr als eine Minute, bis Lebensretterteams in mobilen Ambulanzen und Intensivstationen auf den Plan treten. Dadurch entsteht häufig ein Intervall, in dem der Patient zwar noch lebt, aber keine Gehirnfunktionen mehr hat – und in diesem Intervall dürfte es eigentlich auch kein Bewusstsein mehr geben. Doch das trifft keineswegs immer zu.

Manche Berichte von NTEs sind erstaunlich sattelfest und dementsprechend schwer aus den Angeln zu heben. Einer von ihnen ist der Pamela Reynolds, die am 29. Mai 2010 im Alter von 53 Jahren starb.[2] 19 Jahre vor diesem amtlichen Todesdatum war Pamela schon einmal auf einem Operationstisch gestorben, als ein Ärzteteam versuchte, ein Aneurysma aus ihrem Stammhirn zu entfernen.

Während ihrer Operation war Pamela klinisch tot, ihr EEG war flach und ihre Körperfunktionen inexistent. Doch nachdem ihr Gehirn seine normale Tätigkeit wiederaufgenommen hatte, beschrieb sie detailgenau, was im Operationssaal stattgefunden hatte. Sie konnte eine ganze Reihe von Gesprächen zwischen dem ärztlichen Personal wiedergeben. Und sie hatte von oben das Aufschneiden ihres Schädels durch den Operateur mitansehen und Einzelheiten wie das Stift-Schädelbohrgerät „Midas Rex“ und sein charakteristisches Geräusch benennen können ebenso wie die währenddessen abgespielte Musik – *Hotel California* von den Eagles.

Etwa 90 Minuten nach Beginn der Operation hörte Pamela, wie die Knochensäge in Gang gesetzt wurde, und fühlte plötzlich, wie sie aus ihrem Körper heraus- und in einen Lichttunnel hineingezogen wurde. Und das, obwohl in jedem von Pams Ohren ein speziell angefertigter Ohrhörer-Lautsprecher eigentlich dafür sorgte, alle externen Klänge abzuschalten und gleichzeitig über Soundklicks zu signalisieren, dass der Hirnstamm inaktiv war. Zudem stand sie unter Vollnarkose, musste also vollständig bewusstlos sein und hätte weder etwas sehen noch hören können sollen.

NTEs kommen in allen Winkeln der Welt vor, bei jung und alt. Sie stellen einen klaren Gegenbeweis gegen die Bewusstseinstheorie nach dem alten Wissenschaftsparadigma dar, denn wir kennen bisher keinen physiologischen Mechanismus, der bewusstes Erleben bei nicht funktionierendem Gehirn erklären könnte. Wenn Bewusstsein dennoch auftaucht, kann es kein Produkt des Gehirns sein.

Außerkörperliche Erlebnisse

Überprüfbare Wahrnehmungen in Abwesenheit von Hirnfunktionen beschränken sich nicht auf Menschen in Todesnähe, sondern tauchen auch in meditativen Bewusstseinszuständen auf oder werden durch Unfälle und andere traumatisierende Ereignisse ausgelöst.

In manchen Fällen haben Menschen Wahrnehmungen, die sie außerhalb ihres Gehirns lokalisieren. Dieses Phänomen kennt man als AKE – außerkörperliche Erfahrung. AKEs sind mindestens so häufig wie NTEs. Bei einer kürzlich durchgeführten Studie quer durch die amerikanische Bevölkerung sagten zehn Prozent der Befragten aus, sie hätten sich mindestens einmal in ihrem bisherigen Leben außerhalb des Körpers befunden.[3]

Kenneth Ring untersuchte Hunderte von AKEs und kam zu einem überraschenden Ergebnis: Bei einer AKE können blindgeborene, erblindete und stark sehbehinderte Menschen offenbar „sehen“. Visuelle Erfahrungen lassen sich in solchen Fällen aber nicht durch Wiederherstellung der Augenfunktion erklären, sondern unterscheiden sich grundsätzlich von solchen mit normalem Augenlicht: Bei einer AKE treten die Betroffenen in eine Art Wahrnehmung ein, die Ring als „übersinnliche Bewusstheit“ beschreibt. Insgesamt 80 Prozent der Blindgeborenen, Erblindeten und stark Sehbehinderten berichteten von visionsartigen Eindrücken während ihrer außerkörperlichen Erfahrung. Sie schilderten ihre Umgebung zuweilen sehr detailliert – scharf und präzise, nahezu perfekt.[4]

In Kenneth Rings Berichten kommt Vicky, eine junge Frau, vor, die fast von Geburt an blind war. Während einer Nahtoderfahrung erlebte sie Folgendes:

> „Wenn ich das Ess- oder Schlafzimmer betrat, nahm ich die dortigen Gegenstände in der Regel wahr, indem ich sie anrempelte, berührte oder spürte. Doch diesmal konnte ich sie aus einer gewissen Entfernung sehen und musste nicht erst in Körperkontakt mit ihnen treten, um ihrer bewusstzuwerden. Normalerweise habe ich kein klares inneres Bild von den Dingen, bevor ich bei ihnen angelangt bin, sondern ihre Vorstellung bereitet mir erhebliche Schwierigkeiten. Diesmal fühlte es sich anders an: Ich konnte die Metallstühle und den runden Esszimmertisch, um den herum wir als Kinder gesessen hatten, deutlich vor mir sehen. Auf ihm befand sich eine Tischdecke aus Plastik, doch ich brauchte sie nicht zu berühren, um sie wahrzunehmen.“[5]

Diese Art visueller Wahrnehmung, so schlussfolgerte Ring, hat nichts mit Träumen gemein und lässt sich ebensowenig als nachträgliche Rekonstruktion früherer Erlebnisse wie als vages Spüren der Umgebung deuten. Auch plötzlich wiedererlangtes Augenlicht erklärt sie nicht, denn sie tritt selbst dann auf, wenn der wahrgenommene Gegenstand vor den Augen des Betrachters verhüllt wird. Und von dieser „übersinnlichen Wahrnehmung“ wird deshalb in visuellen Begriffen berichtet, weil uns nur die visuelle Sprache zur Verfügung steht, um Wahrgenommenes zu beschreiben.

Außersinnliche Fernwahrnehmung

„Übersinnliche“ Wahrnehmung taucht auch in Schilderungen *außer*sinnlicher *Fern*wahrnehmungen auf. Solche Erlebnisse zeugen von der Fähigkeit einzelner Individuen, auch dann detailliert über Personen, Orte und Gegenstände zu berichten, wenn sie von diesen räumlich und/oder zeitlich getrennt sind.

Dass die Genauigkeit derartiger Wahrnehmungen vom Geisteszustand, nicht der Persönlichkeit des Empfängers abhängt, hat Stephan Schwartz zeigen können. Gemeinsam mit einer kleinen Gruppe von

Kognitionswissenschaftlern hat er sich ausführlich mit diesem Thema befasst und die *Remote Viewing Protocols* ins Leben gerufen.[6] Seinen Studien gemäß verteilt sich – genauso wie andere menschliche Fähigkeiten – auch die Befähigung zu außersinnlicher Fernwahrnehmung in einer gleichmäßigen Kurve auf die gesamte Bevölkerung: An dem einen Ende findet sich eine kleine Gruppe von Leuten, die für diese Art von Wahrnehmung außerordentlich prädisponiert ist, am anderen eine ebenso kleine Gruppe, die es gar nicht ist oder sein will. Und dazwischen tummelt sich eine Mehrheit von Menschen, die mit außersinnlicher Fernwahrnehmung unter gewissen Umständen zu tun bekommen können. Diese etwaigen Umstände steigern aber nicht die Fähigkeit der betreffenden Person, denn die ist angeboren, sondern nur die Chancen, dass sie genutzt wird. Und das ist dann der Fall, wenn die Wahrnehmung aus einer fokussierten und gleichzeitig entspannten Verfassung heraus stattfindet. Menschen, die meditieren, gelingt es besser, Aufgaben zu erfüllen, die nonlokales Gewahrsein erfordern, als Menschen, die nicht meditieren.[7]

Doch laut Schwartz gibt es noch zwei weitere Faktoren, welche die Ergebnisse von Sitzungen außersinnlicher Fernwahrnehmung verbessern können: Numinosität und Entropie.[8] Numinosität im Jungianischen Sinn meint eine Art Wahrnehmungsprozess, der umso reichhaltigere Information liefert, je fokussierter und intendierter das Bewusstsein ist. Einen sakralen alten Schrein nimmt man leichter wahr als ein Warenhaus: Während ersterer seit Jahrtausenden im Fokus der bewussten Wahrnehmung von unzählbaren Individuen steht, bleibt letzeres weitgehend unbemerkt. In einem entropischen Prozess hingegen geht es um einen Wechsel des Informationszustands, so wie etwa bei einem kochenden Wasserkessel im Vergleich zu einem erkalteten oder einer sterbenden Person zu einer, die einfach nur im Bett liegt. Wiederholte Versuchsanordnungen haben ergeben, dass Auslöser, die plötzliche, unerwartete und substanzielle Veränderungen und dementsprechend emotionale Reaktionen hervorrufen, die intensivste und genaueste „übersinnliche" Wahrnehmung mit sich bringen.

Gechannelte Erlebnisse

Doch gibt es darüber hinaus noch ausgesprochen esoterisch geartete Zeugnisse, welche die konventionelle Theorie infrage stellen. Ihnen zufolge existiert gehirnfunktionsunabhängiges Bewusstsein nicht nur unter besonderen Umständen wie dem eines zeitlichen Aussetzens der

Gehirnaktivität, sondern auch in dauerhafter Abwesenheit eines funktionierenden Gehirns – dann nämlich, wenn das betreffende Individuum endgültig und unwiderruflich tot ist.

Das nämlich behaupten medial veranlagte Personen, die – für gewöhnlich in einem Trancezustand – mit dem Bewusstsein von Menschen Kontakt aufnehmen können, die nicht mehr am Leben sind. Dieses Channeln kann in verschiedener Form außer- oder nichtsinnlicher Wahrnehmung geschehen: durch Hellsehen (Sehen von Erscheinungen), Hellhören (Hören von Stimmen), Hellfühlen (physische Wahrnehmungen) oder durch eine Kombination beider. Gegen die Authentizität solcher Wahrnehmungen lässt sich natürlich einwenden, die Medien würden diese Erfahrungen selbst erfinden oder sie durch irgendeine Art von ASW (außersinnliche Wahrnehmung) von lebenden Personen erhalten.

Es gibt jedoch Fälle, in denen Zweifel dieser Art definitiv ausgeräumt werden können, dann nämlich, wenn das Erfahrene Informationen enthält, zu denen weder die Medien selbst noch sonst irgendeine lebende Person in ihrem Umfeld hätten Zugang haben können. In folgendem Fall hält die Beweislage besonders gut stand. Und zwar geht es um das Schachspiel zwischen einem lebenden Schachgroßmeister und einem, der bereits vor Jahrzehnten verstorben war.[9]

Wolfgang Eisenbeiss, ein Amateurschachspieler, beauftragte das Trancemedium Robert Rollans, im Jenseits einen Schachspieler ausfindig zu machen, der bereit wäre, sich auf eine Partie mit Viktor Korchnoi, dem drittbesten Schachgroßspieler der Welt, einzulassen; die einzelnen Spielzüge sollte Rollans kommunizieren. Eisenbeiss gab also Rollans eine Liste mit verstorbenen Großmeistern und bat ihn, Kontakt zu ihnen aufzunehmen und sie zu fragen, wer von ihnen an dem Spiel teilnehmen wollen würden. Rollans versetzte sich in Trance und gab die Anfrage weiter. Am 15. Juni 1985 schließlich meldete sich der ehemalige Großmeister Géza Maróczy und sagte zu. Er hatte im Jahr 1900 den dritten Weltrang erreicht gehabt; geboren war er 1870, verstorben 1951 im Alter von 81 Jahren.

Maróczy antwortete auf Rollans Tranceeinladung folgendermaßen:

> „Aus zwei Gründen möchte ich Ihnen für dieses besondere Schachspiel zur Verfügung stehen: Erstens möchte ich die Menschheit auf Erden davon überzeugen, dass mit dem Tod nicht alles endet, sondern der Geist nur den physischen Körper verlässt und in ein neues Reich eingeht, in dem individuelles

> Leben sich in einer neuen unbekannten Dimension manifestiert. Zweitens bin ich ein ungarischer Patriot und möchte die Augen der Welt auf mein geliebtes Ungarn lenken ..."

Korchnoi und Maróczy begannen ein Spiel, das wegen Korchnois schwacher Gesundheit und reger Reisetätigkeit oft unterbrochen werden musste. Es dauerte sieben Jahre und acht Monate lang. Wenn Maróczy seine Züge über das Medium Rollans durchgab, tat er das in der üblichen standardisierten Form – z.B. „5. a3 – Lxc3+". Korchnoi erwiderte seine Züge in derselben Verklausulierung, kommunizierte sie aber ganz normal. Jeder Zug wurde analysiert und aufgezeichnet, wodurch das großmeisterliche Niveau und der spezifische Stil, für den Maróczy bekannt gewesen war, deutlich erkennbar wurden. Die Partie endete am 11. Februar 1993 mit dem 48. Zug und der Aufgabe Maróczys. Nachträgliche Analysen ergaben, dass es eine weise Entscheidung gewesen war: fünf Züge später hätte Korchnoi Maróczy schachmatt gesetzt.

In diesem Beispiel channelte Rollans Information, die er in seinem normalen Bewusstseinszustand nicht besaß. Und diese Information war so fachmännisch und genau, dass kaum anzunehmen ist, dass irgendjemand aus Rollans Umkreis sie hätte besitzen können. Dieser Fall ist nur einer von mehreren, aus denen hervorgeht, dass es durchaus möglich ist, mit Wesen zu kommunizieren, die über ein Ich-Bewusstsein verfügen, sich an eine physische Existenz erinnern und den Wunsch zu kommunizieren bekunden, ohne dass man sie einem lebenden Gehirn und Körper zuordnen könnte.

Selbst wenn es auf den ersten Blick hin unwahrscheinlich ist, dass Verstorbene mit Lebenden kommunizieren können, ist das angesichts solcher Vorkommnisse nicht einfach von der Hand zu weisen.

Instrumentelle Transkommunikation

Verstorbene Individuen können nicht nur über Medien miteinander kommunizieren, sondern scheinen auch Botschaften auf elektronischen Geräten hinterlassen zu können. Solche Phänomene sind als ITC (Instrumental Transcommunication, darunter auch die EVC, Electronic Voice Communication) bekannt und manifestieren sich in anomalen Stimmen, die auf Audiorekordern, über Radio- und manchmal sogar Telefongeräte auftauchen. Sogar anomale Bilder können auf Fernsehempfängern erscheinen, wenn diese auf einen leeren Kanal mit weißem Rauschen geschaltet werden. Hunderte von nachgewiesenen ITC-Experimenten sind in verschiedenen Teilen der Welt bekannt geworden, und beweisen, dass dieses Phänomen wirklich existiert, auch wenn es bisher nur unzureichende Erklärungen dafür gibt.[10]

Alternative Entwürfe

Wenn die Existenz von Bewusstsein jenseits des Gehirns keine Chimäre ist, sondern ein Phänomen, dem man Glauben schenken kann, ist die konventionelle Bewusstseinstheorie unzutreffend. Auch wenn die meisten Leute immer noch davon überzeugt sind: Das Bewusstsein, das uns als Menschen auszeichnet, ist nicht einfach das Erzeugnis unseres Gehirns.

Es gibt stichhaltige Alternativen zur konventionellen gehirnproduzierten Bewusstseinstheorie. Eine, die zurzeit ausführlich diskutiert wird, hat William James bereits 1899 in seiner Ingersoll-Vorlesung über die Unsterblichkeit vorgeschlagen.[11] James spricht darin von einem „verschleierten" Bereich, innerhalb dessen Information vom Gehirn weitergeleitet werde. Die „Transmissionstheorie", sagte er, sei eine Alternative zur „Produktionstheorie", denn sie besitze den Vorteil, für ein Phänomen herangezogen werden zu können, das für die Produktionstheorie eine Anomalie darstellt: das Vorhandensein von Bewusstsein jenseits des Gehirns.

Die Transmissionstheorie wird mittlerweile von einer wachsenden Anzahl von Wissenschaftlern akzeptiert. So schrieb der Astrophysiker David Darling:

> „Das Gehirn erzeugt überhaupt kein Bewusstsein, nicht mehr als ein Fernsehgerät, das Programme produziert, die auf dem Bildschirm zu sehen sind … Ganz im Gegenteil filtert und limitiert das Gehirn das Bewusstsein, genauso wie unsere Sinnesorgane die Gesamtheit der Erfahrungswelt begrenzen, zu der wir sonst Zugang haben könnten."[12]

Der Neurochirurg Eben Alexander, bislang ausgesprochen skeptisch, was NTEs und verwandte Bewusstseinsphänomene anbetraf, bekannte sich zur alternativen Theorie, nachdem er selbst eine wochenlange NTE erlebt hatte. Über seinen Perspektivwechsel schrieb er ein Buch, gründete die Internetplattform Eternea und veröffentlichte dort sieben Kernaussagen.[13]

1. In seiner dauerhaften Essenz reicht das Bewusstsein über das Gehirn hinaus, transzendiert es und ist fähig, unabhängig von ihm zu existieren.
2. Dieser Aspekt des Bewusstseins ist von seinem Wesen her ewig, von Raum, Zeit und Materie unbegrenzt und fähig, sich andernorts und -gestalts quer durch das ganze Spektrum ewiger Existenz zu manifestieren.
3. Im Kosmos ist alles auf Quantenebene miteinander verbunden, beeinflusst sich gegenseitig nonlokal und spontan, was nahelegt, dass innerhalb des großen Netzwerks der Schöpfung alles eins ist.
4. Sinn und Zweck jedweder Existenz und kosmisches Grundprinzip, welches alle Entwicklung vorantreibt, ist es, zu immer großartigeren Ausdrucksformen von Harmonie und Liebe zu werden ... alles bedingungslos liebend, einschließlich seiner selbst.
5. Der Schöpfung liegt eine tiefe Quelle oder Intelligenz zugrunde, in der alles seinen Ursprung hat, aus der sich alles entwickelt und in die alles wieder zurückkehrt.
6. In einem vernetzten Universum gibt es eine immanente Matrix der Ursache-Wirkung-Beziehungen, was nahelegt, dass wir das, was wir anderen antun, uns selbst antun, bzw. wir ernten was wir säen.
7. Was für das Eine gut ist und für das Ganze gut ist, verstärkt sich gegenseitig; und das bestätigt die alte Weisheit, nach der die Qualität sowohl der individuellen wie auch der kollektiven Existenz dadurch erhöht wird, dass jeder einzelne Aspekt der Schöpfung in einen Zustand vollständiger Einheit, Harmonie und Liebe gebracht wird.

Stephan Schwartz fasste das Wesentliche der Alternativkonzepte in Form von vier Schlussfolgerungen zusammen und nannte sie „das neue Paradigma, das nonlokales Bewusstsein miteinschließt“:

1. Nur bestimmte Aspekte des Bewusstseins sind das Ergebnis physiologischer Prozesse.
2. Bewusstsein ist kausal, und physische Realität seine Manifestation.
3. Alle Bewusstseinsformen sind, unabhängig von ihren physischen Manifestationen, Teil eines Lebensnetzwerks, das diese einerseits

informiert und beeinflusst, und andererseits *durch* sie informiert und beeinflusst wird.

4. Einige Aspekte des Bewusstseins beschränken sich nicht auf das Raumzeitkontinuum und entspringen nicht gänzlich der Neuroanatomie eines Organismus".[14]

Das Manifest des internationalen Gipfeltreffens zum Thema Postmaterialistische Wissenschaft, Spiritualität und Gesellschaft, welches vom 7. – 9. Februar 2015 in Canyon Ranch in Tucson, Arizona stattfand, hob den Wahrheitsgehalt der alternativen Theorie hervor:

- Das Bewusstsein stellt einen Aspekt der Realität dar, der ebenso ursprünglich ist wie die physikalische Welt. Das Bewusstsein ist für das Universum fundamental; das heißt, es lässt sich weder aus der Materie ableiten noch auf irgendetwas Grundlegenderes zurückführen.
- Bewusstsein und physikalische Welt sind tief miteinander vernetzt.
- Das Bewusstsein (Wille/Absicht) kann den Zustand der physikalischen Welt beeinflussen und in nonlokaler (oder erweiterter) Weise wirken; das bedeutet, dass es weder – wie Gehirne und Körper – auf bestimmte Punkte im Raum noch auf bestimmte Punkte in der Zeit – etwa die Gegenwart – begrenzt ist …
- Der Wechsel von der materialistischen zur postmaterialistischen Wissenschaft könnte sich für die Evolution der menschlichen Zivilisation als lebenswichtig erweisen – womöglich einschneidender noch als der Übergang vom Geo- zum Heliozentrismus.[15]

Die Karte des Bewusstseins

Eine glaubwürdige Alternative zur konventionellen Bewusstseinstheorie muss eine Erklärung dafür bieten, wie Bewusstsein über das Gehirn hinaus zu existieren vermag. Die Karte des Kosmos, wie sie in diesem Buch hier vorgelegt wird, hält eine solche Antwort bereit. Sie sagt uns, „objektähnliche Strukturen und Strukturcluster im hochfrequenten Bereich sind von den Einschränkungen und Freiräumen in-formiert, welche die Naturgesetze festlegen; und bewusstseinsähnliche Strukturen innerhalb der niederfrequenten Bandbreite spiegeln die Intelligenz wider und schwingen mit ihr mit, welche das Wellenfeld des sich im erregten Zustand befindlichen Kosmos durchzieht“ (Kapitel 1). Die bewusstseinsähnlichen Strukturen stehen mit der sich im Grundzustand befindlichen Intelligenz des Kosmos im Einklang. Sie bestehen aus gleichphasigen Wellen mit niederer Frequenz und Amplitude, erscheinen daher als „numinos“, „spirituell“, „traumhaft“ oder „unsagbar“ und stehen im Kontrast zu den hochfrequenten und weit amplitudigen Wellen, die sich als physikalisch reale Objekte manifestieren.

So etwas wie Farbe oder Klang gibt es im Universum ebenso wenig wie Materie. Alles, was existiert, ist Schwingung, die sich zu Clusterstrukturen gruppiert, woraus dann materieähnliche und bewusstseinsähnliche Gestalten entstehen. Manche dieser Cluster werden von empfänglichen Organen wahrgenommen und in Form von elektrischen Impulsen ans Gehirn geleitet, wo sie dekodiert werden und Farb-, Klang-, Geruchs-, Geschmack- und Tastempfindungen auslösen. Was den Klang anbelangt, bringen beispielsweise Wellen in der Luft Tausende von Zilien (Flimmerhärchen) zum Mitschwingen in der eigenen Frequenz. Diese Schwingungen werden komprimiert und verstärkt und dann an die Hörschnecke im Innenohr weitergeleitet, wo sie das Corti-Organ in Nervensignale umwandelt. Das menschliche Ohr entschlüsselt Frequenzen, die zehn Oktaven umspannen. Das menschliche Auge entspricht einer kleineren, doch ähnlich spezifischen Spannbreite von Schwingungen im elektromagnetischen Spektrum. Die Hornhaut funktioniert wie eine konvexe Linse, die Photonenströme zur Netzhaut sendet, wo Sehzellen sie in elektrische Impulse umwandeln. Jedes menschliche Auge verfügt über mehr als 125 Millionen Sehzellen, von denen sechs oder sieben Millionen für die Farbwahrnehmung zuständig sind. Die niedrigste Frequenz, die visuelle Empfindungen erzeugen kann, liegt im Bereich von 375 Billionen Hertz und ruft die Wahrnehmung von Rot hervor, die höchste Frequenz bei etwa 750 Billionen Hertz und ergibt die Farbe Blau.

Schwingungen, die Ansichten und Klänge der Alltagswelt für uns ergeben, besitzen relativ hohe Frequenzen. Doch gibt es auch Schwingungen mit niedrigeren Frequenzen. Werden diese dekodiert, so erhält man einen flüchtigen Einblick in eine nichtphysikalische, aber gleichermaßen reale Welt: die tiefendimensionale Welt des Geistes oder Bewusstseins. Solche Schwingungen werden nicht von einem auf sie zugeschnittenen Sinnesorgan übertragen, sondern erreichen den Organismus qua Resonanz auf Quantenebene in einem umfassenden Feld subneuronaler Netzwerke, und die Gestalten, die sie erzeugen, sind keine physikalischen Objekte, sondern Bewusstseinsformen und -elemente. Diese Schwingungen sind Elemente „übersinnlicher Wahrnehmung“, wie sie in NTEs, ASWs, Nachtoderfahrungen sowie in meditativen und anderen ungewöhnlichen Bewusstseinszuständen vorkommen.

Schwingungen, welche objekt- und geistähnliche Gestalten im menschlichen Bewusstsein erzeugen, existieren objektiv im Wellenfeld des sich im erregten Zustand befindlichen Universums. Also verschwinden sie auch nicht, wenn sie – von uns oder irgendeinem anderen System in Raum und Zeit – nicht weitergeleitet und entschlüsselt werden.

Objekt- und geistähnliche Cluster interferierender Wellen unterscheiden sich zwar, sind aber nicht getrennt voneinander: Sie interagieren und können Teil desselben komplexen Clusters sein. Ein solcher Cluster stellt eine höherwertige Welleninterferenzstruktur dar. Die lebende Zelle ist ein Verbund von Molekülen und molekularen Gruppen – ein Welleninterferenz-Supercluster –, das menschliche Wesen wiederum ist ein multizelluläres System und demnach ein Cluster aus Superclustern – ein Welleninterferenz-Hypercluster. Es oszilliert über ein weites Spektrum von Frequenzen hinweg, von denen einige objektähnliche Gestalten und andere geistähnliche Gestalten erzeugen. „Objektive“ physikalische Phänomene und „subjektive“ geistige Phänomene unterscheiden sich nur phänomenologisch, nicht aber kategorisch voneinander. Die Karte des Bewusstseins und die Karte des Kosmos bilden dieselbe Realität ab, nur ihr Fokus ist auf jeweils unterschiedliche Manifestationen derselben gerichtet.

Sowohl die hochfrequenten objektähnlichen als auch die niederfrequenten geistähnlichen Cluster unterliegen im Laufe der Zeit einer Evolution. Die materieähnlichen Cluster entwickeln sich aus Entitäten, die wir als Quanten kennen, zu Atomen, Molekülen und komplexen multiatomaren Superclustern, das Bewusstsein hingegen, von der Grundempfindlichkeit einer Zelle und multizellulärer Organismen ausgehend, zu komplexen kognitiven und perzeptiven Systemen, mit denen man sich in Bewusstseinsstudien der zeitgenössischen Psychologie befasst. Ein entwickeltes Bewusstsein ist ein geistähnlicher Hypercluster aus interferierenden Wellen mit niedriger Frequenz und kleiner Amplitude.

Innerhalb des niederfrequenten Spektrums wahren einige gleichphasige und mithin vergleichsweise beständige Welleninterferenzcluster inmitten des chaotischen Wechselbads um sie herum ihre Identität: Sie treten als individuelle Geist- oder Bewusstseinsformierungen in Erscheinung. Objektähnliche Gestalten innerhalb des hochfrequenten Spektrums umfassen bezeichnenderweise eine kürzere Zeitspanne: Sie tauchen in rascher Folge auf und wieder unter.

In entwickelten Organismen verbinden sich die hoch- und niederfrequenten Cluster miteinander und bilden ein psychophysisches Hypercluster. Die hochfrequente Komponente eines derartigen Clusters – der Körper – ist diskontinuierlich, während sich die niederfrequente Komponente – der Geist oder das Bewusstsein –, wie wir noch sehen werden, als beständiger erweist. Im menschlichen Wesen verknüpft sich also ein relativ kontinuierliches Bewusstsein mit einem diskontinuierlichen Körper.

Beides, Bewusstsein und Körper, werden von der Schwingung des Grundzustands des Kosmos in-formiert. Körper und Gehirn, sowie der Organismus im Ganzen, nehmen die Intelligenz, welche das Universum durchdringt, in sich auf und stehen in Resonanz mit ihr.

Postskriptum: Das Ende des Dualismus

Für das klassische Paradigma ist das Bewusstsein nur ein Epiphänomen, welches durch die Hirnaktivität erzeugt wird, und Materie grundsätzlich real, das Bewusstsein nicht. Sie werden als völlig unterschiedliche Phänomene betrachtet.

Die dualistische Betrachtungsweise ist das Erbe der von Galileo Galilei eingeführten Unterscheidung von „primären“ und „sekundären“ Eigenschaften. Primäre Eigenschaften, so sagte er, seien vom Beobachter unabhängige Eigenschaften von Objekten wie Festigkeit, Ausdehnung, Bewegung, Anzahl und Gestalt. Sekundäre Eigenschaften würden vom Beobachter hinzugefügt, dazu gehörten Farbe, Geschmack, Klang und weitere Qualitäten („qualia“). In seinem Werk „Il Saggiatore“ von 1623 schrieb Galilei, seiner Ansicht nach seien die sekundären Eigenschaften nur so etwas wie andere Namen für die Objekte, denen wir sie zuschrieben, denn sie befänden sich im subjektiven Bewusstsein des Beobachters.

In dieser dualistischen Weltanschauung gibt es keinen Platz für den Geist bzw. das Bewusstsein. Alles, was existiert, ist das Produkt zufälliger Interaktionen zwischen Materieteilchen – „Massepunkten“, die sich, den mechanistischen Gesetzen gehorchend, in einem passiven Raum und einer gleichgültig dahinfließenden Zeit bewegen. Das Leben ist einfach nur das Resultat einer unvorhersehbar glücklichen Abfolge von zufälligen Interaktionen zwischen Massepunkt-Teilchen und -konfigurationen, die von den unerbittlichen Gesetzen natürlicher Selektion permanent nach Effizienz aussortiert werden. Bewusstsein ist ein Epiphänomen, das aus einer natürlichen Selektion unter den erfolgreichen Spezies neuronaler Materiecluster im Gehirn resultiert.

Doch im zweiten Jahrzehnt des 21. Jahrhunderts haben der mechanistisch-materialistische Blick auf die Realität und die dualistische Weltanschauung endgültig ausgedient. Die Karte, die sich jetzt an der Speerspitze der Wissenschaft immer deutlicher abzeichnet, beschreibt die Realität nicht mehr als riesigen Mechanismus, sondern als einheitliches Reich von Schwingungsclustern. Was wir bisher Raum nannten, entpuppt sich als Ursprung und Ziel der im Universum auftauchenden Cluster zugleich, und Information – etwas, was wir für ein bloßes Produkt des menschlichen Geistes hielten –als Grundelement des Kosmos. Letztendlich sind alle Dinge – Geist und Bewusstsein ebenso wie das, was wir „Materie“ nennen – Schwingungscluster im Wellenfeld des Universums, welches sich im erregten Zustand befindet.

Endnoten

1 Charbonier, J. J.: Seven Reasons to Believe in the Afterlife. Inner Traditions, Rochester, VT. 2015

2 Ebd.

3 Ebd.

4 Ring, K., Cooper, S.: „Near-Death and Out-of-Body Experiences in the Blind. A Study of Apparent Eyeless Vision“ in *Journal of Near-Death Studies* 16/2, Winter 1997, 101-147

5 Ring, K., Cooper, S.: Mindsight: Near-Death and Out-of- Body Experiences in the Blind. iUniverse, Bloomington, 2008

6 Schwartz, S.A., DeMattei, R.J.: “The Mobius Psi-Q Test: Preliminary Findings” in *Research in Parapsychology*, William G. Roll u.a. (Hrsg.), 1981, Metuchen, N.J. & London, Scarecrow, 1983, 103–105

7 Schwartz, S.A.: Opening tot he Infinite. Nemoseen, Budha, Tx, 2007

8 Schwartz, S.A.: “Numinosity, Entropy, Intention, and Remote Viewing: Three Variables Subject to Manipulation” in *Proceedings of Neuroscience and Consciousness conference*, Seattle, März 17–19, 1983

9 Laszlo, E., Peake, A.: Unsterbliches Bewusstsein: Die Kontinuität des Selbst jenseits vom Gehirn. Mosquito-Verlag, 2016 ; The Immortal Mind. Inner Traditions, Rochester, VT, 2014

10 Ebd.

11 James, W.: Ingersoll Lecture on Immortality. Boston, Houghton Mifflin, 1899

12 Darling, D.: „Supposing something different: Reconciling science and the afterlife“ in *OMNI*, 1995, 17(9): 4

13 Alexander, E.: Blick in die Ewigkeit: Die faszinierende Nahtoderfahrung eines Neurochirurgen. Heyne Verlag, 2016; Proof of Heaven: A Neurosurgeon's Journey into the Afterlife. Simon & Schuster, New York, 2012; www.eternea.org/Postulates.aspx

14 Schwartz, S.A.: „Six Protocols, Neuroscience, and Near-Death: An Emerging Paradigm Incorporating Nonlocal Consciousness“ in *Explore*, 11:4, 2015, 252–260; eine leicht veränderte Version findet sich in: *The Mysteries of Consciousness*, Ingrid Fredriksson (HRsg.)., McFarland, Jefferson, NC, 2015, 5–20

15 Open Sciences Campaign, http://opensciences.org/about/manifesto-for-a-post-materialist-science. Vortrag „Post-Materialist Science, Spirituality and Society“, gehalten in Canyon Ranch in Tucson, Arizona, 7.-9. Februar 2015

Kapitel 3

Existenz

Cogito ergo sum, sagte der Philosoph René Descartes. Wenn ich denke und verstehe, dann existiere ich. An nahezu allem kann ich zweifeln, an dieser Aussage nicht.

Angesichts einer Karte der Realität, welche das Bewusstsein als Teil des Kosmos anerkennt, stellt sich dieser Gedankengang dann folgendermaßen dar: Wenn ich denke und verstehe, dann bin ich bewusst – und wenn ich bewusst bin, dann existiere ich, und zwar als Teil des Kosmos. Auch daran kann ich also mit gutem Grund glauben.

Doch wir können noch weitergehen und behaupten: Ich existiere, solange ich bewusst bin. Reicht mein Bewusstsein aber über mein Gehirn hinaus, dauert auch meine Existenz über mein Gehirn hinaus an. Was die Logik anbetrifft, so ist diese Schlussfolgerung einwandfrei. Doch stimmt es, dass wir über das Gehirn hinaus bewusst bleiben? Überleben wir unseren Körper?

In Kapitel 2 haben wir Fälle von NTEs und AKEs kennengelernt, in denen das Bewusstsein über das lebende Gehirn hinausweist. Wir haben auch gesehen, dass es ipso facto glaubwürdige Berichte gibt, laut derer das Bewusstsein jenseits des Lebens eines zugehörigen Organismus fortbesteht. In diesem Kapitel befassen wir uns nun mit dem offensichtlichen Überleben des Bewusstseins. Dabei können wir uns auf einige überraschende und überraschend genaue Erfahrungsberichte von Menschen stützen, welche gestorben sind und daher eigentlich keiner bewussten Erfahrung mehr hätten fähig sein sollen – gar keiner Erfahrung irgendwelcher Art mehr.

Überleben

Alle Weisheitsüberlieferungen sind sich darin einig, dass das Bewusstsein den Körper überlebt. Ihnen zufolge lebt nach dem Hinscheiden des Körpers, wenn auch nicht auf derselben Ebene wie der Körper, so etwas wie eine „Seele“ oder ein „Geist“ weiter. Existenzebenen beschränken sich also nicht auf die physische Ebene, auf der das Bewusstsein mit dem Körper verbunden ist, sondern beziehen auch transzendente Ebenen wie die astrale, mentale, kausale und ätherische mit ein. Und genau auf diesen Ebenen – also jenseits von Raum und Zeit – existiert die Seele oder der Geist weiter.

Die Astralebene ist der physischen am nächsten; sie soll die erste sein, welche das Bewusstsein nach dem Ableben des Körpers betritt. Die nächst höhere Ebene wird gemeinhin als Mentalebene identifiziert, obwohl einige schamanistische Überlieferungen die Kausalebene dafür in Anspruch nehmen, und die mentale erst danach. Die meisten Überlieferungen aber stimmen darin überein, dass die höchste Ebene die ätherische ist – der Zugang zum 8. Chakra und damit zum transzendenten Reich des kosmischen Bewusstseins.

Die Erkenntnisse der Weisheitsüberlieferungen stammen nicht erst von gestern, sondern beruhen auf Tausenden und Abertausenden Erfahrungen, die durch die großen Kulturen der Welt auf uns gekommen sind. Die Lehren, welche diese Erkenntnisse übermitteln, kommen gebieterisch und verlässlich daher, doch ob man sie akzeptiert oder nicht, schien bisher eine Sache des Glaubens zu sein. Nun liegt aber Beweismaterial für ihre Behauptungen vor, das unabhängig von Anspruchs- und Glaubensfragen überprüft werden kann: Berichte über das Fortbestehen des Bewusstseins über den Tod hinaus. Wie bereits erwähnt, handelt es sich nicht um Augenzeugenberichte des Individuums mit dem fraglichen Bewusstsein, denn als die geschilderten Erfahrungen stattfanden, war es ja bereits tot. Doch fand es offenbar Wege, diese den Lebenden zu kommunizieren.

Im Folgenden lassen wir ein paar von diesen Berichten Revue passieren und beginnen mit jenen, welche unmittelbar nach dem Tod des Individuums Zeugnis von der fortbestehenden Anwesenheit seines Bewusstseins ablegen.

Existenz nach dem Tod

Berichte über Bewusstseinszustände nach dem Tod werden von Medien gechannelt. Sie besagen, dass man nach dem Tod weder ins Nichts hinabgleitet, noch in einer Art Schlaf bis zum letzten Trompetenstoß dahinvegetiert, sondern eine bewusste Reise antritt, die im Moment des Todes beginnt und von einer transzendenten Existenzebene auf die andere führt. In den folgenden Abschnitten haben wir ein paar der stichhaltigsten und genauesten Zeugnisse zusammengestellt.

Das Erlebnis des Philosophen Bertrand Russell nach dem Bericht von Rosemary Brown

Sein Leben lang war Bertrand Russell ein Meister des freien Denkens gewesen und hatte sich auch an spekulative, „metaphysische" Denkansätze herangewagt. Dennoch hatte er stets daran festgehalten, nicht an ein Leben nach dem Tod zu glauben. Nach seinem Tod channelte Rosemary Brown eine Anzahl von Botschaften, die, so behauptete sie, von ihm stammten. Nachdem er verkündet hatte, dass er jetzt an Gott glaube, und zwar „unzweideutig und mit einem positiven intellektuellen Verständnis dessen, was die einzig akzeptable Lösung immer war und ist", sagte Russell:

> „Sie mögen nicht glauben, dass ich es bin, Bertrand Arthur William Russell, der diese Dinge sagt, und vielleicht vermag ich durch dies letztlich limitierte Medium keinen schlüssigen Beweis zu liefern. Doch wer Ohren hat, mag in meinen Formulierungen meine Art zu reden wiedererkennen und meinen Hang zu Tautologien durchhören; wer nicht hören möchte, wird zweifellos alles daransetzen, um meine retrospektive Rede zu entkräften."

Russell erklärte, man könne mit körperlosen Geistwesen kommunizieren – und zwar von Geist zu Geist –, beschwichtigte jedoch zugleich Befürchtungen, Lebende würden nun ständig mit den Botschaften von Toten bombardiert werden. „Als Regel gilt, dass nur das Bewusstsein derer gedanklich berührt werden kann, die ähnlich gestimmt sind." Jeder besitze, so betonte er, seine eigene Wellenlänge und könne nur auf dieser Frequenz empfangen.[1]

Unter den Botschaften, die Russell übermittelte, war auch eine, welche seine Erfahrung nach dem eigenen Tod beschrieb.

„Nachdem ich meinen letzten Atemzug in meinem sterblichen Leib getan hatte, fand ich mich in einer Art Existenzerweiterung wieder, die meiner Einschätzung nach keine Parallele in der materiellen Dimension hatte, wie ich sie bis vor kurzem noch erlebt hatte. Ich beobachtete, wie ich eine Art Körper in Besitz nahm, der große Ähnlichkeiten mit dem physischen aufwies, den ich für immer verlassen hatte; doch dieser neue Körper, in dem ich mich nun aufhielt, schien virtuell schwerelos und sehr flüchtig zu sein, fähig, sich mit geringstem Kraftaufwand in jedwede Richtung zu bewegen. Anfänglich dachte ich, ich würde träumen und alsbald wiedererwachen in der alten Welt, in der ich es leid geworden war, mich noch immer in dieser alternden Hülle gefangen zu sehen, die ein überdrüssiges Gehirn umschloss, das allzu häufig nicht mehr denken wollte, wenn *ich* denken wollte.

Mehrmals in meinem Leben hatte ich gedacht, ich würde gerade sterben; mehrmals hatte ich mich unter der größten Willensanstrengung damit abgefunden, nicht mehr zu sein. Die Vorstellung von einem B.R., der nicht mehr in dieser Welt weilte, machte mir also nicht über Gebühr zu schaffen. Gewähre dem Kerl (mir selbst) einfach ein ehrbares Begräbnis, dachte ich, und lass ihn gehen. Hier war ich nun, immer noch das gleiche Ich mit seinen Fähigkeiten zu denken und zu beobachten, nur waren sie in unglaublichem Maße verschärft. Das Erdenleben fühlte sich plötzlich sehr irreal an, so als hätte es nie stattgefunden. Ich brauchte eine ganze Weile, um dies Gefühl zu verstehen, bis mir klar wurde, dass Materie mit Gewissheit illusorisch ist, auch wenn sie im Moment irgendwie schon existiert. Die materielle Welt schien jetzt nicht mehr zu sein als ein wechselhaftes, brodelndes, ruheloses Meer von unbestimmbarer Dichte und Umfang.“[2]

Das nachtodliche Erlebnis von E.K. nach dem Bericht von Jane Sherwood

Jane ging so vor: Sie trat in einen veränderten Bewusstseinszustand ein, hielt einen Stift übers Papier und notierte Dinge, von denen sie in ihrem normalen Bewusstseinszustand keine Kenntnis hatte. Auf diese Weise channelte sie den Bericht einer Wesenheit, die sich als E.K. zu erkennen gab.

Nach seinem Tod habe er, E.K., sich in einer Art Übergangsstadium befunden. Er erwachte, und fühlte sich wunderbar erfrischt und glücklich. So wanderte er eine Weile in den „Etwas-oder-Nichts“-Gefilden einer seltsamen Welt herum, konnte sich aber keinen Reim darauf machen. Brütende Stille betäubte lange sein Bewusstsein, doch als er dann wieder wach wurde, fühlte sich sein Körper völlig verändert an, nicht mehr zerbrechlich und schwach, sondern kräftig und zu allem bereit, als wäre er geradewegs in seine Jugend zurückgekehrt. Alsbald zog sein Leben in einem Panaromarückblick an ihm vorüber und er fiel in tiefen Schlaf. Als er nach dem Schlummer wieder zu sich kam, fand sich E.K. auf einem Hang wieder, und es eröffnete sich ihm der folgende Anblick:

> „Irdische Schönheit war das nicht. Licht lag *auf* den Dingen und *in* ihnen, und alles kündete von höchster Lebendigkeit. Gras, Bäume und Blumen waren so durchlichtet von ihrer eigenen Schönheit, dass die Seele Wunder der Vollendung atmete ... Es verschlägt mir die Sprache, wenn ich die Himmel zu beschreiben versuche, wie ich sie von meinem Hang aus sah. Das Licht strahlte aus keiner bestimmten Richtung, es gleißte als eine universelle Gegebenheit und tauchte alles in sein sanftes Strahlen, so dass die scharfen Schatten und dunklen Ecken fehlten, die auf der Erde Objekte definieren. Jedes Ding glühte und versprühte sein eigenes Licht und wurde zugleich durch den umgebenden Glanz beleuchtet. Als ich nach oben sah, schimmerte der Himmel wie eine opaleszierende Perle. Seine flirrend-changierenden Farben fächerten sich in Transparenzen auf und ließen einen unendlichen Abgrund ansichtig werden, eine Ahnung unergründlicher Raumtiefe. (...)
>
> Ich war glücklich. Das herrliche Geschenk dieser unserer Reise von der Wiege ins Grab und durch das Schattental, um schließlich nackt anzukommen und in dies größere Leben wiedergeboren zu werden, sang seine Lebensmelodien triumphierend, bis ich aufging in Ekstase, einer Ekstase der Liebe und des Dankes für all das, dessen frohlockender Teil ich nun war.“

Die Erfahrung tibetischer Delogs nach dem Bericht von Tulku Thondup

Der tibetanische Meister Tulku Thondup schildert die Erfahrung tibetanischer Delogs, die durch die Praxis tiefer Meditation die Fähigkeit erworben haben, ihren Körper zu verlassen und wieder zurückzukommen, um von ihren Erlebnissen Bericht erstatten zu können. Hier folgt eine ihrer Schilderungen des Glückseligen Reinen Landes, das sie erlebten, nachdem sie ihren Körper verlassen hatten.

> „Der Boden des Glückseligen Reinen Landes ist weich und eben wie die Innenfläche einer jungen Hand. Grenzenlos, jung, frisch und zart ist dies Land und lädt zur Berührung ein; keine Dornen, Kiesel, Felsen oder Abhänge stehen im Weg. Es ist ruhig, fried- und freudvoll und unberührt. Es besteht aus sieben kostbaren Stoffen und ist mit goldenen Zeichen verziert, ohne jede Spur von Härte, Roh- oder Rauheit, Unrat, Öde oder Verfall. Hell und bunt ist es, und sendet Lichtstrahlen aus. In diesem überaus reinen Land erscheinen andere unermessliche reine Buddha-Länder wie Reflektionen im Angesicht eines klaren Spiegels. …
>
> Jenes Land hat keine gewöhnlichen dunklen Berge, sondern schmückt sich mit allerlei Art sanfter Edelsteinberge mit hohen und niedrigen Spitzen. Hier und da zieren es Hügel von Edelsteinen, Minen kostbarer Schätze, Höhlen voll kostbarer Juwelen und Hütten voll kostbarer Weine. (…) Dieses reine Land funkelt von weiten und tiefen Flüssen, Seen- und Teichketten, in denen Scharen von Wesen sich an einem fröhlichen Spiel ergötzen. Zu den Weihern und Seen mit ihrem unbefleckten Wasser geleiten bequeme Stufen aus kostbarem Geschmeide.“[3]

Das Erlebnis des Landwirts George Hopkins nach dem Bericht von George Wood

> „Ich hatte gerade einen Anfall – Schlaganfall oder Hitzeanfall oder so was. Auf jeden Fall war ich bei der Ernte, fühlte mich irgendwie seltsam, dachte, es läge an der Sonne, und fiel hin. Sonderbar dösig, muss ich eingenickt sein. Aber ach, du Lieber, was hatte ich für einen Schreck! … Ich musste geträumt haben,

konnte mir keinen Reim darauf machen, und es fiel mir gar nicht auf, dass ich tot war. ... Ich sah, wie zwei meiner Kumpels irgendwie durch mich durchliefen. Und niemand nahm Notiz von mir. Ich dachte, das sei ein schlechter Scherz.

Da stand ich nun und versuchte, daraus schlau zu werden. Plötzlich sah ich jemanden wie verrückt die Straße zum Doktor hinunterrennen. Er kam hereingestürmt, schubste mich und alle anderen beiseite, und im nächsten Moment hörte ich, wie sie über mich redeten. Da dachte ich, was zum Teufel läuft da schief? Ich bin doch hier! Und doch hörte ich sie sagen, ich sei tot."

Als die Leute nach seiner Beerdigung vom Friedhof zurückkehrten, lief Hopkins ihnen hinterher. Direkt vor ihm kam seine Frau auf ihn zu.

„Es war nicht meine Frau, wie ich sie gekannt hatte, in den letzten paar Jahren ihres Lebens, sondern als junges Mädchen; schön sah sie aus, richtig schön. Und an ihrer Seite konnte ich einen meiner Brüder sehen, er war mit 17 oder 18 gestorben, ein hübscher Junge mit blondem Schopf. Sie lachten und alberten herum und kamen auf mich zu. Da dachte ich mir, na gut, hier bin ich und dort sind sie, so passt es mir. Sie wissen sicher, was jetzt zu tun ist.

Meine Frau und mein Bruder machten ein richtiges Aufheben um mich, sagten, es täte ihnen leid, dass sie spät dran seien: ‚Wir wissen, dass es dir nicht gut ging, aber wir konnten uns nicht vorstellen, dass du so plötzlich kommen würdest. Wir bekamen die Nachricht, konnten bedauerlicherweise aber nicht schneller hier sein.'

Ich dachte nur, wie merkwürdig. Was zum Teufel reden die denn da? Ich wusste, dass ich wieder auf den Beinen war; offenbar lief ich ja herum, genauso wie vorher, nur dass alles viel leichter war. Körperschwere empfand ich keine mehr, und auch die gewohnten Schmerzen und Qualen nicht."

Wood channelte auch das Nachtoderlebnis von Robert Hugh Benson, Sohn des Erzbischofs von Canterbury und selbst Priester:

„Plötzlich fühlte ich einen starken Drang aufzustehen. Dabei hatte ich überhaupt kein Körpergefühl, so ähnlich, wie es einem

> während eines Traums fehlt; doch wie sehr auch mein Körper dem zu widersprechen schien, war ich mental ganz wach. Diesen Drang, mich zu erheben, verspürte ich klar und deutlich, und so folgte ich ihm. Dann entdeckte ich, dass die Menschen um mein Bett herum gar nicht merkten, was ich gerade tat, denn weder kamen sie mir zur Hilfe noch versuchten sie, mich daran zu hindern."[4]

Ein häufig auftretendes, aber, genau besehen, nicht negatives Charakteristikum von nachtodlichen Erfahrungen ist die Frustration, die zustande kommt, wenn die Kommunikation mit den Lebenden nicht funktioniert. Das bestätigt auch das tibetische Totenbuch, das *Bardo Thödol*. Wenn das, was das *Bardo Thödol* „das Bewusstseinsprinzip" nennt,

> „aus dem Körper heraustritt, sagt es zu sich selbst: Bin ich tot oder bin ich nicht tot? Denn das kann es nicht unterscheiden. Es sieht seine Verwandten und Freunde, so wie es sie zuvor schon immer sah ..., und hört nun all ihr Klagen und Jammern. Doch wenngleich es *sie* sehen und hören kann, können sie *sein* Rufen nicht vernehmen. Und so geht es enttäuscht fort."[5]

Ausgesprochen negative Erfahrungen sind selten, das zeigt das Archiv an Schilderungen, die das Medium Betty Greene zusammen mit Neville Randall aufgebaut hat. Innerhalb von 15 Jahren (mit gelegentlichen krankheitsbedingten Unterbrechungen) sammelten Randall und Greene 500 lebhafte Berichte über Todeserfahrung und Folgezeit. In den meisten von ihnen brauchen „die Toten" eine Weile, um zu realisieren, dass sie tot sind, denn „der Moment des Todes war ein Traum, der sich unmerklich in eine neue Realitätswahrnehmung verwandelte". Doch nirgendwo ist die Rede von einer ausgesprochen negativen Erfahrung, in der die Betroffenen in Schrecken oder Leid versetzt wurden.[6]

Existenz zwischen den Leben

Die Erfahrung, welche das Bewusstsein nach dem Tod macht, ist keineswegs homogen, sondern offenbar eine Reise mit unterschiedlichen Phasen auf unterschiedlichen Ebenen.

Schilderungen solcherart gehen bis auf die Antike zurück, finden sich aber auch in der hinduistischen Advaita Vedanta, im Schamanismus und Hermetismus, im Neuplatonismus und Gnostizismus sowie in der Theosophie und Anthroposophie. In der jüngeren Vergangenheit beschrieb Paramhansa Yogananda in seiner *Autobiography of a Yogi* die höheren Existenzebenen[7]. Seiner Ansicht nach betreten Menschen nach dem Tod zuerst die Astralebene. Über astrale Inkarnationen arbeiteten sie dort ihre karmischen Aufgaben auf, und wenn ihnen dieses nicht gelänge, würden sie auf der physischen Ebene wiedergeboren, um diese Aufgaben in ihrer nächsten Lebenszeit noch einmal anzugehen. Erreichten sie jedoch den meditativen Zustand *Samadhi*, stiegen sie zur „erleuchteten Astralebene“ auf und von dort weiter zu subtileren Ebenen; sogar Vollendung vermöchten sie zu finden, nämlich im höchsten Zustand „endgültiger Einswerdung“.

Die meisten Überlieferungen stimmen darin überein, dass die Zwischenleben-Phase auf der Astralebene beginnt und durch mehrere Zwischenstadien hindurch zur kausalen und dann zur ätherischen Ebene weiterführt. Laut Auskunft des kanadischen Mediums Sylvie Ouellet können die Schwingungen, die von dem Emotionalkörper des Verstorbenen ausgehen, auf der Astralebene von Lebenden aufgefangen werden, und dergestalt Information zwischen ihnen ausgetauscht werden.[8]

Ouellet behauptet, dass der Astralebene die Mentalebene folgt. Auch auf dieser Ebene sei es Lebenden möglich, mit einem entkörperten Bewusstsein zu kommunizieren, doch müssten sie dafür ihr Schwingungsniveau anpassen, wofür sie normalerweise ein Medium benötigten.

Auf der Mentalebene lässt das Bewusstsein jene Anliegen hinter sich zurück, welche den Geist der Lebenden in ihrer Alltagsexistenz beanspruchen. Der Fokus liegt darauf, Liebe und Mitleid zu vermitteln, um eine Reinkarnation in Ruhe und Frieden zu ermöglichen. Kommunikation auf dieser Ebene überbringt Botschaften von eher universeller Bedeutung als individuellem Interesse.

Auf der Kausalebene gelingt es nur großen Meistern, ihr Bewusstsein in einem Zustand zu halten, in dem sie noch über eine klare Wahrnehmung verfügen. Die Energie auf dieser Ebene ist zu hoch, die Schwingungsfrequenz zu anders, um noch Kommunikation mit anderen zu erlauben. Wahrnehmungen blitzen auf dieser Ebene immer nur kurz auf, bevor Bewusstheit wieder in Unbewusstheit versinkt wie in einen tiefen Schlaf.

Zusammen mit den Schilderungen vieler anderer Medien legt die von Sylvie Ouellet nahe, dass die Existenz auf der Kausalebene weitgehend auf eine Wiedergeburt vorbereitet. Empfindungen und Emotionen werden geläutert, und das Gefühl des Getrenntseins von einer aufrichtigen Form von Individualität abgelöst.

Frederic Myers Erlebnisse nach Geraldine Cummins Bericht

Bemerkenswerte Details über die transzendenten Ebenen hat uns Frederic Myers geliefert, als er seine nachtodlichen Erlebnisse dem Trancemedium Geraldine Cummins schilderte.[9] Laut Myers lässt sich „die Geschichte des Bewusstseins" in sechs Etappen einteilen: (1) Begrenzung des Bewusstseins durch die Existenz in der materiellen Welt; (2) Ausdehnung des Bewusstseins durch die Existenz in der „ätherischen" Welt (das Stadium der „Seele" unmittelbar nach Verlassen des Körpers); (3) verstärkte Erweiterung des Bewusstseins auf der „Vierten Ebene" (eine höhere Existenzebene jenseits des Körpers), wo „die Seele" erfährt, was Formvollendung oder -sublimation ist; (4) kosmische Begrenzung des Bewusstseins, in welcher die Seele einmal mehr von einem Körper eingegrenzt wird, nun aber einem, der im Universum existiert (ein Flammenkörper stellarischer Inkarnation); (5) kosmische Erweiterung des Bewusstseins (die Seele hält das sichtbare Universum als Ganzes in ihrem Gewahrsam und kann zu einem umfassenden kosmischen Bewusstsein werden) (6) unendliche Ausdehnung des Bewusstseins: Es wird eins mit dem Schöpfer, die Seele ist sich aller Universen gewahr und trägt sie in sich.

Nach Myers ist dieser sechsphasige Aufstieg des Bewusstseins eine evolutionäre Reise über sieben Ebenen bzw. Niveaus hinweg. Diese sind: (I) Die Erdebene; (II) die Zwischenebene („Hades"); (III) die Illusionsebene (die direkt nach dem Tod erreichte Ebene); (IV) die Farbebene („Eidos"); die Flammenebene („Helios"); (VI) die Lichtebene; und (VII) die letzte, die Myers „Jenseits des Jenseits – Zeitlosigkeit" nennt.

Von der ersten Wegstation, dem Hades, aus steigt das Bewusstsein zur Illusionsebene auf. Wenn es eine Weile im Lotusblumenparadies verweilt hat, kann es zur nächsten Station weiterreisen – der Mentalebene. Eine ethisch ausgerichtete Seele, sagte er, habe den Wunsch, die ätherische Existenzleiter ganz hinaufzuklettern, denn ihre Sehnsucht nach physischer Existenz habe sie hinter sich gelassen. Dabei gebe es Ausnahmen: Seelen, die nach intellektuellen Bravourleistungen auf der Erde trachten, oder „eine wichtige Rolle im Kampf des Erdenlebens spielen wollen". Sie können sich wünschen, gleich von der Astralebene aus in eine neue Inkarnation zu gehen. Doch in den meisten Fällen wird die Seele eines erlösungsorientierten Individuums aus dem Illusionsland freigegeben, „aus jener Kinderstube, in der sie nur in der alten Erdfantasie lebten."

Myers selbst stieg über die Mentalebene zu einer Ebene auf, die er Eidos nannte. Der Erfahrung von Eidos gegenüber ist die des Erdenlebens nur ein armseliger Abklatsch – die „Kopie eines Meisterwerks". In Eidos „wohnen wir in einer teilweise erdähnlichen Erscheinungswelt. Nur ist dieses ungeheuer weite Erscheinungsensemble ein gigantischer Entwurf, der sich erlesen und erschreckend zugleich präsentiert ... Ein Aufenthalt dort gestaltet sich viel fließender und weniger festgelegt als auf Erden."

In *Beyond Human Personality*, dem zweiten Band seines Buches *Human Personality and Its Survival of Bodily Death*[10], führt Myers seine Beschreibung der Aufstiegsstadien des Bewusstseins zu den höheren Ebenen weiter aus.[11] Eidos sei eine erhabenere Welt,

> „... großartig und vom Feinsten, voll seltsamer Schönheiten und Formen, die in mancher Hinsicht noch an die Erde erinnern mögen, sich hier aber in unendlicher Vielfalt darbieten. Sie bestehen aus Farbe und Licht, wie wir Menschen es nicht kennen. Auf dieser Ebene findet man eine Perfektion in der äußeren Gestalt und Erscheinung; eine Perfektion, wie man ihr nur gelegentlich im Werk der größten Künstler auf Erden begegnet. ... Auf dieser lichten Ebene nimmt das Ringen an Intensität zu, die aufgebrachten Anstrengungen gehen über jedes Maß menschlicher Vorstellbarkeit hinaus. Doch auch die Ergebnisse solcher Arbeit und solch intellektualisierten und spiritualisierten Rackerns und Mühens übertreffen das erhabenste Gefühl, welches ein Mensch in seinem irdischen Leben je erreichen kann. Kurzum, alle Erfahrungen sind verfeinert, intensiviert, auf die Spitze getrieben, und die Würze des Lebens maßlos erhöht. Der Zweck all solchen Rackerns und Mühens ist, die Möglichkeiten dieser Ebene so voll wie möglich auszuschöpfen, so dass die Seele sie hinter sich lassen und zu Ebenen fortschreiten kann, die noch weiter von der irdischen Existenz entfernt sind."

Jenseits von Eidos liegt die Flammenebene (nach anderen Darstellungen die Kausalebene). Auf ihr ist die Seele

> „... eine Künstlerin, die in ihrem eigenen Meisterwerk lebt, sich selbst von all dessen Aspekten herleitet und in der Frische seiner unaufhörlichen Fortentwicklung ständig neuerfindet und

> damit die Schöpfung verwandelt. In Ausnahmemomenten mag dem einen oder anderen kreativen Genie ein ganz leichter Hauch von diesem seltsamen Erleben zuteilwerden, solange er noch auf Erden weilt …
>
> Auf der Lichtebene jenseits der Flammenebene, … herrscht in uneingeschränkter Herrschaft reiner Verstand … Die Seelen, die in dieses letzte Erfahrungsreich eingehen … tragen die Weisheit der Form in sich, dies unschätzbare Geheimwissen, welches sie allein durch Begrenzung sammeln konnte, geerntet in zahllosen Jahren, gespeichert aus Myriaden von Gestalten vergangener Leben … sie sind nun fähig, ohne Gestalt zu leben – als weißes Licht … reiner Gedanke."

Jenseits der Lichtebene gibt es aber noch eine weitere Ebene, doch diese entzieht sich jedweder Beschreibung.

> „Allein der Versuch, darüber zu schreiben, lässt einem den Atem stocken. … (Wenn du in diese Dimension eintrittst,) fliegst du endgültig fort aus dem materiellen Universum … Auf dieser letzten Ebene des Seins verweilst du nicht nur außerhalb der Zeit, sondern sogar außerhalb des Universums."

Die Existenz auf diesen Ebenen, sagte Myers, habe nichts mit der Existenz in der realen Welt zu tun, denn diese Ebenen seien „Geisteszustände". Damit meinte er jedoch nicht den Geist von inkarnierten Individuen. E.K., die von Jane Sherwood gechannelte Entität, sagte dazu:

> „Wenn jemand hinscheidet, also auf eine andere Ebene hinübergeht, so sind die Erfahrungen, die er dort macht, immer nur subjektive. Denn ihnen fehlt ihr eigenes Umfeld, und so müssen sie in dem Teil des Selbst stattfinden, der zu der speziellen Ebene passt, auf der sie Realität sind. Das bewahrheitet sich ebenso für uns, wenn wir uns über unsere eigene Ebene hinaus erheben."[12]

Existenz vor der (Wieder)Geburt

Auch wenn die meisten, womöglich sogar alle Menschen irgendwann einmal pränatale Erlebnisse hatten, gelingt es nur sehr wenigen von ihnen, sie ins Gedächtnis zurückzurufen. Kinder in bestimmten Altersgruppen und aus gewissen Milieus hingegen verfügen über diese Fähigkeit. Gewöhnlich sind sie zwischen drei Jahren – da beginnen sie ihre Gedanken und Erinnerungen zu verbalisieren – und acht Jahren alt, einem Alter, in dem die Erinnerungen an vergangene Leben bereits verblassen, um schließlich ganz zu erlöschen. In diesem Zeitfenster erinnern sich manche Kinder daran, wie sie ihren Eltern begegnet sind und sie ausgewählt haben. Sie kommen auch an Ereignisse heran, die vor ihrer Konzeption im Mutterleib geschahen.

Die Reinkarnationsforscher Jim Tucker und Poonam Sharma sammelten über 2.500 Erzählungen von Kindern, die nahelegen, dass sie bereits zu einer anderen Zeit und in einem anderen Körper gelebt hatten.[13] Manche von ihnen nahmen sogar die Identität ihrer vorhergehenden Persönlichkeit wieder an, was soweit ging, dass sie anstelle ihrer aktuellen Eltern die Familie der „fremden Persönlichkeit" als ihre eigentliche betrachteten. Diese lebte in der Regel in derselben geografischen Gegend wie das Kind, war Teil derselben Kultur, ungefähr im gleichen Alter und gleichen Geschlechts. Es gab aber auch Fälle, wo Alter und Geschlecht abwichen. So konnte beispielsweise ein kleines Mädchen die Persönlichkeit eines älteren Mannes, seine Wertvorstellungen, Gewohnheiten und Essensvorlieben adoptieren.

In den meisten Fällen ist das Zeitintervall zwischen dem Tod der Fremdpersönlichkeit und der Geburt des Kindes, das sich daran erinnert, letztere gewesen zu sein, relativ kurz. Laut Tuckers Studien beträgt die Durchschnittszeit 16 Monate. In manchen Fällen liegt sie aber sogar unter neun Monaten, was darauf hindeutet, dass das Bewusstsein der Fremdpersönlichkeit weder während noch kurz nach der Konzeption in den Mutterschoß eintrat, da er/sie sich zu dieser Zeit noch in seinem/ihrem „eigenen" Leben befand.[14]

Diese Befunde entsprechen dem Standard von Reinkarnationserinnerungen. Rückerinnungen, bei denen es hingegen um Zwischenleben geht, umfassen eine andere Kategorie von Erlebnissen. Dazu können auch Erinnerungen an vorgeburtliche Begegnungen mit den Eltern (meistens der Mutter, manchmal auch dem Vater) gehören. Charakteristisch für Reinkarnationserinnerungen dieses Typs sind vier Arten von Episoden: das eigene Begräbnis, sonstige Ereignisse aus dem früheren Leben, Erlebnisse in der Zwischenlebensphase sowie der Moment des Eintritts in den Mutterschoß bei oder nach der Empfängnis.

Rückbesinnungen, die mit Zwischenleben zu tun haben, sind im Allgemeinen klarer und leichter verifizierbar als reinkarnationstypische

Erfahrungen. Zwischenlebenserinnerungen hängen nicht davon ab, ob Erinnerungen an vergangene Leben vorhanden sind. Nur ein geringer Prozentsatz der Kinder, die sich an vorangegangene Leben erinnerten, hatten auch Zwischenlebenerinnerungen, und viele Kinder mit Zwischenlebenerinnerungen erinnerten sich nicht an vorangegangene Leben.

Der japanische Soziologe Masayuki Ohkado führte an 21 Kindern seines Landes eine Studie über Rückbesinnungen des Zwischenlebentypus durch, die auf Befragungen und Gesprächen basierte.[15] Das Durchschnittsalter der Kinder lag bei 8,16 Jahren, das der ersten Äußerung einer Rückerinnerung bei 4 Jahren. Eine solche stellte sich am häufigsten dann ein, wenn sich die Kinder in einem entspannten Zustand befanden, also zur Bade- oder Bettgehzeit. Einige Mütter beobachteten, dass ihre Kinder gesprächiger wurden, sobald sie von ihren Erinnerungen erzählten, und deutlicher und konzentrierter redeten. Eine Mutter staunte nicht schlecht, als ihr Kind, das normalerweise unter Stottern litt, in diesem Zusammenhang plötzlich flüssig sprechen konnte.

Zwischenlebens-Erinnerungen können erstaunlich visuelle Details enthalten. Ohkado hörte einen sechsjährigen Jungen Folgendes erzählen:

> „Ich flog in den Himmel und suchte dabei nach meiner Mutter. Ich konnte sie sehen und durfte sie mir aussuchen. Sie ist die Beste, dachte ich. Sie sah einsam aus, und ich dachte, wenn ich zu ihr komme, wird sie sich nicht mehr einsam fühlen."

Ein neunjähriges Mädchen beschrieb den Ort, an dem sie sich befunden hatte, bevor sie in den Leib ihrer Mutter kam. „Da waren viele Kinder – oder Seelen, und ein Gott, ein Wesen mit Autorität." Auf die Frage, ob er wie ein Schullehrer gewesen sei, antwortete das Mädchen: „Nein, nein, nein! Viel liebevoller … Er kümmerte sich um uns wie ein Betreuer."

In Okhados Untersuchung tauchten Rückbesinnungen an den Ort der Kinder vor ihrer Geburt auf. 13 Kinder beschrieben ihn als Wolke oder Himmel, drei als Licht. Vier schilderten ihn als einen „weiten Raum, von dem aus du die Erde sehen kannst", „so etwas wie ein Stern", „ein Ort mit verschiedenen Ebenen", und „dort oben" habe es „einen Ort in Form einer langgezogenen Ellipse" gegeben.

15 von 21 Kindern behaupteten, sie hätten „irdische Vorgänge" wahrgenommen, konnten sich jedoch nur an solche erinnern, die mit ihren eigenen Eltern und ihrer Umwelt zusammenhingen. 13 beschrie-

ben genauer, wie sie sich in ihrer Zwischenlebensexistenz gefühlt hatten: Acht friedlich und ruhig, zwei sogar freudig oder begeistert; nur eines gab ein Gefühl der Einsamkeit zu, und drei sagten, das Gefühl wäre schwer zu beschreiben oder unterscheide sich zumindest nicht von dem gegenwärtigen. 17 Kinder erklärten, sie hätten sich ihre Eltern selbst ausgesucht, neun nur die Mutter, und acht Mutter und Vater zusammen; von letzteren vier zuerst die Mutter, und die anderen vier beide Eltern auf einmal. Zwölf Kinder erinnerten sich daran, wie sie in den Mutterschoß eintraten; drei unter ihnen ergänzten, eine Wesenheit – ein Gott, eine schimmernde Kugel oder ein Engel – habe ihnen dabei geholfen.

Die Berichte von drei Kindern konnten von den Eltern bestätigt werden. Ein fünf- oder sechsjähriges Mädchen sagte zu ihrer Mutter: „Als du jung warst, kam ich oft zu dir." Tatsächlich hatte die Mutter vor ihrer Vermählung häufig gefühlt, dass ein kleines Kind oder eine kindähnliche Wesenheit sie besucht und sich um sie herum getummelt hatte. Ein anderes Kind erzählte seiner Mutter: „Ich sah dich in einem tollen weißen Kleid. Du hieltest einen Hund im Arm." Da fiel der Mutter ein, dass sie nach ihrer Hochzeitszeremonie einen Raum betreten hatte, in dem ein Hund auf sie wartete; an die Tatsache, dass sie den Hund im Arm hielt, erinnerte sie sich insbesondere deshalb, weil sie so etwas in ihrem Hochzeitskleid nicht hätte tun sollen. Das dritte Kind zeichnete ein viergeschossiges Haus neben einem Berg und sagte, dort habe es stattgefunden; und seine Mutter konnte bestätigen, dass sie als Kind in einem viergeschossigen Gebäude gewohnt hatte, von dem aus sie die Berge sehen konnte.

Erinnerungen an vorherige Leben tauchen nicht nur bei Kindern, ja nicht einmal nur bei Menschenwesen auf. Zeugnisse dafür sind Verhaltensweisen, die unter- oder unbewusste Erinnerungen an vorherige Existenzen nahelegen, da sie unmittelbar nach der Geburt zutage treten – zu einem Zeitpunkt also, wo diese weder im Mutterleib noch außerhalb hätten erworben werden können. Solche Verhaltensweisen werden dem Instinkt zugeschrieben, man nennt sie „eingeboren" oder „angeboren". Wahrscheinlich verweisen sie aber eher auf ein transgenerationelles Gedächtnis: Verhaltensmuster, die in einer vorherigen Lebenszeit erworben wurden, tauchen in einem Neugeborenen wieder auf. Das Neugeborene findet sich in einem Leben wieder, welches es bereits kennt, setzt es sozusagen fort und wendet, ohne sich dieses Vorlebens bewusst zu sein, die dort erworbenen Fähigkeiten und Verhaltensmuster an.

●●●

All solche Existenzerfahrungen und mit ihnen zusammenhängende unter- oder unbewusste Verhaltensweisen legen nahe, dass das Bewusstsein das Gehirn sehr wohl überdauert und auf anderen Ebenen weiterexistiert. Und das wird immer wieder von Individuen bestätigt, die bereits von uns gegangen sind. Unter ihnen erklärte Sir Donald Trovey über das Medium Rosemary Brown:

> „Das Gehirn vergeht mit dem physischen Körper, doch haben wir unter Beweis gestellt, dass wir die Kraft unseres Denkens, Imaginierens und Erinnerns bewahren, nachdem wir unsere physischen Körper verlassen haben. Das zeigt, dass der unsterbliche Teil des Menschen unabhängig vom physischen Gehirn funktioniert und über ätherische Organe verfügt, die unvergänglich sind und nach dem physischen Tod weiterarbeiten.“[16]

E.K., die von Jane Sherwood gechannelte Entität, beschrieb das Fortbestehen des Bewusstseins folgendermaßen:

> „Wahrscheinlich … ist das Leben gar keine mysteriöse übernatürliche Angelegenheit, sondern der beständigste Aspekt der Materie. Man kann die physische Form beeinträchtigen oder gar zerstören, aber nicht den unsichtbaren Körper, der sie durchdringt. Wie jede Form von Energie, verändert auch das Leben die seine und entzieht sich so deiner Wahrnehmung. Doch keine Macht auf Erden oder im Himmel vermag es zu vernichten oder daran zu hindern, von einer Form zur anderen fortzubestehen. Wenn Materie, ihrerseits eine Form von Energie, einmal in diese höhere Aktivitätsphase eingetreten ist bzw. sie hat entstehen lassen, ist nun etwas Neues da, was von deiner Ebene aus nicht angetastet werden kann. Es ist in eine Sphäre ewiger Veränderung und Transformation eingetreten, wird bis zum Ende der Zeit immer wiederkehren und sich weiterentwickeln. Dieses zarte, verwundbare Leben, das sinnlosen Unfällen oder bösen Attacken so leicht ausgeliefert zu sein scheint, dieses fragile Etwas entpuppt sich dann, wenn sein wahrer Charakter erkannt wird, als dauerhafter denn Fels und weniger begrenzt oder angreifbar als der Ozean. Es hat Unsterblichkeit erlangt, indem es sich selbst in einen Zustand unerbittlicher Fortdauer erhoben hat.“[17]

Die Karte der Existenz

Das Realitätsverständnis, welches sich im 21. Jahrhundert Bahn bricht, greift altes Wissen auf und „erkennt“ dies gleichsam „wieder“ und „an“. Es gibt Anzeichen dafür, dass die Überlieferung mit ihrer Sicht auf das Wesen der Existenz richtiglag. Existenz in der Welt ist weder linear noch endlich, sondern zyklisch und kontinuierlich.

Lassen Sie uns die Grundaspekte der neuen Karte der Realität noch einmal wiederholen. Sich selbst stabilisierende Stehwelleninterferenz-Cluster, die aus gleichphasigen hochfrequenten und hochamplitudigen Wellen bestehen, erschaffen objektähnliche Phänomene, und diese manifestieren sich im Universum. Andere Welleninterferenz-Cluster wiederum sind nicht objekt-, sondern bewusstseinsähnlich: Sie bestehen aus niederfrequenten, niederamplitudigen Wellen. Beide sind zwar Strukturen, die von interferierenden Stehwellen erzeugt werden, unterscheiden sich aber in Frequenz und Amplitude und erscheinen daher in unterschiedlicher Gestalt.

Menschliche Wesen – ebenso wie andere Organismen auf höheren Stufen der biologischen Evolution – sind Hypercluster aus Welleninterferenzmustern, die über ein breites Frequenzspektrum hinweg oszillieren. Sie bestehen ebenso aus gleichphasigen hochfrequenten, hochamplitudigen Wellen wie Wellen mit niedriger Frequenz und kleiner Amplitude. Ihre hochfrequente, hochamplitudige Komponente ist von geringerer Stabilität und Beständigkeit als ihre niederfrequente, niederamplitudige Komponente: Die erstgenannte ergibt den „Körper“, die zweite hingegen den „Geist“ oder das „Bewusstsein“. Die hochfrequente Körperkomponente hat nur eine relativ geringe Überlebensdauer. Sie degeneriert, wird jedoch periodisch durch eine andere hochfrequente Komponente – einen anderen Körper – ersetzt. Die niederfrequente Komponente – der Geist oder das Bewusstsein – lebt weiter.

In der Phase, in der die multifrequente „inkarnierte“ Entität mit dem Körper assoziiert ist, kommuniziert sie sowohl mit objektähnlichen Phänomenen im hochfrequenten wie auch mit bewusstseinsähnlichen Phänomenen im niederfrequenten Bereich. Wenn der Körper eines Individuums stirbt, dann hört es nicht zu existieren auf, sondern wechselt lediglich von dem multifrequenten in den reduziert niederfrequenten Schwingungsmodus.

Kommunikation zwischen einem inkarnierten multifrequenten Cluster und einem niederfrequenten desinkarnierten ist offensichtlich möglich. Man kennt sie als „Transkommunikation". Wie die oben zitierten Beispiele zeigen, kann Transkommunikation von der „anderen" Seite aus eingeleitet werden. Manche medial veranlagten sowie anderweitig sensitiven inkarnierten Menschenwesen können mit desinkarnierten Wesenheiten in Kontakt treten, und manche desinkarnierten Wesenheiten besitzen die Fähigkeit, Botschaften an medial veranlagte sowie anderweitig sensitive Individuen auszusenden.

Im Unterschied zu traditionsverbundenen Kulturen muss man sich, um transkommunizieren zu können, in der modernen Welt in einen veränderten Bewusstseinszustand versetzen. Denn wir wissen, dass Phänomene, welche über die Bandbreite des Alltagserlebens hinausgehen, vornehmlich in veränderten Bewusstseinszuständen auftreten, und wir wissen auch, dass sich die Gehirnaktivität in solchen Zuständen im niedrigen EEG-Frequenzbereich bewegt. Nonlokale Botschaften werden vor allem innerhalb des Spektrums der Alpha-, Delta- und niedrigen Theta-Wellen empfangen – einem Frequenzbereich, der von knapp über null bis fünf Hertz reicht.

Die Zwischenlebensphase endet, wenn die überlebende niederfrequente Komponente auf eine passende hochfrequente Vorlage trifft. Handelt es sich dabei um einen Fötus im Mutterleib, liegt ein Fall von Inkarnation vor; handelt es sich hingegen um einen entwickelteren Organismus, haben wir es mit einem Fall von Besessenheit bzw. Besetzung zu tun.

Existenz, Tod und Geburt – neu definiert

Existenz. Zu existieren, zu sein, bedeutet, ein Stehwelleninterferenz-Cluster in einem Kohärenzbereich des sich im erregten Zustand befindlichen Kosmos zu sein.

Manche Cluster treten nur kurz in Erscheinung und lassen sich keiner individuellen Identität sinnvoll zuordnen, währenddessen andere hinreichend lange bestehen bleiben, um als individuelle Existenzen wahrgenommen werden zu können.

Geburt und Tod. Geburt und Tod sind Phasen des Übergangs in die kontinuierliche Existenz von Interferenzwellen-Clustern, -Super- und

-Hyperclustern. In der Übergangsphase von der Geburt zum Tod sind sowohl die hoch- als auch die niederfrequenten Komponenten der Hypercluster vorhanden, wohingegen in der nachtodlichen Phase die hochfrequente Komponente fehlt: Der physische Körper ist erloschen. Bei der Wieder-Geburt wird die hochfrequente Komponente wiederhergestellt: Das Bewusstsein verbindet sich erneut mit einem Körper. Damit beginnt eine weitere Phase multifrequenter Existenz.

Der Tod ist nicht das Ende der Existenz, sondern nur ein Übergang vom multifrequenten zum einzelfrequenten Schwingungs- und Rezeptivitätsmodus. Die Geburt ist die gegenläufige Phase vom einzel- zum multifrequenten Modus. Geburt und Tod sind keine Endpunkte, sondern Übergangsphasen in der kontinuierlichen Existenz eines ganz bestimmten Welleninterferenz-Hyperclusters. Die Wiederkehr von Geburt, Tod und dann Wieder-Geburt und „Wieder-Tod“ bildet jenen Zyklus, den Weisheitslehren das Rad des Lebens oder Samsara nennen.

Anhang: Transkommunikation – ein Fallbeispiel

Was folgt, ist der Auszug aus einem Bericht des Autors über eine persönliche Transkommunikationserfahrung, der vollständig in „Der Quantensprung im globalen Gedächtnis“ abgedruckt ist:

> „Ich sitze zusammen mit einer Gruppe von 62 Leuten in einem dunklen Raum in der italienischen Stadt Grosseto. Es ist Abend, und aus dem Kurzwellenradio kommt kein Laut, es rauscht nicht wie sonst und lässt auch kein gelegentliches Sendefiepen vernehmen. Es ist ein altes Radio, eines von der Sorte, die noch nicht mit Transistoren, sondern Vakuumröhren funktionieren. Ich sitze auf einem kleinen Stuhl direkt hinter einem alten Italiener, der einen Hut aufhat und gekleidet ist, als wäre es Winter; dabei ist es warm im Raum – und wird von Minute zu Minute immer wärmer.
>
> Dieser Italiener ist ein bekanntes Medium, das sich nicht als kommerzielles Medium betrachtet, sondern als seriösen medialen Forscher. Seit 40 Jahren hört Marcello Bacci Stimmen über

dieses Radiogerät und ist inzwischen fest davon überzeugt, dass es sich um die Verstorbener handelt. Die Leute, die regelmäßig zu seinen ‚Dialogen mit den Toten' kommen, teilen diese Überzeugung. Sie haben einen Sohn oder eine Tochter, Vater oder Mutter oder einen Ehegatten verloren, und hoffen, über Baccis Radio Kontakt mit ihnen aufnehmen zu können.

Bereits seit einer Stunde sitzen wir in dem verdunkelten Raum. Mit beiden Händen umfasst Bacci nun das Holzgehäuse des Radios, streicht seitlich, oben und auf der Unterseite darüber und beginnt, zu ihm zu sprechen. ‚Freunde, kommt, sprecht zu mir, zögert nicht. Wir sind hier und warten auf euch ...' Doch nichts geschieht. Während Bacci an dem Knopf zum Einstellen des Senders dreht, hören wir immer wieder das typische Kurzwellenrauschen, unterbrochen von dem einen oder anderen Radiosender. Mehr und mehr scheinen sich mir meine anfänglichen Zweifel zu bestätigen: Wie soll denn auch ein Kurzwellenempfänger in der Lage sein, Stimmen von der ‚anderen Seite' aufzufangen? Wie sollte die ‚andere Seite' überhaupt elektromagnetische Signale erzeugen und senden können? Immer noch umarmt Bacci das Radio, dreht am Empfangsknopf und bittet die Stimmen zu erscheinen. Währenddessen sitze ich unmittelbar hinter ihm und warte auf das Wunder ...

Doch dann lassen sich mit einem Mal Geräusche vernehmen, die wie schweres Atmen klingen – ähnlich dem Geräusch, das man mit einem aufgepumpten Gummischlauch oder einem luftgefüllten Kissen erzeugen kann. ‚Endlich!', ruft Bacci. Er dreht weiter an der Senderwahl, doch in welche Position er den Knauf auch immer bewegt, es sind nun keine Radiosender mehr zu hören – nur das regelmäßige Atemgeräusch. Offenbar ist das Radio nun ausschließlich auf den Empfang dieser einen Frequenz eingestellt, die ein Mitarbeiter Baccis auf einem Gerät zu meiner Rechten aufmerksam überwacht.

Bacci spricht weiter mit dem Radio und bemüht sich, die Quelle der Atemgeräusche zu einer Antwort zu bewegen. Tatsächlich sind jetzt Stimmen zu hören. Sie sind undeutlich und kaum zu verstehen, ja man kann sie nur mit Mühe überhaupt als menschliche Stimmen identifizieren – aber sie sprechen eindeutig italienisch und Bacci scheint zu verstehen, was sie sagen. Das Publikum verharrt in gespannter Konzentration. Zuerst vernehmen wir die Stimme eines Mannes. Bacci spricht zu ihm und die Stimme antwortet. Bacci lässt den Unsichtbaren wissen, dass heute besonders viele Zuschauer anwesend sind (normalerweise nehmen nicht mehr als zwölf Personen an diesen Abenden teil) und sie alle darauf hoffen, ein paar Worte mit der anderen Seite wechseln zu können.

Bacci verkündet, dass hinter ihm – direkt zu meiner Linken – jemand sitzt, den die Jenseitigen kennen. Es handelt sich um Pater Brune, den renommierten französischen Forscher auf dem Gebiet des Paranormalen, der mehrere Bücher über seine Gesprächserfahrungen mit Verstorbenen verfasst hat. Seit er seinen Bruder vor etwa einem Jahr verloren hat, hat er diesen wiederholt kontaktiert und hofft nun auf weiteren Austausch. ‚Wer ist das?', fragt Bacci und die Stimme antwortet: ‚Père Brune.' (Unter diesem Namen ist Pater Brune in seiner französischen Heimat bekannt.) ‚Mit wem spreche ich?', fragt nun Pater Brune. Wie sich herausstellt, ist es nicht sein Bruder, sondern Pater Ernetti, der zu Lebzeiten an den ersten Versuchen zu den Tonbandstimmen beteiligt war. Der enge Freund und Kollege von Pater Brune war erst vor kurzem verstorben.

So geht das Gespräch noch eine Weile weiter, bis Bacci – immer noch vornübergeneigt und mit seinen Armen das Radio umfassend – fragt: ‚Weißt du auch, wer außerdem noch hinter mir sitzt?' Die Stimme, die nun antwortet, scheint sich von der ersten zu unterscheiden, gehört aber auch einem Mann: ‚Ervin'. Der unsichtbare Gesprächspartner spricht den Namen so aus, wie es ein Ungar oder ein Deutscher tun würde: Das ‚e' klingt wie in dem Wort ‚extra' und nicht wie in dem englischen Wort ‚earth'. ‚Weißt du, wer er ist?', fragt Bacci weiter. ‚É ungherese' (‚Er ist Ungar'), gibt die Stimme zurück und nennt dann meinen Familiennamen. Sie spricht ihn ‚Latzlo' aus, so wie es Italiener manchmal tun, statt wie die Ungarn mit einem weichen ‚s'.

Bacci, der unmittelbar vor mir sitzt, bittet mich nun, ihm meine Hand zu reichen. Er ergreift sie und legt sie auf die seine. Baccis Frau, die seit langem mit ihm zusammenarbeitet, legt ihre Hand obenauf. Meine Hand ruht nun zwischen den ihren und wird zunehmend wärmer – ja, geradezu heiß. ‚Sag etwas auf ungarisch zu ihnen', fordert Bacci mich auf. Ich beuge mich nach vorne und komme der Bitte nach. Meine Stimme bebt, da ich von der Situation aufgewühlt bin. Nun geschieht das Undenkbare, das ich mir zwar erhofft, aber kaum ernsthaft zu erwarten gewagt hatte. Ich sage, wie sehr ich mich freue, mit ihnen zu sprechen. Da es mir keine gute Idee zu sein scheint, sie zu fragen, ob sie tot sind (wie klingt das auch, in einer Unterhaltung zu jemandem zu sagen: ‚Seid ihr tot?'), frage ich stattdessen: ‚Wer seid ihr, und wie viele?' Die Antwort, auf ungarisch gegeben, ist undeutlich, doch ich kann sie verstehen: ‚Wir sind alle hier.' (Eine andere Stimme fügt hinzu: ‚Der Heilige Geist kennt alle Sprachen.') Dann frage ich: ‚Fällt es euch schwer, auf diese Art zu mir zu sprechen?' (Ich dachte dabei an das offenbar angestrengte Atemgeräusch, das der Unterhaltung vorausgegangen war.) Diesmal entgegnet eine klar verständliche weibliche Stimme auf ungarisch: ‚Wir haben ein paar Schwierigkeiten (oder Hindernisse); aber wie ist es für dich, musst du dabei auch eine Hürde überwinden?' Ich erwidere darauf: ‚Es war für mich nicht leicht, diese Form der Kommunikation mit euch zu entdecken, aber jetzt kann ich sie nutzen und freue mich sehr darüber.'

Bacci lenkt nun – der vielen Anwesenden gewahr, die ebenfalls auf einen Austausch mit ihren dahingeschiedenen Lieben hoffen – die Aufmerksamkeit auf das Publikum. Er macht dazu lediglich eine allgemeine Bemerkung, ohne die Anwesenden einzeln vorzustellen. Dafür beginnt jetzt die Stimme, eine Reihe von Namen zu nennen. Es ist schwer zu sagen, ob es sich um dieselbe Stimme wie zuvor handelt oder um die einer anderen männlichen Wesenheit. Nacheinander ergreifen die Genannten das Wort, oft mit hoffnungsvoll zitternder Stimme. ‚Ich würde gerne mit Maria (oder Giovanni …) sprechen …' Manchmal erklingt dann aus dem Radio eine jüngere Stimme, gefolgt von einem Ausruf freudigen Wiedererkennens aus dem Publikum.

Etwa eine halbe Stunde geht es in dieser Weise weiter. Hin und wieder entstehen Pausen, in denen man Geräusche hört, die wie schweres Atmen klingen. (Bacci erklärt: ‚Sie laden sich neu auf.')

Doch stets tauchen die Stimmen wieder auf. Erst nach einer längeren Zeit beginnen die Stimmen zu verstummen, bis sie gänzlich verschwunden sind. Als Bacci nun den Senderknopf dreht, hört man wieder nur das Hintergrundrauschen, unterbrochen von Kurzwellenprogrammen – genau so, wie es in der ersten Stunde der Fall gewesen war. Bacci steht auf, das Licht wird eingeschaltet. Die Séance ist beendet."[18]

Postskriptum: Wiedergeburt und Reinkarnation in Traditionskulturen

Traditionskulturen glaubten fest an das Weiterleben dessen, was sie Seele oder Geist nannten. In seiner zwölfbändigen Studie *The Golden Bough* stellte Sir James Frazer fest,

> „dass Menschen in solchen Kulturen, offensichtlich von ihrer Selbstwahrnehmung her argumentierend, das Leben als eine unzerstörbare Art von Energie betrachten, die, wenn sie in einer Form verschwindet, notwendig in einer anderen wiederauftaucht, auch wenn sie in der neuen Form nicht unmittelbar von uns wahrnehmbar sein muss. Anders gesagt, nehmen sie an, dass der Tod weder das Leben an und für sich noch die bewusste Persönlichkeit vernichtet, sondern sie nur in andere Formen verwandelt, die nicht weniger real sind, nur weil sie nicht offen zutage treten und sich für gewöhnlich unseren Sinnen entziehen."[19]

Die präsokratischen Denker kleideten ihren Glauben an das Weiterleben in das Gewand der griechischen Mythologie. In ihr ist vom Hades die Rede, dem Reich der Toten, das von fünf großen Flüssen durchzogen wird: Styx, Acheron, Kokytos, Phlegethon und Lethe. Der Aufenthalt der Seele im Hades währte nur eine Weile, danach sollte die überlebende Seele – die Griechen nannten sie „Schatten" – ins Leben zurückkehren. Doch zuvor musste sie von den Wassern des Lethestroms trinken, dem Fluss des Vergessens. Die Wasser spülten alle Erinnerungen an das vorangegangene Leben fort und erlaubten ihr, unbelastet auf die Erde zurückzukehren.

Vergil schrieb, dass

> „die Seelen, die zur Wiedergeburt bestimmt sind, vom Wasser trinken, welches des Menschen Verwirrung stillt – Trunk tiefen Vergessens … Sie kommen in Scharen zum Lethefluss, sodass sie …, sobald die Erinnerung gelöscht ist, die Erde da oben erneut besuchen mögen.“[20]

Auch Platon schloss sich in seiner berühmten Lehre der Anamnesis der Theorie an, dass die Seele weiterlebt. In den Dialogen „Menon“ und „Phaidon“ lässt er Sokrates deklarieren, dass die Seele unsterblich sei, sich wiederholte Male inkarniere und das Wissen, das sie angehäuft habe, von Leben zu Leben mit sich trage. Allein das Trauma der Geburt ließe sie es vergessen.

Und auch Indien und Tibet fehlen nicht im Reigen der Kulturen, die an das Weiterleben der Seele glaubten und glauben. W. Y. Evans-Wentz, der Anthropologe, der das Bardo Thödol herausgegeben hat, machte die Entdeckung, dass dieses tibetische Totenbuch letztlich eine Aufzeichnung von Glaubensbekundungen an die Existenz nach dem Tode darstellt, wie sie über Jahrhunderte hinweg unzählige Generationen von Mund zu Mund überliefert hatten. Einige dieser Berichte fügte man für den Gebrauch von Bestattungsriten zusammen – und das war der ursprüngliche Zweck des Bardo Thödol.

Die buddhistische Lehre liefert eine eindringliche und detaillierte Darstellung der verschiedenen Existenzphasen nach dem Tod. Im Wesentlichen gibt es sechs davon – sechs Bardos, von denen jener, der von der Geburt zum Tod führt, (nur) einer ist; dabei bedeutet „bardo“ soviel wie „zwischenzeitlicher“, „vorübergehender“ oder „Zwischen-“ Zustand.

Der „Seelenwanderungs-Bardo“, der vom Tod zur Wiedergeburt führt, wird am häufigsten genannt, fünf weitere gehen ihm voraus bzw. folgen ihm: der Shinay-Bardo, der Bardo von Geburt und Leben; der Milam-Bardo, der Bardo des „Traumzustands“; der Samten-Bardo, Bardo der Meditation; der Tschikhai-Bardo, der den Augenblick des Todes umfasst; der Tschönyi-Bardo, eine Phase des Lichtes, in der Visionen auftauchen; und schließlich wieder der Sipa-Bardo, der Bardo der Seelenwanderung.

Der Bardo der inkarnierten Existenzphase beginnt mit der Empfängnis und setzt sich fort bis hin zum Tod. Er umfasst Schlaf- und Wachzeiten, gewöhnliche und veränderte Bewusstseinszustände, Zustände von Hochstimmung und Freude sowie Niedergeschlagenheit und Leid. Zusammen mit dem komplementären Bardo, der vom Tod zur Wiedergeburt verläuft, bildet er einen kontinuierlichen Zyklus: von der Geburt zum Tod – vom Tod zur Wiedergeburt. Die Bardos können lang oder kurz, harmonisch oder konfliktreich, voll Furcht oder Freude sein. Ihre Länge sowie Intensität hängen vom Bewusstseinszustand des Individuums ab, welches sie erlebt.

Gemäß der Dzogchen-Schule im tibetischen Buddhismus lassen sich die sechs Bardos in zwei Hauptgruppen unterteilen, von denen die eine die inkarnierte Lebenszeit des Individuums beinhaltet und die andere vom gegenwärtigen Leben des Individuums bis zu seiner Wiedergeburt in einer neuen Lebensperiode führt.[21]

Die Inkarnationsphasen umfassen den natürlichen Bardo dieses Lebens, den Bardo des Traums- sowie den Bardo des Meditationszustandes. Die anderen drei Bardos treten während der Phase der Seelenwanderung von einer Inkarnation zur nächsten auf den Plan. Der vierte dieser sechs Bardos (der erste innerhalb der außerkörperlichen Phase) ist der schmerzvolle Bardo des Sterbens, der fünfte der lichtvolle von Dharmata und der sechste der karmische Bardo des Werdens.

Der Bardo, der dem gegenwärtigen Leben entspricht, beinhaltet das Intervall zwischen dem Augenblick der Geburt und der Begegnung mit jenem Umstand, der den Tod des Körpers verursachen wird. Als Klammer, die ebenso freudige wie leidvolle Lebenserfahrungen umspannt, stellt er die Grundlage für jene Praxis dar, die man als „spirituellen Weg“ kennt. Der Bardo des Traumzustands kennzeichnet das Intervall zwischen dem Einschlafen und Erwachen. In diesem Intervall lösen sich die Erscheinungen des Wachzustands auf, werden der Wahrnehmung aber dann wieder zugänglich. Der Meditationsbardo ist die Phase, in der das Bewusstsein im meditativen Zustand von „samadhi“ zur Ruhe kommt.

Der schmerzvolle Bardo des Todes folgt auf das Intervall, welches zwischen dem Zusammentreffen mit dem Todesumstand und dem aktuellen Moment des Todes liegt. In diesem Intervall lösen sich die grob- und feinstofflichen Elemente des Körpers der betreffenden Person „im Raum“ auf, und das Klare Licht des Todes manifestiert sich.

Die Seelenwanderungsphase beginnt mit dem Ableben des Körpers. Tibetische Meister sprechen von der „fatalen Krankeit", die zum Sterben führt. In ihr lösen sich die grob- und feinstofflichen Lebensattribute auf und die physischen, geistigen und spirituellen Bestandteile der Existenz zerfallen. Dieser Auflösungsprozess endet mit dem letzten Atemzug und Herzschlag.

Der Dharmata-Bardo, der Bardo des Lichts, beginnt mit dem Moment des Todes und endet da, wo der Bardo des Werdens beginnt. Hier treten „leere und doch lichte Erscheinungen des ursprünglichen absolut reinen Wesens des Bewusstseins" in Erscheinung. Wenn der Bardo des Werdens dann den Dharmata-Lichtbardo ablöst, geht die betreffende Person in den Schoß ihrer zukünftigen Mutter ein. In diesem Moment tauchen Phänomene des natürlichen Bardos des Lebens wieder auf – und eine neue Phase der Inkarnation beginnt.

Die nachtodlichen Phasen außerhalb des Körpers – der vierte, fünfte und sechste Bardo – markieren „den Übergang zum endgültigen Sein", zu dem, was wir letztendlich sind.

Er beginnt mit dem Auftauchen von Lichtvisionen, zu denen auch Klänge und Bilder gehören. In manchen Lehren des tibetischen Buddhismus werden diese Visionen sehr detailliert beschrieben, andere hingegen betonen, dass sie nur einen kurzen Moment lang andauern, bevor der Geist wieder ins Unbewusste abtaucht. Diese Phase endet mit dem Moment der Empfängnis.

Die Wiedergeburt setzt bereits im Bardo des Werdens ein, denn darin nimmt das Individuum allmählich die Lichter von sechs Reichen wahr – jene, in die es wiedergeboren werden kann. Der „Karmawind", seine individuellen Veranlagungen und Neigungen, treiben es zu dem Reich hin, das seiner spirituellen Entwicklung am nächsten liegt.

Zusammen machen die sechs Bardos das aus, was die Buddhisten als Samsara betrachten, den Existenzzyklus der Seele. Er setzt sich über periodische Wiedergeburten fort oder gipfelt im Nirvana – der Vereinigung der individuellen Seele mit der Weltseele.

Endnoten

1 Brown, R.: Immortals by My Side. London, Bachman & Turner, 1974

2 Sherwood, J.: The Country Beyond. SaffronWalden, C.W.Daniel Ltd., 1969, 64–65

3 Thondup, T.: Peaceful Death, Joyful Rebirth. Boston, Shambala, 2005, 189–190

4 Borgia, A.: Life in the World Unseen. London, PsychicPress, 1974

5 W.Y. Evans-Wentz, W.Y.: Das Tibetanische Totenbuch oder die Nahtoderfahrungen auf der Bardostufe. Walter, 1995; The Tibetan Book of the Dead. Oxford, Oxford University Press, 1960

6 Randall, N.: Life After Death. London, RobertHale,1975

7 Yogananda, P.: Autobiographie eines Yogi. Self-Realization Fellowship, 1998; Autobiography of a Yogi. London, Rider, 1969

8 Ouellet, S.: Series of Personal Communications. Frühjahr 2015

9 Cummins, Geraldine: Beyond Human Personality. London, Psychic Press, 1935; die folgenden Passagen stammen ebenfalls aus diesem Buch

10 Myers, F.: Human Personality and Its Survival of Bodily Death. London, Longmans, Green, 1907

11 Cummins, G.: Beyond Human Personality.

12 Sherwood, J.: The Country Beyond. Kapitel 15

13 Poonam Sharma, P., Tucker, J.B.: „Cases of the Reincarnation Type with Memories from the Intermission Between Lives“ in *Journal of Near Death Studies*, 23:2, 2004

14 Interview von James Tucker durch Miriam Gablier, Januar 2014

15 Ohkado, M.: Children with Life-Between-Life Memories. Aichi, Japan, Chubu U, und Charlottesville, U of Virginia, 2013

16 Brown, R.; Immortals By My Side. Kapitel 11

17 Sherwood, J.: The Country Beyond. S. 54

18 Laszlo, E.: Der Quantensprung im globalen Gedächtnis; Quantum Shift in the Global Brain. Rochester, Inner Traditions, 2006, S. 153–156.

19 Frazer, Sir J.G.: Der goldene Zweig: Das Geheimnis von Glauben und Sitten der Völker. Rowohlt Tb, 2004; The Golden Bough,. Band 8, London, MacMillan, 1937

20 Binder, E. und G.: Aeneis: Lateinisch/Deutsch. Reclams Universal-Bibliothek, 2012; Cecil Day Lewis, C.D.: The Aeneid. Oxford University Press, 1986

21 Ponlop, Dzogchen: Mind Beyond Death. Ithaca, und Snow Lion Publications, New York, 2006

Teil 2

Erkundung der neuen Karte

Kapitel 4

Die neue Karte in der Physik

Die Physik der Einsheit

Nassim Haramein

Wie Ervin Laszlo in seiner paradigmatisch neuen Kosmologie aufzeigt, haben unsere intellektuellen und spirituellen Lehrer und Weisen über Jahrhunderte hinweg von einer Einheit gesprochen, die unsere Welt begründe und umspanne. Sie bekannten sich zu einer großartigen Einsheit[1] in Existenz und Schöpfung. Die meisten Mainstream-Wissenschaftler dagegen haben die genaue Bedeutung dieser tiefgründigen Ansage missverstanden oder ignoriert. Doch jetzt taucht dies Konzept wieder, mehr denn je und mit qualitativ neuer Klarheit in dem Zweig der Physikwissenschaft auf, der sich vereinheitlichenden Theorieansätzen zuwendet (Grand Unified Theory).[2] Retrospektiv ist es nicht verwunderlich, dass die Vereinheitlichung der großen Konzepte und Theorien des 20. Jahrhunderts ein Universum ans Tageslicht treten lässt, in dem alles von Natur aus komplex vernetzt ist.

Eines der fesselndsten Anliegen der modernen Physik ist es, der Vereinheitlichung der beiden gleichermaßen grundlegenden, scheinbar aber disparaten Beschreibungen des internen feinen und allumfassenden großen Wirkens unseres Universums näherzukommen: Quanten- und Relativitätstheorie. Über dieses Schisma im Herzen der physikalischen Theorie wurden ganze Bände voll geschrieben, dabei besteht eine ebenso verwirrende Dichotomie zwischen der modernen theoretischen Physik und den komplexen Strukturen und Verhaltensmustern biologischer Systeme, ganz zu schweigen von der vermeintlich andersartigen und meist ignorierten Schwierigkeit, die Mechanismen zu erfassen, die Bewusstsein und Selbstwahrnehmung zugrunde liegen.

Im Zentrum dieser Schwierigkeit befinden sich die fundamentalen Axiome und Grundthesen der physikalischen Theorien, die davon ausgehen, dass evolutionäre Systeme aus Zufallsinteraktionen entstehen und diese ihrerseits zurückzuführen sind auf ein einzigartiges „wundersames" Ereignis, das alle zweckmäßigen Entstehungsbedingungen für unser derzeit beobachtbares Universum und unsere aktuelle Existenz in ihm mit sich bringt. Dies Ereignis, gewöhnlich als „Big Bang" beschrieben, soll erstaunlicherweise alle Kräfte und Konstanten physikalischer Gesetzmäßigkeit sowie alle durch sie ermöglichten biologischen Interaktionen hervorgebracht haben – und das rein zufällig.

Gleichwohl weist eine direkte Beobachtung der komplexen molekularen und biologischen Systeme auf das Gegenteil hin. Wir sehen hochkomplexe selbstorganisierte Systeme, die offensichtlich zu Selbstwahrnehmung und fortgeschrittenen kognitiven Prozessen fähig sind, welche ein extrem hohes Kommunikations- und Kohärenzniveau voraussetzen; derlei wären bei entropischen und zufälligen Mechanismen aber nicht zu erwarten. Kraft statistischer Analyse ist das Funktionieren einiger der fundamentalsten molekular-biologischen Vorgänge unter Zufallsbedingungen tatsächlich unwahrscheinlich, wenn nicht total unglaubhaft.

Der Widerstand der wissenschaftlichen Gemeinschaft dagegen, diese Kernfragen aufzugreifen, nährt sich aus der Tendenz unserer Kultur, die bemerkenswerte selbstorganisierte und selbstinitiierte Dynamik unserer Umwelt mit religiösen und gar theistischen Glaubenssystemen in Verbindung zu bringen – und das führt zum akademischen Festhalten an der Vorstellung, alle physikalischen Prozesse seien Zufallsfunktionen zuzuschreiben. Wie bereits erwähnt, ist jedoch allein schon für die Grundmechanismen der biologischen Evolution die Wahrscheinlichkeit extrem gering, dass sie in der (kosmologisch betrachtet) relativ kurzen Zeitspanne der Erdentstehung zufälligen Verhaltensreaktionen hätten entspringen können, und wenn es nur darum ginge, eine monozelluläre Struktur hervorzubringen. Die Statistiken geben das einfach nicht her. Doch gibt es Optionen, die hinausgehen über Annahmen wie „das Universum ist Zufall" oder „das Universum wird von einer Gottheit oder übernatürlichen Prinzipien gelenkt und organisiert, die man nicht verstehen kann". Es gibt einfache und elegante Feedbackmechanismen, die auf geradezu dramatische Weise nicht nur das kohärente und selbstorganisierte Verhalten unserer Biosphäre erklären können, sondern auch die größenmaßstäblichen Beziehungen, die Strukturen im Universum sowie die physikalischen Gesetze definieren und sie vom kosmologischen bis hin zum Quantenmaßstab vereinheitlichen.

Für die Differenz zwischen der Wahrscheinlichkeit eines sich innerhalb von Zufallsprozessen selbst organisierenden Systems versus der Wahrscheinlichkeit von Feedbackmechanismen hat der englische Astronom Sir Fred Hoyle ein gutes Beispiel gegeben. Hoyle errechnete die Wahrscheinlichkeiten einer blinden Person im Entwirren der Seiten eines Rubik-Würfels.[3] Da er oder sie nicht weiß, ob sie ihrem Ziel bei der jeweiligen Drehbewegung näher kommt oder sich von ihm entfernt, betragen nach Hoyles Berechnungen die Wahrscheinlichkeiten, die sechs Farben auf je einer Würfelseite zusammenzubringen, von etwa 1:1 bis 1:5 x 10^{18}. Wenn also besagte Person eine Bewegung pro Sekunde hinbekäme, würde sie 5 x 10^{18} Sekunden benötigen, um alle Möglichkeiten auszuprobieren. Es würde bis zu 126 Milliarden Jahre dauern, bis sie alle Wahrscheinlichkeiten, den Würfel zu entdrehen, durchgegangen wäre (dabei sollte erwähnt werden, dass die Komplexität nirgends so nahe bei 10^{8896} Permutationen von Nukleotidkonfigurationen liegt). Ganz offensichtlich überschritte diese Zeitspanne nicht nur die Lebenserwartung des Rubikspielers in exzessivem Maß, sondern auch die Lebenszeit der Erde und sogar der Existenz unseres Universums, denn sein Beginn geht auf geschätzte 13,7 Milliarden Jahre zurück. Erhielte aber der blinde Spieler zu jeder Drehbewegung, also jede Sekunde, eine simple Zusatzinformation wie „ja“ oder „nein“, reduzierte sich die Zeit zum Ordnen des Rubik-Würfels drastisch auf ungefähr zwei Minuten. Könnten Feedbackmechanismen und Informationsvernetzungsprozesse der Schlüssel zu einem tieferen Verständnis der Dynamik sein, die unsere Welt geschaffen und die Physik vereinheitlicht hat?

Die Lösungsansätze für die Vereinheitlichung befassen sich ausgewogen mit der ganzen Spannbreite von der Beschreibung der Quanten- und klassischen Mechanik bis hin zur vermeintlich subjektiven Phänomenologie von Bewusstseinsprozessen. Eine meiner jüngsten Entdeckungen zeigt bemerkenswerterweise, dass dieselben Gleichungen, welche fähig sind, die ultrakleine unstete Welt der Quantentheorie mit der ultraweiten kontinuierlichen Welt der klassischen Physik zu vereinheitlichen, zugleich die Informationsstruktur beschreiben können, die zentral ist für das große wissenschaftliche Rätsel der Selbstwahrnehmung bzw. des Selbstbewusstseins. Diese Ansätze decken auf, dass die *Struktur des Raums*, dessen Dynamiken Materie und Energie sind, und die Erinnerung an deren Interaktion, die wir Zeit nennen, alle Ausdruck eines ihnen zugrundeliegenden Informationsbereichs im Planck-Maßstab sind und mithin die klassische Raumzeit in einen Spielraum für die Dynamiken jenes Informationsbereichs verwandeln. Einfach gesagt, beweisen diese Erkenntnisse, dass die Realität auf einem Basisinformationsfeld beruht, aus dem alles entsteht und zu dem alles wieder zurückkehrt; Laszlo nennt es das „Akasha-Holofeld". Der dynamische Feedback/Feedforward-Informationsfluss dieses Feldes dürfte die Quelle für das Entstehen von Materie und den Mechanismus im Zentrum biologischer Organisation sein – als bewusste oder selbstbewusste Entität drückt er sich darin letztlich selbst aus. Als eine solche Selbstwahrnehmung oder Selbstbewusstheit wäre er eine immanente Eigenschaft der Feedbackdynamiken dieses fundamentalen Schöpfungsfeldes.

Für den Leser ist es wichtig zu verstehen, dass derartige Perspektiven nicht länger mehr in das Spezialgebiet komplexer theoretischer und philosophischer Spekulationen fallen, sondern heutzutage die treffsichersten experimentell verifizierbaren Vorstöße in den Naturwissenschaften initiieren. Während wir nun eine kurze Entdeckungsreise in die holographische Informationsstruktur unternehmen, welche durch Quantengravitation die Raumeigenschaften hervor- und damit eine Wissenschaft der Vereinheitlichten Physik (Unified Science) ins Leben ruft, wird offensichtlich werden, dass zur Realität tatsächlich eine Ein(s)heit gehört – ein Grundinformationsfeld, das uns alle miteinander verbindet. Damit bleiben Verfasstheit und Funktionsweise universeller Einheit nicht länger esoterischen Glaubenssystemen überlassen, sondern erweisen sich als Grundmechanismen im Kern der Schöpfungsstruktur.

Die natürlichen Einheiten der Planck-Skala und die Entwicklung der Quantenmechanik

Aus meiner Arbeit und der Zusammenarbeit mit meinen Kollegen heraus ebenso wie der generellen Entwicklung vergleichbarer Ansätze, insbesondere Quantenfeldtheorie, Quantengravitation und Quantenkosmologie, verdichtet sich die Beweislage dafür, dass der physikalischen Realität ein elementares Feld, eine Art Ur-Feld, zugrunde liegt, aus dem Kräfte und Partikel hervorgehen. Dies jenseits der Raumzeit angesiedelte Ur-Feld, in diesem Buch „Akasha-Holofeld" genannt, kann man jetzt in Begriffen distinkter Informationsbits fassen, die interagieren, um Masse und Energie zu erzeugen – im kosmologischen oder im Quanten-Maßstab.

Die Quantenmechanik schuf die Grundlage für eine Quantentheorie der Materie dahingehend, dass der Eigendrehimpuls – „Spin" – von subatomaren Teilchen innerhalb des Drehimpulswirkungsquantums der Planck'schen Konstante gequantelt wird. Das bedeutete eine große Revolution in der Physik, und je tiefer die Physiker sich da hineinarbeiteten, desto mehr von diesem staunenswerten Mysterium enthüllte sich ihnen. Beispielsweise realisierten sie bald, dass die spontane Photonenemission von Atomen sich nicht in den Parametern der Quantenmechanik erklären lässt. Spontanemission findet statt, wenn ein Atom ein Photon emittiert in einem spontanen Übergang von einem höheren Energielevel zu einem niedrigeren oder dem Grundlevel. Die Quantenmechanik allein – der Kontext einer Theorie also, in der die Atomdynamik gequantelt wird, das elektromagnetische Feld jedoch nicht – konnte diesem Verhalten nicht beikommen. Null Wahrscheinlichkeiten ließen sich für Spontanemissionen finden, wenn die Berechnungen mit dem gewohnten Ansatz angestellt wurden. Um diese Verhaltensweisen und weitere beobachtbare Dynamiken der Quantenwelt zu erfassen, sowie im Bemühen um einen Weg, die spezielle Relativitätstheorie mit der Quantenskala zu verbinden, musste die Quantenmechanik verallgemeinert bzw. ihr Rahmen erweitert werden – nur so ließ sich das elektromagnetische Feld als quantisierte Oszillationsmodi in jedem Raumpunkt zum Ausdruck bringen. Das führte zur Entwicklung der Quantenfeldtheorie (QFT), die Paul Dirac in den frühen 1920er Jahren mit seiner berühmten Dirac-Gleichung initiierte.

Mit anderen Worten: Die QFT vermochte Raum so zu beschreiben, als wäre er mit untereinander vernetzten diskreten Energie- und Schwingungspaketen angefüllt – wie über Federn verbundenen Bällchen. Demnach findet eine Spontanemission statt, wenn ein Elektron beispielsweise von einem angeregten in den Grundzustand übergeht und somit im Grundzustand des elektromagnetischen Feldes resultiert, welches seinerseits ein Photon aussendet, das gleich der Differenz zwischen dem Ausgangs- und dem Endzustand ist. In der Interaktion eines angeregten Atoms mit dem niedrigsten Quantenniveau des elektromagnetischen Feldes (dem Grundniveau) liegt die Ursache für Spontanemissionen, selbst wenn kein externer Störeinfluss, keine Anregung, auf das Atom vorliegt. Um also das elektromagnetische Feld als quantisiertes zu beschreiben, ist das Grundniveau dieses Feldes entscheidend. Das elektromagnetische Grundniveau kennt man als den gesamten Raum durchdringende Quantenvakuumenergie; Spontanemissionen hängen mithin von diesen Vakuumfluktuationen ab.

Doch tauchte eine Schwierigkeit auf, als die Quantenfeldtheorie, die für das Vakuum selbst gilt, alle bei Anregungen bzw. Störungen sich einstellenden Oszillationsmodi für diese Quantenvakuumenergie subsummieren wollte. 1913 machten Albert Einstein und Otto Stern die Entdeckung, dass das Quantenvakuum (die Raumzeitstruktur qua Quanten-Skala) selbst bei absoluten Temperaturen wie null Kelvin noch signifikanten Anregungen unterliegt, was zu dem Namen „Nullpunktenergie" führte. In Anbetracht aller möglichen Anregungs/Störungsmodi ergab der Vakuumerwartungswert eine unendliche Oszillationssumme, das heißt eine unendliche Energiemenge an jedem Punkt. Diesem Problem kam man mit der Anwendung eines Cut-off-Werts bei, einer sogenannten „Renormisierung". Der Cut-off-Wert müsste naturgemäß die Planck-Wellenlänge sein, da sie die kleinstmögliche Oszillation des elektromagnetischen Feldes darstellt. Doch ist die sich dabei ergebende Vakuumenergiedichte noch immer extrem groß.

Soweit bekannt, kann die Planckdichte für den Wert der Vakuumenergiedichte errechnet werden, indem man die Anzahl der Planck-Oszillationen in einem zentimetergroßen Raumkubus errechnet. Das entspräche dem Oszillationsmodus, welcher im Vakuum jenes Volumens vorhanden ist. Der sich ergebende Wert der Vakuumenergiedichte in einem zentimetergroßen Raumkubus überschreitet die Energiemasse des uns bekannten Universums um einen erheblichen Betrag, und, obwohl man annimmt, dass der größte Anteil dieser Energie sich gegenseitig wieder aufhebt, schreibt man den Vakuumenergiefluktuationen viele physikalische Phänomene zu. Um mit dem Physiker John Wheeler zu sprechen:

> „… Raumzeit in hinreichend kleinen Regionen wäre nicht einfach ‚holprig' und sprunghaft in ihren Krümmungen; sie würde in sich stetig verändernde, vielfach vernetzte Geometrien fraktioniert. In den winzigen und extrem schnellen Bereichen wären Wurmlöcher ebenso ein Teil der Landschaft wie jene tanzenden virtuellen Partikel, die dem Elektron seine leicht modifizierte Energie und seinen Magnetismus verleihen (Lamb-Verschiebung)."[4]

Wie von Wheeler vor einem halben Jahrhundert beschrieben, sind die energetischen Dynamiken auf der Planck-Skala so groß, dass ebendiese Raum- und Zeitkonzepte nicht länger anwendbar sind: Innerhalb dieses fluktuierenden und wirbelnden Mikrowurmlochfeldes dominieren nonlineare (nonlokale) Interaktionen. Als solche sind Raum und Zeit Derivate, sekundäre Charakteristiken dieses extrem hochenergetischen Feldes und tauchen erst auf Skalen auf, die viel größer sind als die Planck-Länge in ausreichend komplexen Systemen. Dies ist ein direktes Resultat der Fusion von Quantenfeldtheorie und allgemeiner Relativitätstheorie.

Die Quantenfeldtheorie beweist, dass das Vakuum sowohl in Mechanismus als auch Struktur vielfältig komplex ist, und macht alle Berechnungen in Hinsicht auf diese multiplen Prozesse innerhalb des Vakuums. Wie oben gesehen, stellt das die theoretischen Konstrukte der Quantentheorie in Frage, angefangen von der Erklärung von Phänomenen wie der Spontanemission bis hin zu der geringfügigen Anregung des Elektrons (bekannt als Lamb-Verschiebung, die Vakuumfluktuationen zugeschrieben wird, die mit dem Elektronenfeld interagieren). Dazu kommt, dass die Vakuumenergiefluktuationen seit Jahrzehnten experimentell nachgewiesen sind. Die erste experimentelle Validierung ihrer Existenz erreichte der sogenannte Casimir-Effekt, der besagt, dass zwei parallele, leitende Platten zusammengedrückt werden dank einer feinen Differenz in der Vakuumenergiedichte, die durch die große Nähe der Platten erzeugt wird; seit kürzerem spricht man von dem dynamischen Casimir-Effekt, bei dem die Platten elektronisch reproduziert werden, was wortwörtlich in der Extraktion von Mikrowellenphotonen aus den Vakuumenergiefluktuationen resultiert.

Vakuumfluktuationen äußern sich ebenso gut in Quantenelektrodynamiken (QED), einer Art Meer sogenannter „virtueller Teilchen", die kurzlebige Teilchen-Antiteilchen-Paare produzieren. Diese Deutung der Vakuumenergie wurde von Dirac als Resultat seiner Gleichungen eingeführt und „Dirac-See" genannt. Sie führte zur Entdeckung des ersten Antiteilchens, des Positrons. Diese virtuellen Teilchen-Antiteilchen-Paare gehen aus dem Vakuum hervor und annullieren sich gegenseitig sehr rasch, nur in Anwesenheit eines großen Gravitationsfeldes nicht, wie etwa jenes nahe dem Ereignishorizont eines schwarzen Lochs. Hier, wo die klassischen Gravitationsgleichungen der allgemeinen Relativitätstheorie ein „Gravitationsloch", schwarzes Loch genannt, definieren, erreicht die Quantentheorie kosmologische Größenordnungen (Quantenkosmologie). Ihr zufolge fällt ein „virtuelles" Teilchen ins schwarze Loch, währenddessen das andere zu einem „realen" Teilchen wird, wie man es von der Hawking-Strahlung her kennt (Stephen Hawkings Beschreibung dieses Vorgangs, auch Hawking-Temperatur oder Hawking-Entropie eines schwarzen Lochs genannt). Dies Verhalten jedoch brachte die zeitgenössische Physik in eine ihrer größten Zwickmühlen: das Informationsparadox, die Frage nämlich, ob die Quanteninformation, die in ein schwarzes Loch fällt, erhalten bleibt oder völlig verschwindet; letzteres stünde im Widerspruch zum Quantenparameter, demgemäß Information nicht vernichtet werden kann.

Das Informationsparadoxon fand seine Lösung im holographischen Prinzip. Darin bewies der Physiker und Nobelpreisträger Gerard 't Hooft (in Anwendung der Bekenstein-Grenze), dass die gesamte im Volumen eines schwarzen Lochs enthaltene Information in Begriffen von Planck-Informationsbits auf der Horizontoberfläche des schwarzen Lochs dargestellt werden kann und so die Information als „holographischen Abdruck" bewahrt.

Der Weg zur Vereinheitlichung

Es galt, eine Lösung für Masse und Energie zu finden, welche die Gravitationskomponente auf Quantenniveau anwendbar machte und damit der Quantengravitation Rechnung trug. Eine solche Lösung würde Einsteins relativistische Gleichungen mit der Quantenskala vereinheitlichen, in die Gravitation nicht hineinzupassen schien. Während ich über viele Jahre hinweg beide Theorien – die allgemeine Relativitätstheorie und die Quantenfeldtheorie – in ihrer Tiefe studierte, wurde mir klar, dass in beiden Fällen auf dem feinsten Skalenniveau Unendlichkeiten auftauchen würden, die durch einen Grundwert vom Typus der Planck-Skala abgeschnitten werden mussten. Im Fall der allgemeinen Relativitätstheorie entwickelt sich im Zentrum eines schwarzen Lochs unvermeidlich eine Singularität und produziert ein unendlich sprudelndes Energiepotential, von dem man annimmt, dass es bei oder nahe der Planck-Skala seine Grenze hat. In der Quantenfeldtheorie andererseits fand man heraus, dass die elektromagnetischen Fluktuationen der Raumzeitstruktur selbst (dem Vakuum, das in diesem Buch als Akasha-Holofeld identifiziert wird) auf Atomniveau so heftig sind, dass eine unendliche Energiemenge an jedem Raumpunkt (der Quantenvakuumfluktuation) vorhanden sein könnte und so unter Verwendung des Cut-off-Werts des Planck-Längenoszillators renormisiert werden müsste. Für mich war es ein Wink, dass als Planck-Einheit eine Grundskala – ein fundamentales universelles Pixel – eines elektromagnetischen Feldes am Ursprung der Masse hergenommen werden konnte: Sie hatte das Potential, die Einstein'sche Gravitation auf kosmischer Ebene mit den Quantendynamiken eines Atoms zu vereinheitlichen.

Einige der anerkanntesten Theoretiker glaubten, bereits eine Lösung in einem holographischen Prinzip gefunden zuhaben, das die Entropie oder Temperatur eines schwarzen Lochs beschreibt, indem es die zweidimensionale Oberfläche des Ereignishorizonts mit Informationsbits aus dem Planck-Bereich bedeckt und so eine Lösung für dieses Informationsparadoxon generiert. Doch erschien mir dies nicht naturgemäß, denn eine zweidimensionale Oberfläche ist ein mathematisches Konzept, kein fundamentales Schöpfungsprinzip. Zwar kann die Oberfläche angesichts der Dicke einer Planck-Länge zweidimensional gedacht werden, da eine solche viele Milliarden Mal kleiner ist als ein Atom, doch besäße sie immer noch ein Volumen (eine Dicke) Planck'scher Dimension.

Ich begann, nicht nur die Oberfläche des Ereignishorizonts unter die Lupe zu nehmen, sondern ebenso die Volumeninformationsbits des Systems (des schwarzen Lochs) in Begriffen von Planck-Längen hoch drei, doch keines meiner Ergebnisse ergab einen Sinn. Wenn aber das fundamentale Planck-Feld den Ursprung von Masse und Energie für jedes System darstellt, dann müssen die Beziehungen der Planck-Informationsbits untereinander auch den Ursprung für das Energieereignis gebildet haben, das wir als Masse- oder Gravitationskrümmung wahrnehmen. Als ich realisierte, dass das, was wir tun, wenn wir gelegentlich Volumen über „hoch drei"-Längen errechnen, genauso wenig naturgemäß ist wie eine zweidimensionale Oberfläche, modifizierte ich meinen Ansatz insofern, als ich mehr mit sphärischen Dynamiken arbeitete, wie wir sie im kosmologischen Maßstab von Sternen und Planeten beobachten können. Es ist wohl unwahrscheinlich, dass das Universum mit Hilfe eines kleinen elektromagnetischen Planck-Oszillators in Form eines Kubik-Pixels (da es ein Volumen hat, müsste es übrigens präziser Voxel heißen) das Universum bepflastern würde. Also veränderte ich meine Gleichungen zur Darstellung einer Sphärenpackungs-Triangulation hin – und an dem Punkt traten plötzlich wie von selbst Lösungen auf den Plan. Auf einmal generierte ein einfaches Volumen-Oberflächen-Verhältnis von Planck-Kugel-Einheiten (englisch *Planck spherical units* – PSU) die genaue Masse eines schwarzen Lochs, und gab damit ein exaktes Analogon zu Einsteins Feldgleichungen; nur beschrieb es Raumzeit in diesem Fall als diskrete Planck-Informationsquanten statt als gleichmäßige Krümmung. Wendete man diesen PSU-Ansatz auf das Herz eines Atoms – das Proton – an, ergab sich der korrekte Wert für seine Masse, und das erlaubte mir schließlich, den exakten Ladungsradius des Protons vorherzusagen, was sich mittlerweile durch Experimente bestätigen ließ. Diese experimentellen Ergebnisse sind aber unvereinbar mit den Vorhersagen des Standardmodells und stellen somit einige der grundlegendsten Werte des bisher geläufigen Ansatzes in Frage.

In *Quantum Gravity and the Holographic Mass* (2013) kommt eine verallgemeinerte holographische Perspektive zum Einsatz, um die Grundinformationsstruktur zu beschreiben, welche die Raumzeit-Architektur sowie die Lösung für die Quantengravitation umfasst. Wenn man realisiert, dass das elektromagnetische Planck-Pixel der Vakuumstruktur als Bit-Informationseinheit gedacht werden kann (im Geiste des holographischen Prinzips, das im Standardmodell der Physik bereits vorhanden ist, wenn es darum geht, die Entropie oder Temperatur eines schwarzen Lochs zu beschreiben und das Informationsparadox zu lösen), wird es offensichtlich, dass die in Begriffen von Planck-Bits innerhalb der Grenzen eines Systems anwesende Information in Beziehung zu ihrem Ereignishorizont steht und dies Verhältnis die Quelle ihrer Masse sein muss.

Der erste Schritt zu dieser Berechnung bestand darin, das exakte Volumen einer klitzekleinen PSU bzw. Planck-Kugeleinheit zu bestimmen. Eine PSU mit einem Planck-Längen-Durchmesser hat ein Volumen von $2{,}21 \times 10^{-99}$ cm^3 und ein äquatoriales Gebiet von $2{,}0 \times 10^{-66}$ cm^2.[5] Da die Planck-Einheit so klein ist, könnte man erwarten, dass eine unkontrollierbare Menge davon das Volumen eines schwarzen Loches glatt in die Tasche stecken würde, und eine Berechnung ihres Verhältnisses zum Ereignishorizont angesichts der enormen involvierten Quantitäten wenig Bedeutung hätte. Wenn andererseits die PSU wahrhaft ein Grundbaustein der Architektur des Universums ist, dann müsste der durch ihre Anwendung erhaltene Wert dank der hohen Auflösung dieser Maßeinheit extrem präzise sein.

Berechnet man die Menge der PSUs im Volumen eines bekannten schwarzen Loches wie Cygnus X-1, findet man heraus, dass sich $2{,}96 \times 10^{118}$ von ihnen im Inneren befinden und $3{,}82 \times 10^{79}$ auf der Oberfläche. Wenn man das Volumen-Oberflächen-Verhältnis von PSUs errechnet und es mit der Energie oder Masse eines PSUs (2,17 x 10^{-5} Gramm) multipliziert, um die Energiemasse zu erhalten, bekommt man den exakten Wert für die Masse jenes schwarzen Loches (1,68 x 10^{34} Gramm). Erstaunlicherweise entspricht dies genau dem Wert der Schwarzschild-Lösung für Einsteins Gravitations-Feldgleichungen in der allgemeinen Relativitätstheorie.

Doch in dieser Lösung ist die Gravitation diskret – und man braucht keine unterschiedlichen Raumzeitkonzepte mehr! Das heißt, dass nur mehr die Relation des Planck-Informationsfeldes zwischen dem Volumen und der Oberfläche des Systems in Begriffen gequantelter Informationsbits erforderlich ist. Dies beweist, dass Zeit auf feinster Skala körnig ist und als Informationsbits in der Vakuumstruktur begriffen werden kann, aus der Masse-Gravitation entsteht. Eventuell führt das zum Konzept einer „spacememory" (Raumspeicherung) jenseits der Raumzeit, wo jedes konsekutive Planck-Informationsbit das Kontinuum bildet, das uns als Zeit erscheint, in etwa wie der Rahmen eines Films: Konsekutive Bezüge stellen scheinbar eine Entwicklung in der Zeit her, die als Bewegung wahrgenommen wird. Ohne Raumspeicherung aber gibt es auch keine Zeit.

Diese Gravitationslösung hat weitreichende Folgen für unser Physikverständnis, angefangen von der Entstehung der Sterne und Galaxien bis hin zu Struktur und Dynamik des Universums als eines Ganzen – der Kosmogenese. Natürlich ist das hier nicht der Ort, um alle diese Ergebnisse unter die Lupe zu nehmen; wir können aber eine Analogie herstellen, die sich, wie wir sehen werden, auf Quantenebene behaupten kann. Wenn Einstein Raumzeit als eine Oberfläche beschreibt, die sich krümmt, um Schwerkraft hervorzubringen, dann läuft das, was wir hier getan haben, darauf hinaus, dass es beschreibt, was die Oberfläche faktisch ausmacht; es zeigt, dass die „Raumzeit-Mannigfaltigkeit oder -Matrix" aus dem besteht, was man ein Schwerkraft oder Masse produzierendes Quanten-Planck-Fluid nennen könnte.[6] Damit ist Raumzeit eine Eigenschaft, die aus einer tiefer gründenden Dynamik entsteht, die sich, wie es unsere Ergebnisse nahelegen, auf der Quanten-Skala des Planck-Feldes ereignet.

Um eine Quantenskalenlösung für Schwerkraft zu finden, realisierte ich nach fünf Jahren intensiven Rechnens, dass Plancks Volumenoberflächen-Verhältnis in der holographischen kosmologischen (großmaßstäbigen) Gravitationslösung auf der Quantenskala invertiert werden muss, so dass der Oberflächeninformationsgehalt durch den Planck-Informationsbetrag innerhalb des Volumens dividiert wird, um die Standardmasse des Protons zu definieren. Das Resultat der ersten Approximation war extrem stringent.[7]

Dies Ergebnis war bemerkenswert, und dem Faktum geschuldet, dass unglaublich große Zahlen – wie für die Masse des Universums: 10^{55} g – zur Berechnung verwendet wurden und sie dennoch einen signifikant genauen Wert für ein winziges Proton erbrachten. In der Tat, wenn man die Plancks bzw. PSUs in einem Protonenvolumen berechnet, das ja extrem klein ist, erhält man einen Wert von 10^{60} Protonen, die sich darin befinden; und wenn wir das mit der Planck-Masse (10^{-5} g) multiplizieren, erhalten wir 10^{55} g für die Gesamtmasse aller Plancks innerhalb des Protons. Das entspricht der Masse aller anderen Protonen im Universum, oder, wenn Sie wollen, der Masse des Universums; und dies ist wahrhaft repräsentativ für ein holographisches vereinheitlichtes Feld, da die Masse- oder Informationsenergie in einem Protonenvolumen der Information aller anderen Protone im Universum entspricht, wie es sich im Planck-Feld binnen eines Protonenvolumens holographisch darstellt. Daher entspricht das Verhältnis der Information zum Ereignishorizont jenes einen Protons der Masse, die wir beobachten, wenn wir dies einzelne Proton messen. Die Tatsache, dass der winzige Wert für die Masse dieses Protons sich durch Verwendung solch riesiger Zahlen – wie für die Masse aller anderen Protonen – so genau berechnen ließ, deutet darauf hin, dass es kein Zufall ist.

Dennoch fragte ich mich eine ganze Zeit lang, ob die Lösung nicht doch falsch sei. Weshalb gab es da eine kleine Diskrepanz, wenn doch die Lösung für kosmologische Objekte stets präzise war? Mir wurde klar, dass eventuell der Radius des Protons, oder, technisch gesprochen, der Ladungsradius des Protons, den ich zur Erstellung des Masse benutzt hatte, nicht korrekt war. Jahrzehnte lang hatten wir damit gekämpft, eine korrekte Messung bei einem so kleinen Objekt wie dem Proton hinzubekommen, und seine Masse vermochten wir ja bereits sehr genau zu bestimmen. Daraufhin machte ich mich an die Algebra, und es gelang mir, unter Verwendung des Masse-Messwerts des Protons den exakten Ladungsradius des Protons so zu prognostizieren, wie er meiner neuen Quantengravitationslösung entsprach.

Diese Prognose veröffentlichte ich im November 2012 – im Glauben, dass es Jahre, wenn nicht Jahrzehnte, dauern würde, bis eine exaktere Messung des Radius gelingen würde und die Prognose bestätigt oder widerlegt werden würde. Doch schon zwei Monate später wurde das

Resultat der exaktesten je erstellten Messung des Protonen-Ladungsradius von einem Team, das am Protonenbeschleuniger des Paul Scherrer Instituts arbeitete, veröffentlicht.[8] Diesmal war das Ergebnis extrem stringent: Der neue Messwert wich nicht mehr als 0,00036 x 10^{-13} cm von dem durch meine Theorie prognostizierten Wert ab. Bis heute bleibt dies die genaueste Prognose für den Protonen-Ladungsradius, und die Prognose nach dem Standardmodell ist mit ihren 4 Prozent nun aus dem Rennen. Die neue Prognose dürfte stimmen, denn die jetzige Diskrepanz ist so geringfügig, dass sie qua Fehlertoleranz zu den normalen Abweichungen eines Versuchs gehört. Der Prognosewert kann also als exakt betrachtet werden, und die seither durchgeführten Experimente nähern sich ihm langsam an.

Sehen wir uns das Ganze aus einer anderen Perspektive an. Bei der kosmologischen (großmaßstäbigen) Schwarzschild-Lösung wird das interne Planck-Informationsvolumen eines Objekts wie eines schwarzen Lochs durch die Information dividiert, die auf der Oberfläche des Ereignishorizonts als Anzahl von PSUs oder Plancks (so nenne ich die „Planck Spherical Units" auch) vorhanden ist. Um also die Standard-Masse-Lösung für das Proton auf Quantenniveau zu erhalten, wird das Oberflächenareal (vom Ladungsradius her) durch die interne Information (oder das Volumen des Protons) dividiert.

Wie wir aber bereits sagten, ist der interne Masse-Informationswert für die Plancks innerhalb des Protons äquivalent zur Masse des gesamten beobachtbaren Universums (alle anderen Protonen zusammen), das heißt approximativ 10^{55} g. Da die Information außerhalb des Protons (alle anderen Protonen, die zusammen 10^{55} g ergeben) im Inneren des Protons holographisch präsent ist, wird die Gleichung invertiert und reflektiert somit den Einfluss eines Protons auf alle anderen Protonen im Universum; der ist wirklich klein und manifestiert sich selbst als Restmasse des Protons. Das hat tiefste philosophische Folgen, die weit über die Physik hinausgehen. Das Faktum, dass jeder Punkt die Information aller anderen Punkte in einem holographischen Netzwerk-Informationsfeld enthält, lehrt uns etwas sehr Fundamentales über das Universum: *Das Universum ist in allen seinen Beziehungen verschränkt und agiert als EINS.*

Doch wie kann die Information für alle Protonen im Universum in einem Proton präsent sein? Die Vorstellung von Wurmlöchern (und das heißt omnipräsenten Quanten-Wurmlöchern, die zur fundamentalen Raum-Zeit-Architektur führten), mag zwar befremdlich erscheinen, doch hat sie ihre Wurzeln in der modernen Physik und geht auf die ersten Tage der allgemeinen Relativitätstheorie zurück. Physiker wie Einstein und Podolsky beschäftigten sich mit der Vorstellung, wie Teilchen qua Quanten-Wurmlöcher interagieren könnten, als sie versuchten, Singularitäten (Unendlichkeiten) zu beseitigen, die von Massepunkten ausgingen. Teilchenpaare wurden dann von John Wheeler in seinem geometrodynamischen Ansatz gebildet. Letzerer erfuhr ein modernes Revival, als Julian Sonner zeigen konnte, dass verschränkte Quark-Antiquark-Paare dadurch exakt beschrieben sind, dass sie auf Grund des holographischen Schwingereffekts ein Quantenwurmloch bilden – das erinnert sehr stark an das Wheeler'sche Quantenvakuum-Wurmlochfeld (Wheeler beschreibt das Quantenvakuum als von Planck-Wurmlöchern gefüllt).

Eine kürzlich von den Physikern Leonard Susskind und Juan Maldacena entwickelte Schlüsselidee ist die Äquivalenz des nonlokalen Verhaltens von Teilchen – eine Art „Verschränkung" – zu Wurmlöchern. In Anbetracht einer Quantenwurmloch-Raumzeit-Architektur auf der Planck-Skala schlug Mark Van Raamsdonk vor, dass Raumzeit sich aus einer Architektur aufbaut, die auf Quantenverschränkung basiert. Ich habe meinerseits den Protonen-Ereignishorizont als etwas beschrieben, was eine unvorstellbar große Menge an diskreten Planck-Entitäten birgt. Diese sind denkbar als End-Wurmloch-Vakuumfluktuation, die in einer Wurmloch-Netzwerkstruktur des Planck-Felds („Akasha-Holofelds") Protonen mit Protonen verbindet und so exakt Protonenmasse und -radien erzeugt.

Die Planckskalen-Wurmloch-Raumzeitlösung ist wiederum hilfreich für die Beschäftigung mit superluminaren oder quasi-augenblicklichen Interaktionen, so wie klassische Signale, die durch das Wurmlochnetzwerk funken, augenblicklich zu senden scheinen, selbst wenn sie sich bei oder unter Lichtgeschwindigkeit fortpflanzen. Daher spielt dies universelle Netzwerk eine wesentliche Rolle bei der nonlokalen oder holographischen Verarbeitung und Integration von Information. Wir werden sehen, dass das außerordentlich wichtig ist für das Verständnis der Entstehung von Raum, Zeit und Bewusstsein.

Raumspeicherung und Körper-Gehirn-Bewusstsein

In unserer letzten Veröffentlichung „The Unified Spacememory Network: from Cosmogenesis to Consciousness"[9], beschreiben der Molekularbiologe William Brown, die Astrophysikerin Dr. Amira Val Baker und ich die Mechanismen und Dynamiken von Speicherung und Bewusstsein auf dem fundamentalen Feld der Information, die für Organisation und Evolution des Universums wesentlich sind. Es ist ein vereinheitlichter Mechanismus (daher die Bezeichnung *Unified Spacememory Network*), und als solcher gilt er für alle Bereiche und Skalen, von der Genese und Evolution des Universums selbst bis hin zu Entwicklung und fortschreitender Komplexität und Organisation der Materie – und allen voran der Entstehung der Gesetzmäßigkeit, die biologische Organismen und Systeme mit Selbst-Bewusstsein definiert, auf Grund dessen das Universum letztlich seiner selbst bewusst ist.

Als primärer Mechanismus für die nonlokale Interkommunikation und Organisation von Information erklärt die holographische und fraktale Architektur der Natur die allgemeinen und grundlegenden Informationsstrukturen und -muster des Universums. Insofern die Planck'sche Wurmloch-Netzwerk-Mannigfaltigkeit Signale quasi unmittelbar weitergibt, ist sie eine strukturelle Schlüsselkomponente dieser Informationsarchitektur. Wie wir gesehen haben, ist sie integral, da sie die Raumeigenschaften und Raumstrukturen erzeugt – und damit die Protonen und die gesamte Materie, die aus Protonen besteht. Wie steht es mit der Zeit? Als Informationsquanten und -leitungen verarbeiten, integrieren, registrieren und senden die Grundeinheiten, welche die uns so gut vertrauten Raumeigenschaften entstehen lassen, auch Information – und das sind Prozesse, die Speicherung definieren. Zeit ist ein Resultat der Speicherfähigkeiten des Raums, was heißt: ohne Speicherung keine Zeit. Dementsprechend wäre die angemessene Bezeichnung für Raumzeit Raumspeicherung. Die Grundinformationsprozesse und -strukturen, die Raum und Zeit hervorbringen, erzeugen Bewusstsein also naturgemäß durch das konkordante Stattfinden von Informationsprozessen und deren Speicherung in den gequantelten Planckstrukturen des *Universal Unified Field* – in Laszlos Kosmologie dem Akasha-Holofeld.

Doch findet der Informationsfluss nicht nur in einer Richtung statt. Wir müssen uns daran erinnern, dass die vor uns auftauchenden Eigenschaften und Strukturen dieses Grundinformations- und Grundbewusstseinsfeldes ständig Information ins System zurückgeben und so mittels eines konstitutiven Wechselspiels eine Evolution auslösen. Anstatt den Verdacht zu hegen, das alles sei eine Illusion, sollten wir es vielleicht als real betrachten, und zwar vom Grundinformations- und Grundbewusstseinsfeld der Erscheinungswelt aus. Ein Paradebeispiel für diese

Interkommunikation mit dem fundamentalen Bewusstseinsfeld ist das biologische System, insbesondere was das Hervorbringen von natürlichen Evolutionsprozessen angeht.

Als komplexe Komponente des Raumspeicherfeldes ist das biologische System natürlich an das universelle Wurmloch-Informationsnetzwerk „angeschlossen". Dem Paradigma entsprechend, findet die Interkommunikation von Information im universellen Netzwerk während der normalen Tätigkeit jeden Biomoleküls und jeder Zelle des biologischen Organismus statt – ein immanenter Bewusstseins- und Organisationsmechanismus. In Untersuchungen, die ich – in ähnlicher Weise wie das weiter oben Diskutierte – gemacht habe, fand ich dasselbe heraus wie Laszlo, nämlich dass von der kleinsten bis zur größten Ebene bzw. Skala die Komponenten des biologischen Systems grundsätzlich Sendeempfänger sind – Sende- und zugleich Empfängergeräte wie Antennen. Die Signalübertragung im biologischen System geschieht lokal über mechanische und elektromagnetische Resonanzen (orbitale Umlagerungen während chemischer Bindung verändern die Elektroresonanzstruktur von Biomolekülen – ein primärer Signalmechanismus), sowie nonlokal durch das quantisierte Raumspeicher-Wurmloch-Netzwerk.

Nach diesem Modell sind die makromolekularen und zytoarchitektonischen Gehirnstrukturen nicht so stark involviert in die Produktion einer virtuellen Nach-Bildung der „externen" Umwelt wie vielmehr in den Empfang der Information und ihre Aufzeichnung, ebenso wie das Orchestrieren der Antworten. In diesem Sinn fungiert das Körper-Gehirn-System als Empfänger- und Senderantenne mit Rückantwort-Funktion, das die Information in Raumkonfigurationen aus unzähligen neuronalen synaptischen, subsynaptischen und supramolekularen Verknüpfungen aufzeichnet. Doch wie in Kapitel II dieses Buchs ausgeführt, dürfte diese Art von Verhalten nicht auf das Gehirn allein beschränkt sein, umso mehr als dass das Gehirn aus diesem Prozess in physikalischen Systemen im Allgemeinen erst entsteht. Solche Entwicklungen, die Biooszillator-Antennen (den Körper) hervorbringen, sind ein höchst raffiniertes Musterbeispiel für solche immanenten Raumspeichermechanismen auf dem grundlegenderen Niveau, wo ein Kontinuum entsteht durch „externe" Interpretationen des durch das „interne" nonlokale Raumspeichernetzwerk in einem kontinuierlichen Feedback/Feedforward-Prozess weitergeleiteten Feldes.

Unter- bzw. innerhalb der materiellen und zellulären Struktur, die das lebende System ausmacht, mag ein der Planck'schen Wurmloch-Raumzeit-Struktur inhärenter Speicher existieren; darin wäre dann Zeit eine Informationsfunktion in der Struktur des evolutionären Raumes. Speicherung und rekursive Information von Feedback/Feedforward-Prozessen des Quantenvakuums (oder Holofelds) ermöglichen ein lernfähiges und evolutionäres Verhalten. Das gilt nicht nur für die Mesoskala des biologischen Organismus, sondern ebenso für physikalische Systeme von der Planck'schen bis zur kosmologischen Skala, und für das Universum als ein Ganzes. Insofern kann der Prozess der Kosmogenese mit einem biologischen Prozess sich wiederholender evolutionärer Entwicklungen gleichgestellt werden – gleichsam als biologische Kosmogenese. So verstanden, kommen Lebensprozesse auf allen Skalen des Universums vor, mit Speicher- und Lernvorgängen als Wahrnehmungsfunktionen. Leben und Bewusstsein sind immanente ubiquitäre Charakteristiken, die eingebettet sind in die eigentlichen Dynamiken und Funktionsweisen physikalischer Prozesse der fundamentalen Quantenvakuums- oder Holofeld-Struktur, und somit ins Universum selbst.

Auf dem Grundniveau des biologischen Organismus ist die Zellmembran primärer Empfänger, Integrations- und Kommunikationsstruktur der Information. Mit der Zelle gemeinsam dürften organelle Systeme wie das Zytoskelett (die am besten bekannte Struktur dieses zellulären organellen Systems sind Mikrotubuli) durch ihre hochenergetische Interaktion mit der Struktur des Vakuums zur Aufzeichnung von Information und also Speicherung involviert sein.

Bemerkenswert ist, dass Zytoskelett und Plasmamembran in jeder Körperzelle vorhanden sind, und damit der Körper selbst in Informations- und Bewusstseinsprozesse involviert ist. Klar ist, und wir sprachen bereits darüber, dass nicht nur das Gehirn mit Bewusstsein zu tun hat. Tatsächlich ist das Bindegewebsnetzwerk des Körpers (das Strukturen wie die Hirnhäute – dura mater – und die Blutgefäße – tunica adventitia – mit einbegreift) womöglich das größte kontinuierliche System, welches Information von jedem Gewebe und jedem Organ aufnimmt und weitersendet. Es ist die omnipräsente Oberflächenstruktur schlechthin, und – wie wir aus der holofraktographischen Physik wissen – ist die Oberflächenrandbeschaffenheit direkt in Informationsdynamiken involviert.

Andere subzelluläre Organellen wie Mitochondrien dürften die Information weiterverarbeiten und intern Signale generieren. Es erübrigt sich zu erwähnen, dass in multizellulären Organismen einzelne Zellen nicht unabhängig vom gesamten System funktionieren können.

Rezeption, Integration, Aufbereitung und Aussendung von Information führt naturgemäß zu einer Art Gewahrsein: zu dem Grundphänomen, welches wir Bewusstsein nennen. Auch wenn dies Phänomen oft als ein irgendwie mysteriöser und unerklärlicher Prozess dargestellt wird, können wir in der aufgeworfenen Perspektive erkennen, dass die natürlichen Zellvorgänge in einem Gewahrwerden resultieren müssen, auf dem Stand komplexer Organismen wie dem menschlichen Wesen sogar in Selbst-Gewahrsein, denn in seinem Fall haben wir es mit bis zu 1000 Trillionen Gehirnverknüpfungen zu tun, die 5-50 Signale pro Sekunde aussenden, und mit bis zu 60.000 Meilen Blutgefäßen und ein Vielfaches mehr an Oberflächenareal, das in hochkomplexe fraktal verästelte und gefaltete Domänen komprimiert ist.

Unser Bewusstsein (Selbst-Gewahrsein) besteht aus multiplen Raumspeicher-Schichten, es ist nicht auf irgendeinen spezifischen Raum- oder Zeitrahmen festgelegt. Auf Grund der ultimativen Konnektivität des holographischen Informationsnetzwerks funktioniert es partiell jenseits des Raumzeitbereichs. Zweifelsohne sind Körper und Gehirn wichtig für das Ermöglichen und Unterstützen der Bewusstseinsfunktionen. Beispielsweise liegt es an den spezifischen und einzigartigen Struktur- und Funktionscharakteristika des biologischen Systems des Menschen – von der molekularen Zellorganisation bis hin zur Neuronenstruktur und Bindegewebs-Matrix, dass unser Bewusstsein so viel fähiger zur Konzeptualisierung ist als das der meisten anderen Organismen (soweit wir es nachprüfen können). Wie beschrieben, wird die nonlokale Interkommunikation jenseits jedes Raum-Zeit-Rahmens durch die Mikrowurmloch-Netzwerkinformation des grundlegenden *holographischen Informationsfeldes* auf Planck-Ebene möglich gemacht.

Der Körper erhält Information über seine unmittelbare Umgebung. Geliefert wird sie ihm teilweise vom Gehirn: Wir sprechen hier von lokaler Informationsaufbereitung. Wäre Bewusstsein aber lediglich ein Epiphänomen der Neuroinformatik, würde diese Information einfach unsere nächste bewusste Erfahrung in die Wege leiten, mitsamt den Verhaltensmustern, die weithin automatisch mit ihr einhergehen. Stattdessen läuft die Informationsaufbereitung des Körper-Gehirn-Systems jedoch ebenso durch das ganze Raumspeicher-Wurmlochnetzwerk hindurch, wo es mit vergangenen Erfahrungen abgeglichen wird oder gar beeinflusst durch potentiell zukünftige aus der gesamten evolutionären Struktur (allen anderen Punkten im Universum), die in der Raumstruktur aufgezeichnet sind und eine koordinierte Beziehung zwischen dem Individuum und dem Feld als Ganzem herstellen. Da sich diese Gewahrseinsebene jenseits des Gehirns befindet, jenseits jedes besonderen Raum-Zeit-Rahmens, werden auch die Folgeaktionen des Systems (bis hinunter zur molekularen Ebene) nonlokal sein – jenseits der errechenbaren Generierung von Bewusstsein im Gehirn.

Genauso wie die rekurrenten Feedback/Feedforward-Informationsprozesse des Planck'schen Mikrowurmloch-Netzwerks für die generelle Bildung und Organisation von Materie wesentlich und integraler Bestandteil sind, dürfte für die dynamische Interaktion mit dem biologischen System, die zehn Millionen chemischer Umwandlungen jede Sekunde erfordert, das vereinheitlichte Raumspeicher-Netzwerk eine integrale Komponente von strukturierendem Einfluss sein. Als solches ist das diesem universellen System innewohnende Gewahrsein schon auf der grundlegendsten Funktionsebene im biologischen System vorhanden, dem atomaren und subatomaren Planck-Netzwerk, und nicht erst ein Resultat von ihm. Aus dieser Sicht sind biologische Strukturen eine Ausdehnung des fundmentalen Feldes des Gewahrseins bzw. Bewusstseins, das durch die Feedbackstrukturen dieses Netzwerks definiert wird. (Einstein sagte, *„physikalische Objekte befinden sich nicht im Raum, sondern sie sind räumlich ausgedehnt. Auf diese Weise verliert das Konzept eines ‚leeren Raumes' seine Bedeutung.“*[10])

Betrachtet man das Zytoskelett (ein höchst fraktales und kompliziertes System, gerade auch als netzartige Matrix gesehen), trifft man auf Proteinuntereinheiten, Tubuline genannt, die lange spiralförmige Filamente – Mikrotubuli – bilden. Die Filamente, oder luminalen Innenräume, sind mit atomar organisiertem Wasser sowie ionischen Molekülen angefüllt. Die Tubulin-Untereinheiten, welche die Mikrotubuli-Kanäle formen, findet man in zwei distinkten Zuständen oder Konformationen an. Zwischen ihnen kann (wie zwischen Bits von Informatiksystemen) hin- und hergeschaltet werden durch die Oszillation elektrischer Dipole im Inneren des Tubulins. Die Gesamtkonfiguration der Tubulin-Untereinheiten kann so potentiell als Informationsverarbeitungs-Mechanismus dienen, der mit dem quantenpolarisierten Vakuum interagiert, um Speicherkapazitäten zu produzieren.

Daher ist die Oszillation der Tubulindipole weder zufällig noch chaotisch, sondern wird durch lokale Ereignisse (wie ionische Ströme in der Zelle) ebenso wie nonlokale Mechanismen gelenkt. Zum Beispiel kann das Raumspeicher-Wurmlochnetzwerk die oszillatorischen Charakteristiken der elektrischen und magnetischen Dipole in den Tubulinresten der mikrotubulinen retikulären Matrix beeinflussen und so eine stimmige und kohärente Oszillation anregen von molekularen Dipolen atomar organisierten Wassers, welches im Mikrotubuluskanal angeordnet ist. Diese Oszillation der elektromagnetischen dipolaren Interaktion der Wassermoleküle mit dem Vakuum könnte die Ursache für die „laserartige“ Photonenemission sein, die man in Mikrotubuli beobachtet, in DNS und Mitochondrien (einem Phänomen, auf das sich Stuart Hameroff u.a. als Superradianz bezieht (M, S, S, K,&K, 1994)).[11] Die stimulierte Emission ähnelt dem, was Laserlicht erzeugt (wie es in holographischer und optischer Informationsübertragung verwendet wird), und tatsächlich konnte nachgewiesen werden, dass Mikrotubuluskanäle wie ein optischer Wellenleiter funktionieren (M, S, S, K,&K, 1994), (VP, 2001), (Y, C,&J, 2010).

Insofern die kohärente Biophotonenemission (eine laserartig stimulierte elektromagnetische Emission) im zellulären Informationssystem von Mikrotubuli, Mitochondrien, Zellwasser (und DNA) ausgelöst wird, verändert sie die elektrochemischen Bindeeigenschaften spezifisch resonanter Biomoleküle. Dadurch wiederum wird das Verhalten von Zellkomponenten – und dementsprechend Zelle und Zellgruppen – mit dem dirigierenden Einfluss des Mikrowurmloch-Netzwerks verlinkt. Die ultraschnelle Informationsübertragung von Biophotonen (in Lichtgeschwindigkeit) sowie nonlokale Quanteneffekte (durch das Mikrowurmloch-Netzwerk vermittelt) machen deutlich, wie ein derart großes und unterschiedliches Ensemble chemischer Reaktionen und molekularer Interaktionen so orchestriert werden kann, dass es einen nahtlosen ganzen Organismus entstehen lässt.

Wenn wir überdies in Betracht ziehen, dass der nonlokale Mechanismus von Gewahrsein und Informationsinterkommunikation auf Grund des Mikrowurmloch-Netzwerks direkt antwortet und sogar Gedanken generieren kann, und zwar von der molekularen bis hin zur Organismusebene, sehen wir die Verbindung zwischen dem Gewahrsein, welches dem vereinheitlichten Raumspeicher-Netzwerk inhärent ist, und demjenigen, welches sich im biologischen System ausdrückt. Letzteres ist nicht bloß das Resultat einer Neuroinformatik, die automatische Antworten unter der Illusion eines bewussten freien Willens produziert, sondern das Resultat eines tieferen und immanenteren Gewahrseins, das sich über multiple Raum- und Zeitrahmen hinweg erstreckt.

Gewiss laufen Prozesse, die mit biologischem Bewusstsein und Informationsaustausch durch die *Vakuumstruktur* zu tun haben, nicht nur im zellulären und molekularen Bereich ab, sondern auch auf der Ebene des Gewebes und sogar des gesamten Organismus. Man kann sich das wie eine fraktale Antenne vorstellen, über die in mikroskopischem und Quanten-Maßstab gelieferte Information bis hin zum gesamten Organismus geleitet (und in die Felder größerer Bereiche, sogar kosmologischer, „ausgestrahlt/gesendet") werden kann und umgekehrt. Der architektonische Aufbau von Gehirn, Schädel und Wirbelsäule ist an und für sich selbst eine Antenne. Im Zentrum des Gehirns und abwärts, im Kern der Wirbelsäule, befindet sich eine mit Wasser gefüllte Kammer, der sogenannten Cerebrospinal- oder Hirn-Rückenmarksflüssigkeit. Diese wird durch das gesamte System in einer kreisförmigen rhythmischen Weise gepumpt, vergleichbar mit dem Pumpen des Bluts, nur eben mit einem von diesem separaten, unabhängigen Rhythmus. Wie beim Plasma des Blutkreislaufs, ist dies ein äußerst wichtiger Aspekt, der das System am Leben erhält und kontinuierlich zu Informationsübermittlungsprozessen befähigt, lokalen wie auch nonlokalen.

Jedes Gewebesystem des Körpers ist – je nach seiner spezifischen Struktur – für einen besonderen Informationsbereich des *Holofelds* rezeptiv und bereitet Information in einer einzigartigen Weise auf. Obwohl das Körperbewusstsein in gehirnfokussierten Theorien oft marginalisiert wird, ist es eine integrale Komponente biologischen Gewahrseins ebenso wie von Informationsaustausch-Prozessen mit dem *Quantenvakuum* und seinem Mikrowurmloch-Netzwerk. Als solche sind bei Wirbeltieren Herz-, Darm- und Bindegewebsmatrix, welche die Verbindung mit dem Gehirn herstellen, von höchster Bedeutung für Rezeption und Verarbeitung von Information.

Wie in diesem Buch dargelegt, erhellt die Interaktion mit dem Vakuum (Akasha-Holofeld) viele dokumentierte Phänomene wie Fernwahrnehmungskapazitäten, Fernheilung und andere Vorgänge nonlokalen Informationszugangs bzw. -austauschs, die sich durch konventionell verstandene Sinnesreize (Sheldrake) nicht erklären lassen.[12] Weitere Beweiskraft für die nonlokalen Fähigkeiten biologischer Systeme liefern jüngste Ergebnisse von Experimenten, in denen Zellen in einem isolierten Medium mutieren als Antwort auf Tochterzellen, die

Toxinen in einer separaten Kultur ausgesetzt sind.[13] Alle diese Phänomene finden eine Erklärung, wenn ein nonlokales Quantenfeld-Netzwerk als Massenenergie- oder Informations-Quelle in Betracht gezogen wird, wie wir es in unserer generalisierten holographischen Masse-Lösung gezeigt haben.

Die Ausdehnung bzw. Erweiterung des Speicherimprints auf die Raumstruktur ist hoch pertinent, da dies einen physikalischen Mechanismus nahelegt, durch den das einzigartige Bewusstsein jedes Individuums über die Auflösung des Körpers hinaus existieren und überleben kann, vorausgesetzt dass es registriert und weiterhin mit dem universellen Informations-Einheitsfeld interagiert – dem jenseits der Raumzeit angesiedelten Akasha-Holofeld von Laszlo.

●●●

Die in diesem Buch ausgeführten Überlegungen, die Forschungsergebnisse meiner Kollegen sowie meine eigenen zeigen es deutlich: Wir leben in einem höchst verschränkten, allenthalben vernetzten Universum, in dem alle Bereiche und Skalen ein gemeinsames Grundinformationsfeld miteinander teilen, um Materie und letztlich sich selbst organisierende Systeme zu erstellen und zu gestalten, was zu Organismen führt, die sich selbst reflektieren und fundamentale Fragen zur Existenz stellen. Dieser Prozess treibt evolutionäre Prozesse voran, in denen die Umwelt das Individuum und das Individuum die Umwelt beeinflusst, in einer nonlokalen vernetzten Ganzheit – einem Universum, das schlussendlich EIN(e)S ist.[14]

Der in-formierte Kosmos

Jude Currivan

Die Herausforderung, auf die berühmte „hard question" des Philosophen David Chalmers (1995) zum Wesen des Bewusstseins (wie kann etwas Immaterielles aus etwas Materiellem entstehen?) eine Antwort zu finden, ist keine wirkliche Herausforderung, denn diese Frage ist keine wirkliche Frage. Ihr trügerischer Charakter gründet in der vermeintlichen Dualität zwischen der offenkundigen Immaterialität des Geistes und der offensichtlichen Materialität der physischen Welt. Doch realisiert die Wissenschaft jetzt, dass diese nicht zutrifft.

Die Schwierigkeit beginnt mit der physischen bzw. physikalisch erfassbaren Erscheinung dessen, was wir für Realität halten. Vor einem Jahrhundert bereits begannen Physiker zu begreifen, dass sie die Vorstellung von Energie und Materie als deterministische Interaktionen von Billiarden bällchen-artiger Atome durch eine Neudeutung ablösen mussten: Energie und Materie wurden nun als die zwei Seiten einer Medaille betrachtet, wobei Energie die grundlegendere von beiden sein musste. Materie ist reduziert worden auf die Schnittstellen und Einflüsse von Energiefeldern und ihre Manifestationen, die auf den Einfluss eines „Beobachters" reagieren. Man hatte entdeckt, dass das absolute Wesen von Raum und Zeit – sie dienten bislang nur als passiver Hintergrund zur „materiellen" Realität – in einem dynamischem Verhältnis zum Ort des Beobachters stand, und mit dem Raumzeit-Konzept in Verbindung.

Angesichts solcher Vorstöße wurde klar, dass physische Realität weniger „physisch" und „objektiv" war, als bis dahin gedacht. Der Spalt zwischen Materie und Bewusstsein musste einfach immer enger werden. Auch wenn weite Teile der Mainstreamwissenschaft Barrikaden gegen einen solchen Eingriff errichteten, stellte sich die physikalische Spitzenforschung gemeinsam mit ihrer neuen Verbündeten, der Informationstheorie, dieser unvermeidlichen Annäherung, die letztlich zur einer Karte der Realität führen würde, wie sie das vorliegende Buch präsentiert.

Paraphrasieren wir Hermann Minkowski, der Pionierarbeit für das geometrische Verständnis von Raumzeit in den frühen 1920er Jahren geleistet hat, und bringen seine Erkenntnisse auf den heutigen Stand bahnbrechender Entdeckungen, dann sind Raumzeit hier und Energie-Materie dort von sich aus zu einem Schattendasein verdonnert, und nur eine wie auch immer geartete Vereinheitlichung beider wird eine unabhängige Realität erhalten können. Gegenwärtig zeigt sich, dass Information eben genau diese Vereinheitlichung verwirklicht, denn Information durchzieht die ganze physische Realität.

Das erste Anzeichen für das Auftauchen von Holo-Paradigmen tauchte nicht lange nach dem zweiten Weltkrieg auf, als der IBM-Wissenschaftler Claude Shannon nachwies, dass der Informationsgehalt eines Systems *genau* der Energieentropie eines heißen Gases entspricht, welche Boltzmann in seiner thermodynamischen Gleichung beschrieben hatte. Die These, dass Information eine immanente Eigenschaft aller physikalischen Systeme ist, untermauerte der Physiker Leo Szilard: Er zeigte, dass ein ganz bestimmter Energieaufwand notwendig ist, um ein „Stück" digitale Information zu speichern, anders gesagt ein „Bit". 1991 wies der Informationstheoretiker Rolf Landauer mathematisch nach, dass das Löschen eines Informationsbits Entropie verstärkt – genau in Übereinstimmung mit Szilards und Landauers Gleichungen. 2012 dann schafften es die Physiker Antoine Bérut, Eric Lutz und ihre Mitarbeiter, Szilards und Landauers Vermutungen experimentell zu bestätigen, indem sie die durch das Löschen eines Informationsbits ausgelöste Wärmeabstrahlung maßen. In der Zeitschrift *Nature* berichteten sie, dies sei ihnen gelungen durch Verifikation der Beziehung zwischen der Rolle von Hitze und Temperatur im Verhältnis zwischen Energie und Information; damit bestätigten sie die physikalische Realität von Information.[15]

Wenn Physisches sich immer deutlicher als immateriell erweist, und Information als physisch, führt ihre Kongruenz letztlich zur Einsicht, dass die Prinzipien und Gesetze der Physik informatisch verfasst und erfassbar sein müssen, wenn man die essentielle Ganzheit der Realität verstehen will. Zwei der fundamentalsten Gesetze sind das Erste und das Zweite Thermodynamische Gesetz: Sie beschreiben jeweils Energieerhalt und Entropiefluss. Dabei wird erkennbar, dass Information sich auf zweierlei Weise zugleich äußert: als universell erhaltene Energie und als physisch in Erscheinung tretende Entropie. Vom ersten Augenblick der Raumzeit an bleibt die unglaublich fein eingestellte Information universell erhalten – jene Information, die der Gesamtheit der Energiematerie und den Interaktionen der Grundkräfte zugrunde liegt und aus denen heraus physische Realität sich manifestiert. Da sie aber ebenso entropisch kodiert ist, wächst sie seit ihrem minimalen Ausgangsniveau zu Beginn des Universums mit der Zeit unausweichlich an.

Mit der wachsenden Anerkennung des Informationsprimats in den 1990er Jahren kamen zwei weitere Thesen zum Vorschein, die zu einer radikal neuen Wahrnehmung des Wesens physischer Realität führten. Sie ergaben sich aus der Beschäftigung mit schwarzen Löchern.

Die erste These besagt, dass die informationelle Entropie eines schwarzen Lochs proportional zu seiner zweidimensionalen Oberfläche ist, anstatt, wie erwartbar, zu seinem offensichtlich dreidimensionalem Volumen. Die zweite, dass eine derartige 2-D-Information allenthalben als gepixelte Bits auf der Planck-Skala, der Grundeinheit physischer Realität, betrachtet werden kann. Der Weise entsprechend, in der ein Hologramm ein 3-D-Bild von einem 2-D-Informationsmuster des Ausgangsobjekts aus projiziert, bilden diese beiden Pionierthesen die Basis der holographischen Theorie des Universums.

Dehnt man sie auf die gesamte Raumzeit-Information aus, dann erscheint es naheliegend, dass Information im Universum auf bzw. in einer zweidimensionalen Raumzeit-Grenze kodiert ist. Diese Hypothese wird durch einige unabhängig formulierte Quantengravitations-Theorien unterstützt – Theorien, die versuchen, Relativitäts- und Quantentheorien zu integrieren. Das zielt auf die holographische Verfasstheit der Raumzeit ab, sowie auf Gravitation als ein sich informationell-entropisch darstellendes Phänomen.

Zentral für das Verständnis dieses neuen Gesamtmodells ist das Phänomen der Nonlokalität. Zu Anfang einfach eine These, dass Quanteneinheiten sich trotz ihres offensichtlichen Getrenntseins in Raum und Zeit als eine einzige Einheit verhalten könnten, wurde die Realität der Nonlokalität inzwischen in zahlreichen Experimenten nachgewiesen, selbst auf weit vom Quantenlevel entfernten Skalen. Experiment und Theorie zeigen, dass Nonlokalität ein immanenter Wesenszug des Universums ist, und entscheidend für seine Evolution als kohärente Gesamteinheit. Das Universum wurde im Big Bang geboren, welcher – der Akzeptanz dieser Bezeichnung zum Trotz – aber weder big noch bang war. Winzig war es zu Beginn und in einwandfreiem Zustand. Dann dehnte es sich in unglaublicher Geschwindigkeit und mit unglaublicher Präzision aus. Lee Smolin schätzte das so ein: Hätte die Stärke der treibenden Grundkräfte in diesem Geschehen auch nur um ein Milliardstel eines Milliardstels eines Milliardstels (10^{-27}) variiert, hätte ein Universum von Atomen, Sternen, Planeten und Menschen nicht entstehen können.

Die umfassende Kohärenz des Universums drückt sich in der geometrischen Ebenheit der Raumzeit aus, der Erhaltung und dem globalen Nullabgleich ihrer positiven und negativen Energien sowie dem kodierten Fine-Tuning seiner physikalischen Parameter. Sein außergewöhnlich ausgewogener Zustand manifestiert sich in der kleinstmöglichen informationellen Entropie, die seit Anbeginn stetig anwuchs und den Zeitpfeil zum Fließen brachte sowie das Kausalitätsprinzip dazu, für seine Erhaltung zu sorgen. Der Fluss informationeller Entropie, der von der Vergangenheit in Richtung Gegenwart und Zukunft anschwillt, ist der Fluss der Zeit selbst.

Vorausgesetzt, dass alles innerhalb der Raumzeit endlich ist und dass unser Universum einen bestimmten, gewissermaßen „endlichen" Anfang hatte, legt sein entropischer Prozess auch ein bestimmtes, sozusagen „endliches" Ende nahe. Dass dies der Fall ist, wird immer offensichtlicher. Einen Anhaltspunkt ergab 2003 eine Analyse der CMB (Cosmic Microwave Radiation), der kosmischen Mikrowellenhintergrundstrahlung vom Ursprungsereignis, welche zeigte, dass die Wellenlängen der auftretenden winzigen Schwankungen einen Cut-Off-Punkt haben. Ein unendliches Universum würde aber Wellenlängen jeder Größenordnung miteinschließen.

Ein endliches Universum kann nur endliche Information beinhalten und manifestieren. Quantisierung mit ihrer Einführung diskreter Einheiten ist der perfekte Mechanismus dafür, die essentiell unbegrenzten Wellenfunktionen von Quantenpotentialen dazu zu befähigen, endlich realisiert zu werden. Information als digitalisierte Bits auszudrücken, wobei jedes Bit Planck-skalisch auf der Raumzeit-Grenze kodiert ist, stellt die einfachste und effizienteste Methode dar, um Information zu kommunizieren und zu verarbeiten.

Die endliche Lichtgeschwindigkeit, die sicherstellt, dass Information schnellstmöglich im Raumzeitkontinuum übertragen wird, macht es möglich, dass holographisch skalierte Kausalrelationen universell aufrecht erhalten werden. Das Universum entwickelt sich als Gesamtsystem, dessen makrokosmische Intelligenz auf allen Existenzebenen erfahren und erforscht werden – und sich entfalten kann.

Die holographische Manifestation der physischen Welt zeigt sich auch in Maßstäben, die für uns greifbarer sind. Auf Grund der Pionierarbeit des Mathematikers Benoit Mandelbrot kann eine Computeranalyse zeigen, dass fragmentierte Dimensionen selbstähnlicher fraktaler geometrischer Muster das Universum auf allen Ebenen holographisch unterlegen und durchziehen. Ihre Präsenz findet sich nicht nur in „Natur"-Phänomenen kodiert, wie Küstenlinien, Wetterereignissen und Erdbeben, sondern ebenso in der Menschenwelt. Sich wiederholende geometrische und informationelle Relationen, wie alle Eigenschaften physischer Realität, lassen sich in der Sprache der Mathematik erfassen. Sie manifestieren sich von einem Urbereich des Kosmos jenseits des Raumzeitkontinuums aus.

Das quantenphysikalische Konzept der „komplexen Ebene" – in diesem Buch als Akasha-Holofeld bezeichnet – stellt weit mehr als ein mathematisches Instrument zur Beschreibung von Phänomenen dar. Es ist die essentielle Grundlage der Realität der physischen Welt, einschließlich der dynamischen informationellen Muster fraktaler Attraktoren, welche die Entwicklung von Komplexität und Diversität im Universum lenken.

Wir werden bald nicht mehr umhin können anzuerkennen, dass alles, was wir physische Realität nennen, sich als kosmisches Hologramm erfassen lässt, und dass jeder von uns ein holographischer Mikrokosmos ist. Wissenschaftlich untermauert, sagt uns der Verstand, dass zwischen Kosmos und Bewusstsein keine reale Trennung besteht, und dass der Anschein dieser Trennung einzig und allein der Perspektive geschuldet ist, aus der heraus das Bewusstsein im Kosmos seine eigene Projektion wahrnimmt. Die scheinbare Dualität von Geist und Materie, wie sie David Chalmers und andere mit ihm in Frage stellen, ist eine Illusion. Die Ganzheit des Bewusstseins, auf die sich Einstein als das kosmische Bewusstsein bezieht, offenbart sich fortschreitend im Kontext des Kosmos.

Die holographische Bewusstseins-Theorie

Allan Combs und Stanley Krippner

Betrachten wir die Implikationen zahlreicher holographischer und informationeller Kosmos-Theorien in der Tiefe, dann enthüllt sich uns eine außergewöhnliche Perspektive. Es eröffnet sich die Möglichkeit der Existenz weiterer ganzer Welten, die nicht einfach räumlich entfernt sind, sondern ganz und gar außerhalb des „materiellen" Universums uns bekannter physikalischer Ereignisse liegen, obgleich sie in dem gleichen holographisch-informationellen Ganzen wie die gewohnte Realität angesiedelt bleiben. Informationelle Felder holographischer Art sind insofern besonders interessant, weil sie dichte Informationsmengen speichern, und ganze sich nicht überlappende Informationsfelder in ihnen allein durch das Modulieren der Wellenlänge eines auslösenden Signals wie das eines kohärenten Lichtbündels aktiviert werden können.[16]

Die Vorstellung von alternativen Realitätswelten ist nicht neu. Wahrscheinlich ist sie so alt wie die Menschheit selbst. Beispielsweise halten manche Fachleute die Bilder auf den Wänden und Decken der 20.000 – 40.000 Jahre alten Höhlenheiligtümer im südlichen Europa für Abbildungen innerer schamanisch-tranceartiger Erfahrungen anderer Welten.[17] Es ist anzunehmen, dass diejenigen, welche diese Welten erlebten, glaubten (genauso wie heutige Schamanen), es seien gültige Begegnungen mit alternativen Existenzwelten. Tatsächlich wird von schamanischen Ober- und Unterwelten in allen schamanischen Überlieferungen der ganzen Welt in auffällig ähnlichen Worten berichtet.[18] Vergleichsweise enthält die Bildwelt von Menschen, die das schamanische Gebräu Ayahuasca eingenommen haben, immer wieder dieselben Elemente wie „Schlangen, Großkatzen (Jaguare, Tiger, Pumas, jedoch keine Löwen), Vögel und Paläste".[19] Schamanische Traditionen benutzen oft psychoaktive Substanzen (z. B. Ayahuasca, Peyote, gewisse Pilzarten), um alternative Realitäten auszuprobieren; allerdings arbeiten viele von ihnen weit mehr mit Tänzen, Gesängen und ähnlichen Aktivitäten. Erfahrungen alternativer Welten machen es also keineswegs notwendig, dass das

Gehirn unter dem Einfluss psychoaktiver Drogen steht, also beeinträchtigt oder außer Kraft gesetzt wird.

Indigene Kulturen rund um die Welt haben vielschichtige Mythologien entwickelt, die alternative oder nachtodliche Wirklichkeiten beschreiben.[20] In diesem Sinn versteht es sich fast von selbst, dass alle alten und modernen Religionen zumindest virtuelle Glaubenselemente beinhalten, welche die Existenz erfahrbarer nachtodlicher Welten miteinschließen. Wie in diesem Buch bereits erwähnt, involvieren die meisten von ihnen herausfordernde Seelenwanderungen, wie beispielsweise die, welche eine Seele erfährt, währenddessen sie in der Osirisbarke durch die ägyptische Unterwelt fährt, oder die Prüfungen, welche den postmortalen Status der Seele in der Huichol-Indianermythologie bestimmen.[21] Viele solcher Glaubensmodelle beziehen Themen wie Himmel und Hölle mit ein, die schlagende Ähnlichkeiten untereinander aufweisen, ob nun in Bildern religiöser Traditionen aus Ost oder West, oder in Geschichten, wie sie in indigenen Kulturen erzählt werden.[22] Schilderungen vom Verlassen der irdischen Welt beinhalten häufig Reisen durch einen Tunnel oder einen Durchbruch, gefolgt von der Erscheinung lichter und finsterer Wesen. Wie von Laszlo vermerkt, tauchen oft auch Gerichtsszenarien auf. In ihnen kommen Szenen bzw. Handlungen vor wie: die Selbstbetrachtung in dem reinen tibetanischen Wahrheitsspiegel, das Prüfen des Herzens des Verstorbenen auf der Leiter des Osiris, das Balancieren auf der schmalen Brücke zum Zoroaster-Paradies hinüber, oder das Standhalten vor dem Jüngsten Gericht in der christlichen Überlieferung. Obgleich diese Szenarien eher symbolisch als real verstanden werden wollen, so meinen sie doch eindeutig universelle Themen und Stadien postmortaler Erfahrung – und finden sich auch in Berichten über Nahtoderfahrungen wieder.[23]

Nahtoderfahrungen haben „Augenscheinvalidität“, insofern sie dramatische Episoden im Leben derer darstellen, die sie erfahren haben. Wie wir bereits gesehen haben, können entsprechende Erlebnisse unter dem Einfluss einer generellen Anästhesie während einer Herzoperation auftreten.[24] Erstmals wissenschaftlich erfasst wurden sie in einem Bericht des Schweizer Alpenvereins von 1892, und zwar in Zusammenhang mit jähen Abstürzen und anderen Erlebnissen, bei denen jemand knapp dem Tode entkommen war.[25] Es lohnt sich anzumerken, dass einige althergebrachte religiöse Glaubenssysteme Authentizität für diese außergewöhnlichen Welten beanspruchen, indem sie sich auf Faktenberichte derer berufen, die sie selbst erlebt haben; man erinnere sich an Mohammeds berühmte Nachtfahrt durch die sieben Himmel. Schamanen erzählen häufig Träume, in denen spirituelle Wesenheiten sie in alternative Wirklichkeiten und andere Welten versetzen.[26]

Wir können uns fragen, ob die Traumerfahrung einer alternativen Welt über die Imagination der schlafenden Person hinaus als gültig betrachtet werden kann, doch gibt es noch andere Wege, um in solche Welten zu gelangen. Beispielsweise eröffnen bestimmte kontemplative Zustände in der Sufi-Tradition extensive „imaginale" Landschaften. Der Sufi-Gelehrte Henry Corbin (1978) hebt dabei die Schwierigkeit vieler Forscher hervor, zwischen Imagination und imaginaler Wirklichkeit zu unterscheiden. Er schreibt:

> „Wenn wir über das Imaginale reden, haben wir es nicht mit Unwirklichkeit zu tun. Der *mundus imaginalis* ist eine Welt autonomer Formen und Bilder. Es ist eine vollkommen reale Welt, die alle Reichtümer und Vielfalt der sensiblen Welt enthält ..."[27]

Diese Welt erinnert an das *imaginario*, wie es in Texten der Science Fiction und des fantastischen Realismus sowie Motiven des Surrealismus und der „visionary art" vorkommt.[28] Das aktuelle Wissen über den Kosmos lehrt uns, dass er nichts ist, solange er nicht abundant ist. Wir können das überall in der Biologie sehen, von der evolutionären Effloreszenz der Spezies bis hin zum Erblühen des Nervensystems eines Neugeborenen im Gewimmel von unendlich vielen Nervenzellen. Und dieser Abundanz im Kleinen entsprechen in der Kosmologie die riesigen Ansammlungen von Sternen, Galaxien und Galaxie-Clustern, die sich in jede Richtung bis ins nahezu Unendliche erstrecken – und manch einer[29] (wie z.B. Leslie, 1989) spricht von unzähligen weiteren, vielleicht sogar unendlich vielen Universen, die genau so real wie unser eigenes sind.

Gewiss gibt es in einer solchen Fülle, die auch von konventionellen Wissenschaftlern ernst genommen wird, Raum für die Möglichkeit einer Erfahrung multipler Realitäten. Wir brauchen nur einen Weg zu finden, sie in einer Weise zu konzeptualisieren, die das Faktum zulässt, dass sie von unterschiedlichen Menschen auf unterschiedliche Weise erlebt werden. Holographische Modelle wie die holographische Theorie Laszlos und Bohms scheinen sich für diese Aufgabe gut zu eignen. Denn Holographien können große Informationsmengen kodieren, die selektiv durch distinkte Stimuli aktiviert werden können. Offensichtlich ist das menschliche Bewusstsein genau solch ein Stimulus. Für jeden von uns in unterschiedlicher Weise, doch durchaus auch mit vielen Gemeinsamkeiten, könnten die zahlreichen individuellen Aspekte dieses unseres Bewusstseins entsprechend viele Möglichkeiten aus dem informationsreichen Akasha-Holofeld abrufen. Wenn so viele Menschen die gleichen Überzeugungen, Wahrnehmungen, Erwartungen, Emotionen, Erinnerungen und physiologischen Zustände miteinander teilen, haben unsere Aktionsperspektiven offenbar viel gemeinsam und unsere individuellen Erfahrungen werden konvergieren, so wie Laszlo es beschreibt; und das nicht nur in der materiellen Welt, sondern auch in Welten jenseits von Raum und Zeit.

Endnoten

1 Englisch *Oneness* wird im Folgenden mit dem ungewöhnlichen, aber existenten deutschen Wort *Einsheit* wiedergegeben, um Distanz zu geläufigen Vorstellungen von *Einheit* zu schaffen und es von dem tendenziell mystischen Begriff *Einssein* zu differenzieren. Anm. der Übersetzerin.

2 Um dem fundamentalen Neuansatz der *Unified Physics* zu entsprechen, wird das womöglich irritierende Begriffsfeld *Vereinheitlichung – vereinheitlichen* in der deutschen Übersetzung verwendet. Anm. der Übersetzerin.

3 Hoyle, F.: The Intelligent Universe. Michael Joseph, London, 1983

4 Wheeler, J. A., Ford, K.: Geons, Black Holes, and Quantum Foam: A Life in Physics. W.W. Norton, New York, 1998, S. 146

5 Um die involvierten Skalen besser zu verstehen, hier eine Analogie: Im menschlichen Körper gibt es durchschnittlich 100 Trillionen Zellen; und jede Zelle besteht aus ungefähr 100 Trillionen Atomen. Nehmen wir eines dieser winzigen Atome und dehnen es auf die Größe der Vatikankuppel (138 Fuß bzw. 42 Meter) aus, wäre das Proton in der Mitte des Kerns etwa so groß wie ein Nadelköpfchen. Legen wir nun eine Planck–Einheit auf unsere Fingerspitze und blasen sie zur durchschnittlichen Größe eines Sandkorns auf, würde das winzige Proton plötzlich einen Durchmesser von einer Distanz von hier zum nächsten Stern – Alpha Centauri – bzw. von etwa 25,5 Trillionen Meilen oder 40 Trillionen Kilometern haben.

6 Diese Analogie lässt sich am besten mit einer Gummiente in einer Badewanne illustrieren. Stellen Sie sich eine volle Badewanne mit einem Abfluss an einem Ende vor. Wenn man den Stöpsel zieht, entsteht an dieser Stelle eine zunehmende Wirbeldynamik – alle Wassermoleküle bewegen sich gemeinsam in einer hochkohärenten Weise. Setzt man die Gummiente weit weg davon, scheint sie nur sehr wenig von dem Geschehen auf der anderen Seite der Badewanne betroffen zu sein. Setzt man die Gummiente aber in die Nähe dieser Stelle sich gemeinsam bewegender Partikel, beginnt auch sie zu kreisen und wird vom Abfluss (dem schwarzen Loch) angezogen. Man könnte das als Anziehung beschreiben, die äquivalent ist zum Krümmungsgrad der Wasseroberfläche in Richtung Abfluss: je größer die Krümmung, desto größer die Anziehungskraft auf die Ente. Das entspricht Einsteins Feldgleichungen, die

komplexen Metriktensor–Raum benutzen, um die Oberfläche der Raumzeitkrümmung zu beschreiben, die Schwerkraft erzeugt. Andererseits aber zeigt eine genaue Analyse des Geschehens, dass es tatsächlich die Spin–Dynamiken der sich gemeinsam bewegenden Wasserpartikel sind, welche die Effekte hervorrufen, die als Krümmung erscheinen und also das, was die offensichtliche Gravitationskraft produziert.

7 Tatsächlich erzeugt das Planck'sche Oberflächen–Volumen–Verhältnis für das Proton, wenn es zur Errechnung der Masseenergie mit der Planck-Masse multipliziert wird (genau wie die kosmologische Lösung, die ich für schwarze Löcher gefunden hatte), eine Masse für das Proton (1,603498 x 10^{-24} Gramm), die 0,069 x 10^{-24} g des experimentell gemessenen Werts beträgt (1,672621777 x 10^{-24} g).

8 Antognini, A., Nez, F., Schuhmann, K., et al.: „Proton Structure from the Measurement of 2S-2P Transition Frequencies of Muonic Hydrogen“ in *Science* 17 (2013): 417–420

9 Haramein, N., Brown, W., Val Baker, A.: „The Unified Spacememory Network: From Cosmogenesis to Consciousness“ in *The Journal of Conscientiology* 1 (2015)

10 Einstein, A.: „Relativity and the Problem of Space“. Notes to the Fifteenth Edition.

11 Jibu, M., Hagan, S., Hameroff, S. R., et al.: „Quantum Optical Coherence in Cytoskeletal Microtubules: Implications for Brain Function“ in *Biosystems* 32:3 (1994)

12 Sheldrake, R.: The Sense of Being Stared At: And Other Unexplained Powers of Human Minds. Oark Street Press, 2013

13 Hill, M.: „Adaptive State of Mammalian Cells and Its Nonseparability Suggestive of a Quantum System“ in *Scripta Medica* 73:4 (2000): 211-222

14 Ich möchte an dieser Stelle danken: dem Molekularbiologen William Brown für seinen Beitrag zur wechselseitigen Befruchtung von Physik und Biologie und der Astrophysikerin Dr. Amira Val Baker für ihre Unterstützung und unermüdliche Diskussionsbereitschaft.

15 Bérut, A., Arakelyan, A., Petrosyan, A., et al.: „Experimental Verification of Landauer's Principle Linking Information and Thermodynamics“ in *Nature* 483 (2012): 187–189

16 Nomura, H., Okoshi, T.: „Storage Density Limitation of a Volume-Type Hologram Memory: Theory“ in *Applied Optics* 15 (1976): 550–555

17 Clottes, J., Lewis-Williams, D., S.: The Shamans of Prehistory: Trance and Magic in the Painted Caves. Harry N. Abrams, New York, 1998

18 Eliade,M., Trask, W. R.: Shamanism: Archaic Techniques of Ecstasy. Princeton UP, Princeton, 1951. *Siehe auch* Harner, M.: The Way of the Shaman. Harper & Row, New York, 1980

19 Shanon, B.: „Ideas and Reflections Associated with Ayahuasca Visions“ in *MAPS Bulletin* 8 (1998): 18

20 Grof, S., Grof, Ch.: Beyond Death: The Gates of Consciousness. Thames & Hudson, London, 1980. *Siehe auch* Grof, S., Halifax, J.: The Human Encounter

with Death. Dutton, New York, 1977; *und* Trisker, D. J.: Spirits Alive: Confrontations with the Spirits of Brazil. Vantage, New York, 1996

21 Halifax, J.: Shaman: The Wounded Healer. Crossroad, Spring Valley, NY, 1982. *Siehe auch* Schaefer, S. B., Furst, P. T.: People of the Peyote: Huichol Indian History, Religion and Survival. University of New Mexico, Albuquerque, 1996

22 Berger, A., Badham, P., Kutscher, A., et al.: Perspectives on Death and Dying. Charles Press, Philadelphia (1989): 3–13

23 Moody, R. A., Jr.: Life after Life. Bantam, New York, 1975. *Siehe auch* Moody, R. A., Jr., Perry, P.: The Light Beyond. Bantam, New York, 1988; Ring, K.: Life at Death. Coward, McCann and Geoghegan, New York, 1980; Zeleski, C.: Otherworld Journeys: Accounts of Near-Death Experiences in Medieval and Modern Times. Oxford University Press, New York, 1987

24 van Lommel, P., van Wees, R., Meyers, V., Elfferich, I.: „Near-Death Experience in Survivors of Cardiac Arrest: A Prospective Study In The Netherlands“ in *Lancet* 358 (2001): 2039–2045. http://dx.doi.org/10.1016/S0140-6736(01)07100-8

25 Heim, A.: „Remarks on Fatal Falls“ in *Swiss Alpine Club Yearbook* 27 (1892): 327–337

26 Krippner, S.: Dreamtime and Dreamwork: Decoding the Language of the Night. Tarcher/Perigee, Los Angeles (1990): 185–193

27 Corbin, H.: The Man of Light in Iranian Sufism. Shambhala, Boston, 1978, S. 400.

28 Piper, R. F., Piper, L. K.: Cosmic Art. Hawthorne, New York, 1975

29 Leslie, J.: Universes. Routledge, London, 1989

Kapitel 5

Die neue Karte beim Studium des Bewusstseins

Eine neue Karte der Realität auf der Basis des Bewusstseins

Stephan A. Schwartz

Die Tiefenfeldbilder des Hubble-Weltraumteleskops üben eine unendliche Faszination auf mich aus; ein paar von ihnen benutze ich als Bildschirmschoner für meine beiden Computermonitore. Wenn ich sie betrachte, staune ich immer wieder darüber, dass das, was man für Sterne im Himmel halten könnte, tatsächlich Galaxien sind, von denen jede einzelne Millionen von Sternen enthält. Nach Schätzung der Europäischen Weltraumorganisation (ESA – European Space Agency) gibt es „im Universum etwa 10^{22} bis 10^{24} Sterne", also 10, gefolgt von 22 bis 24 Nullen.[1] Ich habe keine Ahnung, was für eine Zahl das ist, nur dass sie ungeheuer groß sein muss; außerdem ist diese Zahl laut der ESA „nur eine grobe Ziffer, denn wahrscheinlich sind nicht alle Galaxien gleich." Und natürlich verfügen manche dieser Sterne über ein Planetensystem. Sterne plus Planeten ergeben zusammen eine Zahl, die zu groß ist, als dass man sie sich vorstellen könnte. Ebenso gut könnte man sich fragen, wie viele Sandkörner die Dünen der Sahara ausmachen. Wie hoch auch immer man diese Zahl ansetzen würde, sie würde höchstwahrscheinlich hinter der tatsächlichen zurückbleiben.

Stellen Sie sich nun vor, dass die astronomische Weite des Weltraums von Bewusstsein unterfüttert ist. Ist das möglich? Aus physikalischer Weltanschauung nein, denn aus deren Sicht entsteht das Bewusstsein aus physiologischen Prozessen. Doch aus Tausenden von vertrauenswürdigen Experimenten und Fallstudien geht eindeutig hervor, dass es einen Aspekt des Bewusstseins gibt, der weder physiologisch begründet noch raumzeitlich begrenzt ist. Ganz im Gegenteil legen sie sogar nahe, dass das Bewusstsein selbst die Grundlage allen Seins ist. In Zeitschriften, die so unterschiedlichen Fachgebieten wie Physik, Biologie und Medizin gewidmet sind, erscheinen Artikel zu diesem Forschungsthema, und die sind inzwischen so zahlreich, dass jede Disziplin ihre eigene einschlägige Literatur dazu besitzt.

In PubMed, der weltweit größten medizinisch-bibliografischen Datenbank, ergibt der Suchbegriff „Meditation“ 3.257 Ergebnisse, der Suchbegriff „Quantenbiologie“ 3.367, was heißt, dass sich diese neue Sicht in der Wissenschaft noch nicht vollständig durchgesetzt hat, aber im aufsteigenden Trend liegt. Immer häufiger wird dabei der nicht-physiologische Aspekt des Bewusstseins als nonlokales Bewusstsein bezeichnet, ein Fachbegriff aus der Integralen Therapie, den 1987 der Physikpionier Larry Dossey eingeführt hat.[2] Dieser Aspekt stellt eine Grundprämisse für die integrale Karte von Kosmos und Bewusstsein dar, wie sie in diesem Buch beschrieben wird.

Die logische Folge des nonlokalen Bewusstseins-Konzepts ist zunächst einmal, dass das Leben in all seinen Formen vernetzt und verbunden ist, und wir Teil einer umfassenden Lebensmatrix sind, doch grundsätzlicher noch, dass Raumzeit aus Bewusstsein, nicht Bewusstsein aus Raumzeit hervorgeht. Und das ist kein neuer Gedanke. Die Ausgrabungen von Grabanlagen aus dem Neolithikum (ca. 10.200 – 2.000 v. Chr.) zeigen, dass Menschen der Vorgeschichte einen ausgeprägten Sinn für Spiritualität besaßen und sich Gedanken über das Wesen des menschlichen Bewusstseins machten.[3,4]

In geschichtlichen Zeiten können wir solche mindestens 2.000 Jahre zurückverfolgen. Um nur ein paar Beispiele von einer langen Liste anzuführen, Patanjali äußerte sich eindeutig dazu (ca. 500 – 200 v. Chr.), und Empedokles (ca. 490 – 430 v. Chr.), der als einer der größten vorsokratischen Philosophen betrachtet wird, hinterließ den Satz: „Das Wesen Gottes ist ein Kreis, dessen Zentrum überall und dessen Peripherie nirgendwo ist.“ Platon (427 – 347 v. Chr.) hatte eine Theorie über das Verhältnis zwischen Materialität und nonlokaler Information am Beispiel von Architekturentwürfen entwickelt, und die lautet wie folgt:

> „Nicht wahr, auch das weißt du, dass sie sich der sichtbaren Dinge bedienen und ihre Demonstrationen auf sie beziehen, obwohl ihre Gedanken nicht auf diese als solche – als sichtbare

> – zielen, sondern nur auf das, wovon jene sichtbaren Dinge nicht mehr als Schattenbilder sind? Nur dessentwegen, was Viereck und Diagonale an und für sich sind, machen sie ihre Demonstrationen, nicht der Figuren wegen, die sie mit einem Instrument auf die Tafel zeichnen, und so verfahren sie in allem Übrigen. Selbst die Körper, die sie zeichnen und bilden, und von denen es auch Spiegelbilder im Wasser gibt, verwenden sie nur als Schattenbilder und versuchen, durch sie zur Schau jener Ideen zu gelangen, die niemand anders schauen kann als mit dem denkenden Verstand."[5]

Plotin (ca. 204 n. Chr.) war wahrscheinlich der erste Denker in der westlichen Welt, der das Bewusstsein explizit zum Gegenstand seines Studiums machte. George Sidney Brett, ein englisch-kanadischer Pionier auf dem Gebiet der Psychologie, hat die erste Geschichte der Psychologie in drei Bänden verfasst und beschreibt darin Plotins Verdienst folgendermaßen:

> „Zum ersten Mal in ihrer Geschichte wird die Seelenlehre zu einer Wissenschaft, die das Phänomen des Bewusstseins als Selbstbewusstsein erforscht."[6]

Ich zitiere diese antiken Denker, um zwei Punkte klarzumachen. Erstens, dass sich die Vorstellung von einem nonlokalen Bewusstsein quer durch alle Zeiten, Kulturen und geografischen Gebiete zieht, also eine universelle ist; wahrscheinlich deshalb, weil sie vornehmlich auf persönlicher Erfahrung beruht. Soweit es auf uns gekommene Schriftzeugnisse verraten, gab es in jeder Gesellschaft ein paar Köpfe, die Bewusstsein als fundamental und teilweise sogar nonlokal erkannt haben. Zweitens, um uns daran zu erinnern, dass Menschen früherer Epochen uns anatomisch und in ihrer Beobachtungsgabe ebenbürtig und ebenso von Ursache und Wirkung betroffen waren wie wir heute. Nur lebten sie zu einer anderen Zeit, in der ein anderes Paradigma galt und sie mithin eine andere Realität erlebten.

Vertreter der vorneuzeitlichen Wissenschaft konnten das, was sie in Erfahrung brachten, nur in Form von religiösen Ideen beschreiben. Sie sprechen davon, als stünden sie in Kontakt mit einem Gott, Geist, Genius oder irgendeinem der vielen anderen Begriffe, welche die menschliche Kultur im Laufe der Zeit geprägt hat, um die Erfahrung des Einsseins auszudrücken – „zeitlose Zeit", „raumloser Raum" und ein Verbundenheitsgefühl mit einer „großen Einheit". Doch das sollte sich ändern.

Denn im 16. Jahrhundert ergab sich aus den Händeln zwischen der Römischen Kirche und der gerade entstehenden Disziplin der Wissenschaft, dass erstere das Bewusstsein (als „Geist" verpackt) an sich nahm und von nun an verwaltete, die zweite die Raumzeit. Der physikalische Blick auf die Welt gewann schließlich die Oberhand, entwickelte sich zu einer ganzen Weltanschauung und lieferte das vorherrschende Paradigma. Eine Folge davon war, dass die Menschen von nun an von einem Gefühl abgeschnitten waren, welches sie bis dahin fast durchgehend getragen hatte: dem Gefühl, in ein großes Lebensuniversum und eine interaktive Beziehung zu diesem als Ganzem eingebettet zu sein.

Doch auch wenn die Wissenschaft, allen voran die Physik, es war, die den Materialismus ausgerufen hatte, haben sich paradoxerweise viele ihrer größten Vordenker – ganz besonders die Begründer der modernen Physik – zu einer anderen Sicht bekannt. Lassen Sie nur die ganze Olympiariege deutscher Physiker des frühen 20. Jahrhunderts an Ihrem Geist vorüberziehen: Max Planck, Wolfgang Pauli, Werner Heisenberg, Erwin Schrödinger, Albert Einstein und noch so einige mehr. Max Planck, der Vater der Quantenmechanik, brachte seine Gedanken klar und deutlich in einem Interview zum Ausdruck, welches der *Observer*, diese respektable britische Zeitung, am 25. Januar 1931 mit ihm führte:

> „Ich betrachte das Bewusstsein als fundamental. Ich betrachte Materie als ein Derivat des Bewusstseins. Hinter das Bewusstsein gelangen wir nicht. Alles, worüber wir sprechen, alles, was wir als existent betrachten, verlangt Bewusstsein."[7]

1944, ein Jahrzehnt intensiver Forschungsarbeit später, verschärfte Max Planck seinen Standpunkt während eines Vortrags in Florenz sogar noch. Wie von Laszlo am Anfang dieses Buchs zitiert, sagte er, dass es Materie als solche nicht gebe, sondern Materie jeglicher Art nur vermittels einer „Kraft" entstehe und existiere, und wir hinter dieser „Kraft" die Existenz eines bewussten und intelligenten Geistes annehmen müssten. Und dieser Geist sei die Matrix aller Materie.[8]

Albert Einstein erklärte es auf diese Weise:

> „Der Mensch ist ein Teil des Ganzen, das wir Universum nennen – ein von Raum und Zeit begrenzter Teil. Wir erfahren uns, unsere Gedanken und Gefühle als etwas vom Rest Getrenntes – eine Art optischer Täuschung des Bewusstseins. Diese

> Täuschung ist für uns wie ein Gefängnis, sie reduziert uns auf unsere persönlichen Wünsche und die Gefühle für ein paar wenige Personen, die uns nahestehen."[9]

Erwin Schrödinger, dessen berühmtes Katzen-Gedankenexperiment eine der besten Geschichten ist, die man aus der Physik kennt, sagte: „Wenn ich mich für eine Sphäre entscheiden müsste, dann würde es die des Seelischen sein, denn das existiert sowieso."[10] Und er stimmte mit seinem Schüler, Freund und Kollegen, dem Physiker Wolfgang Pauli, überein: „Meine persönliche Ansicht ist die, dass in einer zukünftigen Wissenschaft die Realität weder ‚psychisch' noch ‚physisch' sein wird, sondern irgendwie beides und irgendwie keines von Beiden."[11]

In der Folgegeneration machte der Physiker Olivier Costa de Beauregard die Beobachtung: „Die heutige Physik kalkuliert die Existenz sogenannter ‚paranormaler' Phänomene mit ein. ... Das ganze Konzept von ‚Nonlokalität' in der zeitgenössischen Physik fordert diese Möglichkeit."[12] Doch nicht nur Physiker erkannten, dass das, was bisher dem Ressort der Religion zugeordnet wurde, nun mit den Mitteln der Wissenschaft, also durch objektive Messungen, angegangen werden konnte, kurz dass man Bewusstsein auch erforschen konnte. Im 19. Jahrhundert beschrieb der deutsche Universalgelehrte Adolf Bastian sogenannte Elementargedanken – wortwörtlich „elementare Gedanken der Menschheit". Es war ein früher Versuch, nonlokale Information als Matrix anzuerkennen und zu untersuchen, ein Schritt von ungeheurer Tragweite, denn alle bereits erwähnten deutschen Physiker wurden davon beeinflusst. Auch Carl Gustav Jung und Franz Boas, den Gründer der amerikanischen Anthropologie, beschäftigte die Vorstellung von einer Matrix des Bewusstseins. Jung entwickelte daraus später das Konzept des kollektiven Unbewussten.

William James sagte:

> „Mein gesamter Werdegang drängt mich zu der Überzeugung, dass unsere gegenwärtige Bewusstseinswelt nur eine von vielen verfügbaren Bewusstseinswelten ist, und dass diese anderen Welten Erfahrungen enthalten, die auch für unser Leben von Bedeutung sind; und obwohl deren Erfahrungen und jene dieser Welt im Allgemeinen getrennt bleiben, berühren sie sich an gewissen Punkten doch. ... Wenn ich mich innerhalb meiner bescheidenen Möglichkeiten an diesen übergeordneten Glauben halte, sorgt dieser dafür, so zumindest scheint es mir, dass

ich mich in einer gesünderen und wahrhaftigeren Verfassung befinde."[13]

Mir ist klar, dass das Zitieren berühmter Wissenschaftler noch lange keine Wissenschaft ist. Doch tue ich dies deshalb so ausführlich, weil ich es für bemerkenswert halte, dass, während der Materialismus dominiert und Bewusstsein als Ergebnis physiologischer Prozesse verstanden wird, all diese Persönlichkeiten, die zu den größten Köpfen der Menschheit zählen und die moderne Physik begründet haben, was das Bewusstsein angeht offenbar zu einem anderen Schluss gekommen sind und es als wichtig genug erachteten, sich offiziell dazu zu äußern.

Und ich glaube, dass sie Recht hatten. Meiner Ansicht nach ist die Beweislage stringent genug, um das behaupten zu können. Nach Jahrzehnten, in denen die Erforschung des Wesens des Bewusstseins als „Suche nach dem ‚Geist' in der Maschine" abgelehnt wurde, vollzieht sich nun in der Wissenschaft ein grundlegender Wandel, und der führte zur Entstehung komplett neuer Disziplinen.

Eine davon ist die Quantenbiologie, die postuliert: Leben ist ein molekularer Prozess, molekulare Prozesse folgen Quantenregeln, demnach muss Leben ein Quantenprozess sein. Es häufen sich experimentelle Beweise, die nahelegen, dass diese Quantenperspektive auf Lebensprozesse korrekt ist. Der Chemiker Gregory S. Engel aus Berkeley leitete ein Team, das einen genialen Weg fand, um mit Hilfe eines Hochgeschwindigkeits-Lasers auf Zellbasis Prozesse auf Quantenebene direkt aufspüren und beobachten zu können.[14]

Eine weitere neue Unterdisziplin ist die Neurotheologie. Der Radiologe Andrew Newberg hat an der Universität von Pennsylvania vermittels von Standardbildtechnologien die Gehirnaktivität von Menschen unter die Lupe genommen, während sie, wie gewohnt, bestimmten spirituellen Praktiken nachgingen. Die von ihm erhaltenen Daten brachten ihn zu der Schlussfolgerung:

> „Es ist wichtig, mit Hilfe der Prinzipien, auf welche sich die Neurotheologie gründet, der Vorstellung Raum zu geben, dass Neurotheologie eine Offenheit für zwei unterschiedliche Perspektiven braucht – sowohl die wissenschaftliche wie auch die spirituelle."[15]

Und es gibt Forschungsergebnisse, die auch kollektive Wirkungen geistiger Aktivitäten bezeugen. Johanna Sänger, die ein Forschungsteam am Max-Planck-Institut in Berlin leitet, hat festgestellt, dass

Musiker während eines Duos ihre Gehirne synchronisieren. Ihre Untersuchungsergebnisse sind so fein und detailliert, dass man sogar unterscheiden kann, welcher Musiker gerade den Ton angibt und welcher folgt.

> „Wenn Menschen gemeinsame Aktionen miteinander koordinieren, bilden sich im Gehirn – und bemerkenswerterweise auch zwischen den Gehirnen – kleine Netzwerke, und zwar ganz besonders dann, wenn die betreffenden Aktivitäten zeitlich genau ineinandergreifen müssen, beispielsweise beim gemeinsamen Einsetzen zu Beginn eines Musikstücks."[16]

Alle diese Ansätze und Arbeiten durchzieht ein wachsendes Gewahrsein der neuen bewusstseinsfundierten Realität, wie sie Planck postulierte.

Einer der interessantesten Aspekte dieses Prozesses, der Plancks Behauptung bestätigt, ist, dass dieser Wandel nicht durch eine Disziplin wie die Parapsychologie vorangetrieben wird, welche sich explizit dem nonlokalen Bewusstsein widmet, sondern, wie schon gesagt, von Physikern, Neurowissenschaftlern und Biologen – also Wissenschaftlern, die sich die neue Realität gar nicht als Forschungsgegenstand vorgenommen hatten, sondern erst durch ihre Ergebnisse auf sie stießen.

Und letztere lassen immer deutlicher werden, wie sich nonlokales Bewusstsein durch Quantenprozesse in die Physiologie des Bewusstseins selbst hineinprojiziert. Ein Beispiel dafür findet sich in den Erkenntnisstudien von Mark Jung-Beeman. Gemeinsam mit einem wechselnden Mitarbeiterstab bemüht er sich seit 2003 darum, den neurobiologischen Prozess des Erkennens zu verstehen, genauer gesagt jenen Aspekt des Bewusstseins, der Probleme löst, die nicht mit dem Verstand alleine bearbeitet werden können.[17] Seine Untersuchungen haben ihrerseits viele Erkenntnisse hervorgebracht, von denen die folgende am bemerkenswertesten ist:

> „Wir beobachteten zwei objektive neuronale Erkenntnis-Korrelate. Funktionelle Kernspintomographie verzeichnete bei Gedanken, die sich auf nicht-gedankliche Lösungen bezogen, zunehmende Aktivität im vorderen superioren temporalen Gyrus."[18]

Zeitgleich ergaben Jeanne Achterbergs Studien auf Hawaii Veränderungen im Gehirn von Patienten, denen gegenüber ein Geistheiler eine therapeutische Intention ausgedrückt hatte.

„Jeder Heiler suchte sich eine Person aus, zu der er eine besondere Verbindung verspürte und die ihn damit zum potentiellen Empfänger therapeutischer Intention (TI) machte. Jede Versuchsperson wurde in einen Kernspintomographen gesetzt, und dabei jede sensorische Kontaktmöglichkeit mit dem Heiler ausgeschlossen. Die Heiler sendeten in Zweiminuten-Intervallen Formen von TI aus, die mit ihren spezifischen Heilpraktiken zu tun hatten, aber dem Empfänger nicht bekannt waren. Dabei zeigten sich bedeutsame Unterschiede zwischen den Momenten des Sendens (Versuchsdurchführung) und des Nicht-Sendens (p = 0,000127). Während des Sendens der TI wurden Gehirnregionen aktiviert, zu denen auch das anteriore und mittlere cinguläre Areal, der Precuneus und die frontale Region gehörten. Daraus ließ sich ableiten, dass Anweisungen an einen Heiler, eine intentionale Verbindung zu einer sensorisch isolierten Person herzustellen, mit Veränderungen in der Gehirnfunktion dieses Individuums in Zusammenhang gebracht werden können.“[19]

Ich möchte betonen, dass diese beiden Studien nur zwei Beispiele aus einer großen und stetig anwachsenden Reihe von Forschungen darstellen, die von Fachleuten überprüft worden sind; diese beiden habe ich ausgewählt, weil sie die Dinge klar auf den Punkt bringen.

Was ist der aktuelle Beweisstand?

Heutzutage sind in Laboratorien rund um die Welt acht parapsychologische Protokolle (PSI) im Umlauf. Jedes von ihnen hat – unabhängig von den anderen – Six-Sigma-Ergebnisse hervorgebracht. Six Sigma ist eins von 1.009.976.678 oder 99,9999990699 Prozent.[20,21]

Detailliert analysiert wurden die folgenden:

Nonlokale Wahrnehmung

RV (Remote Viewing): Fernwahrnehmung
Das „Bem Future Feeling“-Protokoll (Hellsehen, wörtlich „Die Zukunft fühlen, Anm. d. Üs.)
Retrokognition/Präkognition

Nonlokale Störung

REG (Random Event Generator): Zufalls(ereignis)generator
GCB (Global Consciousness Project): Globales Bewusstseinsprojekt

Und dann gibt es weitere experimentell untersuchte Phänomene, an denen eine oder beide der folgenden Kategorien beteiligt sind:

- Staring (das Gefühl, von einem Unbekannten bzw. einer unsichtbaren Entität angestarrt zu werden)
- Therapeutische Intention

Zusätzlich zu diesen Laborprotokollen enthüllen jüngst durchgeführte vertrauenswürdige Studien, dass 4,2 Prozent der amerikanischen Öffentlichkeit bezeugt hat, eine Nahtoderfahrung (NTE) gemacht zu haben.[22] Die Bevölkerung in den Vereinigten Staaten umfasst mehr als 321 Millionen Menschen, was heißt, dass 13,5 Millionen – 4,2 Prozent – zu der Bevölkerung mit NTEs gehört. Das entspricht in etwa der jüdischen, mormonischen und muslimischen Bevölkerung – sowie der Mehrheit der Buddhisten.

Der Bevölkerungsanteil mit NTEs ist allerdings mit Sicherheit noch viel größer, da Nachforschungen ergeben haben, dass viele Leute nicht sofort von solchen Erlebnissen berichten. Oftmals sprechen sie erst Jahre später darüber, was die einschlägige Forschung anfangs auch der Kritik auslieferte. Doch die wurde 2001 ausgehebelt, als der holländische Kardiologe Pim van Lommel in *The Lancet* eine groß angelegte, bahnbrechende prospektive Studie an holländischen Patienten veröffentlichte.[23] Doch das Wichtigste an dieser Entwicklung ist vielleicht die Herausbildung einer neuen medizinischen Fachrichtung: der Wiederbelebungsmedizin (Resuscitation Medicine). Was dort versucht wird, bringt die Aufzeichnung der Körperprozesse auf ein noch viel differenzierteres Niveau als bisher und gewährt neue Einblicke in das, was im Moment des Sterbens geschieht; das führt dazu, dass sich bisher halluzinierte Szenarien in Bezug auf das sterbende Gehirn und daraus erwachsene Einwände nicht mehr aufrechterhalten lassen.[24]

Und wie in Kapitel 3 dieses Buches ausführlich dargelegt, gibt es sowohl zu nachtodlicher Kommunikation[25] wie auch Reinkarnation[26]. Studien, die auf ebenso aggressive Kritik stießen. Die Auswirkungen von alldem sind klar: Einige Aspekte des nonlokalen Bewusstseins gibt es bereits vor der körperlichen Geburt, bestehen nach dem physischen Tod fort und manifestieren sich episodisch in einer anderen inkarnierten Persönlichkeit. Das als gegeben zu akzeptieren, so Laszlo, gehört zur neuen Karte der Realität.

Tatsache ist, dass Geschehnisse, die mit nonlokalem Bewusstsein zu tun haben, vielleicht das am weitesten verbreitete Mysterium darstellen, für welches die Kultur schon immer eine Erklärung gesucht hat, denn irgendwann in seinem Leben hat fast jeder Mensch Déjà-vu-Erlebnisse, einen präkognitiven Traum oder eine sich bewahrheitende Vorahnung gehabt. Und man denke nur an die Rolle nonlokalen Gewahrseins im religiösen Kontext.

Führen Sie sich die verschiedenen Gottesdienstformen in der menschlichen Geschichte vor Augen – und Sie werden sehen, dass sie alle gewisse Elemente gemeinsam haben. Es gibt immer einen besonderen Versammlungsort, ein gemeinsames Glaubensbekenntnis, Raum für Musik, Tanz, Gesang bzw. Gemeindelieder, und dann Augenblicke, in denen ein paar wenige Mitglieder der Gruppe eine nonlokale Erfahrung machen, die von den anderen attestiert wird. Ob es die charismatisch-christliche Zungenrede oder das Aussprechen eines Voodoo-Zaubers ist, es geht immer darum, die Gültigkeit des Glaubens zu bestätigen und Zeugnis von der lebendigen Verbindung abzulegen, welche der Glaube zum göttlichen (sprich nonlokalen) Bewusstsein hat.

Obgleich die westliche Gesellschaft selten darüber spricht, zieht sich das Erleben veränderter Bewusstseinszustände quer durch die ganze Kultur, und eben dieser breite kulturelle Unterstrom verleiht den damit verbundenen Themen ihre Bedeutung. Die Mysterien subatomarer Teilchen sind zwar für Wissenschaftler von großem Interesse und enormer Bedeutung, doch die große Mehrheit der Bevölkerung ist für gewöhnlich nicht mit ihnen konfrontiert, jedenfalls nicht so, wie sie es mit veränderten Bewusstseinszuständen und ähnlichen Phänomenen nonlokalen Bewusstseins sind. Deshalb spielen letztere in Mythos und Kunst auch eine solche Rolle.

Neue Paradigmen und die Rolle der Verleugnungskultur

Doch es gibt auch enormen Widerstand gegen diese neue Realität, dieses neue Paradigma, für welche das Bewusstsein grundlegend ist. Und damit meine ich etwas anderes als bloße Skepsis. Denn alle guten Forscher sind Skeptiker, deshalb sind sie ja Forscher. Und wenn Skeptiker Forschungsergebnisse erzielen oder Kenntnis von überzeugenden Forschungsstudien anderer erhalten, die ihr bisheriges Wissen auf den

Kopf stellen, ändern sie ihre Sicht auf die Welt. Denken Sie an Carl Sagan. 1977 schrieb er in seinem Klassiker „Dragons of Eden“: „Die Arbeitsweise (des Gehirns) – das, was wir gemeinhin Geist nennen – ist eine Folge seiner Anatomie und Physiologie, und nicht mehr.“[27] In seinem letzten Buch, „The Demon Haunted World“, bekennt er aber,

> „... auf dem Gebiet der Außersinnlichen Wahrnehmung gibt es drei Behauptungen, die es meines Erachtens verdienen, dass man sich ernsthaft mit ihnen auseinandersetzt: (1) dass Menschen rein gedanklich Zufallszahlengeneratoren in Computern beeinflussen können; (2) dass Menschen unter geringfügigem Reizentzug fähig sind, auf sie projizierte Gedanken oder Bilder zu empfangen; und (3) kleine Kinder zuweilen Einzelheiten aus einem vorherigen Leben erzählen können, welche sich bei einer Überprüfung als richtig erweisen und die sie nicht auf anderem Weg als dem der Reinkarnation haben erfahren können.“[28]

Was hatte sich geändert? Inzwischen war Sagan seinem Fakultätskollegen, dem Psychologen Daryl Bem, begegnet. Als Sagan die üblichen skeptischen Einwände gegen die dürftige Forschungsqualität auf diesem Gebiet vorbrachte, fragte ihn Bem, ob er gerade irgendeine aktuelle Studie dazu gelesen habe. Sagan gestand, das sei nicht der Fall, und bat Bem, ihm eine seiner jüngsten Arbeiten zukommen zu lassen. Nachdem er diese gelesen hatte, beugte sich Sagan – als wahrer Wissenschaftler – der Beweislage.[29]

Notorische Leugner verhalten sich anders. Ob es um die Verleugnung von Bewusstsein, Evolution oder Klimaveränderung geht, ihre Haltung zeichnet sich durch eine Art willentlicher Ignoranz aus, die völlig faktenresistent ist. Ich habe einmal eine Universitätsdebatte zwischen einem Kreationisten und einem Materialisten in Virginia miterlebt, die beide gleichermaßen fanatisch waren. Ich selbst vertrat die Position „nonlokales Bewusstsein, doch nicht religiös“ und fragte den Kreationisten: „Was ist denn falsch an der Lichtgeschwindigkeit?“ „Nichts“, antwortete er. „Wie“, erwiderte ich, „kann ich denn Licht von vor einer halben Million Jahren oder mehr betrachten, wenn die Erde nicht älter als 10.000 Jahre ist?“ Daraufhin sagte er, „das ist eines von Gottes Geheimnissen.“

Den Materialisten (er war ein Vertreter des Physikalismus) in der Runde wiederum, der behauptete, jedwedes Bewusstsein sei physiologisch begründet, fragte ich, was er denn an den Daten aus tausenden streng kontrollierten, doppel- und dreifachblind durchgeführten Fernwahrnehmungssitzungen falsch fände, die eindeutig nonlokales Bewusstsein bewiesen; mit solchen Fakten war ich als einer der Begründer der Fernwahrnehmungsprotokolle nämlich bestens vertraut. Von alldem hatte er nichts gelesen, doch sein Gefühl, dass das unmöglich sei, war unumstößlich.

Es ist wichtig, diese Art von Widerstand zu verstehen, denn die Verleugnungskultur ist eine mächtige Kraft in Wissenschaft und Gesellschaft. Im 21. Jahrhundert ist die Wissenschaft der Schiedsrichter über das, was real ist oder nicht, und der Übergang zur neuen Karte der Realität ist ein Prozess, der in großem Ausmaß von der Akzeptanz der wissenschaftlichen Community abhängt. Doch um zu verstehen, wie die Integration des Bewusstseins in die Wissenschaft vonstattengehen kann und wahrscheinlich wird, müssen wir uns von gewissen Mythen, die sich um die Wissenschaft ranken, verabschieden und herausarbeiten, wie sie wirklich funktioniert.

Thomas Kuhn gilt weithin als der einflussreichste Wissenschaftshistoriker und -philosoph des 20. Jahrhunderts und ist der Vater der Paradigmentheorie. Seiner Erklärung nach sind Wissenschaftler eine selbst gewählte spezifische Gruppe, die sich der Lösung einer Reihe selbst definierter und genau abgegrenzter Probleme widmet, deren Relevanz von einer Weltanschauung bzw. einem Paradigma bestimmt wird. Dieses besteht aus „universell anerkannten wissenschaftlichen Errungenschaften (auf einem vorgegebenen Feld), die einer Forschergemeinschaft *eine gewisse Zeit lang* Muster*probleme* und ihre *Lösungen* liefern …“[30] Das Paradigma, auf welches Wissenschaftler sich eingelassen haben, liefert ihnen zugleich auch ihre Weltanschauung. Seine Grenzen zeigen auf, was das Universum enthält, und, ebenso wichtig, was es nicht enthält; und die innerhalb des Paradigmas entstandenen Theorien erklären, wie das Universum funktioniert.

Paradigmen sind für die Wissenschaft absolut essentiell, obwohl sie ihr letztlich Schranken setzen. Doch ohne die Grenzen, die ein Paradigma zieht, hat eine Beobachtung weder größere Bedeutung noch größeres Gewicht als irgendeine beliebige andere. Denn ohne diese Abgrenzung, anders gesagt Spezialisierung, ist westliche Wissenschaft unmöglich. Der Vorteil der Grenzen liegt darin, dass zwischen ihnen Tiefe entsteht, und mit der Tiefe Ausführlich- und Genauigkeit. Ihre Enge wächst mit dem Fortschritt der Wissenschaft und manifestiert sich in einer zunehmenden Spezialisierung; man ist nicht mehr einfach nur Chemiker, sondern *organischer* Chemiker. Damit sollte klar sein, so Kuhn, dass „einer der Gründe dafür, dass Normalwissenschaft so rasche Fortschritte macht, darin liegt, dass sich ihre Mitstreiter auf Probleme konzentrieren, an deren Lösung sie nur ihr persönlicher Mangel an Erfindungsgabe hindern kann. … Werthaltigkeit an sich ist kein Kriterium für ein Puzzle, die sicher vorgesehene Existenz einer Lösung aber wohl."[31] Dieses effiziente kollektive Lösen von Rätseln bzw. Zusammensetzen von Puzzles ist das, was „Normalwissenschaft" ausmacht. Wie man sehen kann, liefert sie ein Ergebnis nach dem anderen, doch bemüht sie sich auch um kopernikanische Entwicklungssprünge, also Erkenntnisse, die den Lauf der Geschichte verändern können? Nein, genau das tut sie nicht. Denn obwohl ihr regelrechte Besessenheit für ihren Forschungsgegenstand nachgesagt wird, interessiert sie sich ja gerade nicht für ihn selbst. Genau das ist auch die Ursache für die Verleugnungskultur. Und genau das bedroht das Paradigma.

> „Das wissenschaftliche Unternehmen als Ganzes produziert von Zeit zu Zeit Anomalien, die neue Territorien eröffnen und lange gültig gebliebene Glaubenssätze auf die Probe stellen. Doch das einzelne Individuum, welches sich mit einer normalen wissenschaftlichen Untersuchung befasst, tut so etwas fast nie [Hervorhebung von Kuhn]."[32]

Stattdessen folgt es seinem Verlangen zu beweisen, dass es fähig ist, mit Hilfe des Paradigmas ein Problem zu lösen, welches noch nie zuvor jemand gelöst hat oder zumindest nicht genauso elegant. „In den meisten Fällen bietet das begrenzte Feld eines Spezialfaches auch keine Gelegenheit, etwas anderes zu tun – ein Umstand, der die Arbeit dort nicht weniger faszinierend macht, denn zu ihr gehört auch ein gewisses Suchtpotenzial … Normalerweise haben Wissenschaftler nicht vor, neue Theorien zu erfinden, und häufig verhalten sie sich intolerant, Kollegen gegenüber, die welche aufgestellt haben."[33] Fakt ist, dass die meisten Leugner nonlokalen Bewusstseins regelrechte Analphabeten sind, was den aktuellen Forschungsstand betrifft. Was sich außerhalb des Paradigmas befindet, kann nicht gut sein. Quod erat demonstrandum.

Die große Ironie dabei ist: Woher kommt dann ein Einstein, ein Newton, ein Planck, ein Ramanujan, ein Jung oder ein Salk? Die Antwort ist, dass einem jeden dieser Pioniere die revolutionäre Erkenntnis in einem besonderen Bewusstseinszustand kam – einem Zustand, in dem alles miteinander vernetzt und verbunden und sich außerhalb von Zeit und Raum abzuspielen schien. Das haben sie alle klar bekundet.[34,35]

Die Wissenschaft ist von Natur aus eng und streng – und das sollte keineswegs als negative Beschreibung missverstanden werden, denn der absolute Großteil der Forschung könnte gar nicht auf andere Weise betrieben werden. Normalwissenschaft produziert Anomalien ja gerade, *indem* sie ihre Arbeit tut. Je mehr sie sich ihren Grenzen nähert, und das ist unvermeidbar, desto größer ist die Chance, dass sie auf Anomalien trifft. Der Grund dafür liegt in der Natur des Paradigmas: Bevor es nicht gänzlich erfüllt ist, kann eigentlich nichts Anomales vorkommen; doch je mehr die Wissenschaft in Reichweite ihrer Paradigmengrenzen gerät, desto deutlicher wird auch das ansichtig, was jenseits der Grenzen liegt. Und darauf kommt es an.

Die Normalwissenschaft aber hasst Anomalien, denn die passen nicht in das Schema, nach welchem sie das Universum definiert. Deshalb ignoriert sie Anomalien anfänglich lieber und geht davon aus, irgendwann mit ihnen fertigzuwerden – dann, wenn ihre Forschungsinstrumente, die Ausformulierung der Theorie oder beide, verbessert worden sein werden. Passiert das nicht, startet sie einen Versuch, die von der Anomalie gefährdete Theorie selbst zu erweitern – in der Hoffnung, dass eine solche Erweiterung der vom Paradigma vorgegebenen Regeln die Anomalien zur Norm(al)herde zurückbringen wird.

Zu Beginn der Laufzeit eines Paradigmas schafft es ein verbessertes Instrumentarium oder eine Theorieerweiterung meistens noch, Anomalien durch Anpassung auszuschalten; bei einigen aber gelingt das nicht, egal, wie kunstvoll das Experiment oder wie einfallsreich die Weiterentwicklung der entsprechenden Prämissen ist. Die meisten Wissenschaftler begnügen sich dann damit, diese Anomalien in der Schwebe zu lassen, was dazu führt, dass beispielsweise Parapsychologie zu ein und derselben Zeit Wissenschaft und Nichtwissenschaft ist. Jeder weiß, dass es da draußen Anomalien gibt, die an den Ecken und Kanten des Paradigmas wie hungrige wilde Tiere um ein Lagerfeuer lauern. Doch bestehen Wissenschaftler in der Regel darauf, und zwar völlig zurecht, dass die meisten Probleme ihre Lösung immer noch innerhalb des gültigen Paradigmas finden können. Und so setzt die Normalwissenschaft ihren Weg auf dem gewohnten Pfad fort, und das Paradigma sorgt weiterhin für einen halbwegs sicheren Rahmen.

Wenn normalwissenschaftliche Forschungen dann aber an die Grenzen des „Bekannten“ stoßen, und das tun sie irgendwann immer, rütteln sie mit solcher Intensität und Konzentration an ihnen, dass ihre Anstrengungen genau die entgegengesetzte Wirkung hervorbringen. Nicht nur, dass solcherart Forschung nun daran scheitert, das Paradigma zu konsolidieren, was ja ihr ursprüngliches Ziel war, nein, sie bringt sogar noch mehr Anomalien zum Vorschein. Ironischerweise wird ein Paradigma gegen sein Ende hin immer hartnäckiger von Anomalien herausgefordert, denn die „Klingen" sind immer schärfer geworden. Die Anomalien häufen sich, bis es schließlich so viele geworden sind, dass nicht nur die jeweils angepeilte Theorie, sondern das dahinterstehende Paradigma selbst in Frage steht. Wenn das geschieht, gerät die Wissenschaft in eine Krise, aus der es kein Zurück mehr gibt. Und in eine solche Phase kommen wir gerade.

Gegen Ende der Haltbarkeitsdauer eines Paradigmas wird aus den Schützengräben der Wissenschaft ungeheuer großer Widerstand geleistet; ginge es hierbei um den Widerstand eines Individuums, könnte man es Verleugnung nennen. So lange nur irgend möglich, zögern die betroffenen Forscher die Erneuerung ihres Instrumentariums heraus, denn das kommt sie teuer zu stehen, führt erst einmal zu einer Verschlimmerung der ganzen Situation und bedroht ihre Karriere und ihren mühevoll erworbenen Status. Die Krise eines Paradigmas ist die letzte Phase im Sterbeprozess einer wissenschaftlichen Epoche.

Wenn Widerstand sinnlos geworden, und das Ende eines Paradigmas von einer kritischen Menge seiner Anwender anerkannt worden ist, finden ein paar charakteristische Ereignisse statt. Und genau das erleben wir in diesem Moment.

Zu den Grundannahmen der Normalwissenschaft gehören folgende Punkte: (1) Forscher und Experiment sind voneinander getrennt; Berührung zwischen ihnen gibt es ausschließlich über den Weg der Kontrolle und des Verstehens; und (2), da das Experiment in einem Raumzeit-Kontinuum stattfindet, können die Bedingungen, unter denen es stattfindet, reproduziert und das Experiment, wenn es gültig ist, von jedem anderen Forscher beliebig oft wiederholt werden.

All dieses, die althergebrachten Techniken und die zumeist unausgesprochenen kollektiven Grundannahmen, die auf verschiedenen Ebenen herrschen, scheinen unwiderstehlich für ein Konzept zu sprechen, das ich als Märchen des Gradualismus bezeichnen würde. Doch beides, sowohl dieses Märchen wie auch der Materialismus, den es unterstützt, werden durch die unleugbare Realität des wissenschaftlichen Paradigmenwechsels und die Art und Weise, in der er sich zurzeit vollzieht, widerlegt. Jene Persönlichkeiten, die außerordentliche Forschung betreiben, tun dies nicht allein kraft ihres Verstandes oder Willens, auch wenn diese natürlich von Bedeutung sind, sondern weil sie *genau im Augenblick einer Krise* nonlokale intuitive Einsichten hatten.

Genau an diesem Punkt aber werden die meisten Kommentatoren wissenschaftlicher Durchbrüche ungemütlich schweigsam. Einer, der dies Schweigen zu brechen versucht hat, war John Mihalasky, der unverhohlen, wenn auch zaghaft, Intuition als offenkundige Erklärung für wissenschaftliche Durchbrüche anführte.[36] Er knüpft an Kuhn an, für den ein solcher Durchbruch ein „Gestalt"-Wechsel darstellt, ein Wechsel in der „Seiendheit". „Normalwissenschaft", so sagt er, „kann letztlich nur zur Anerkennung von Anomalien und demzufolge Krisen führen. Und diese werden nicht durch Überlegungen und Neudeutungen beendet, sondern ein relativ plötzliches und unstrukturiertes Ereignis wie das Umschalten von einer Gestalt zur anderen." Wissenschaftler sprächen dann oft von einem „Schuppen von den Augen fallen" oder einem „Blitz", der ein zuvor im Dunkel liegendes Puzzle ans Licht bringe und seine Einzelteile in einer Weise beleuchte, die zum ersten Mal eine Lösung erkennbar werden lasse. Wer sich für das Gebiet nonlokaler Information und ihrer Vermittlung interessiert, wird entdecken, dass die Wortwahl, die man hier antrifft, im Prinzip mit der identisch ist, die von Heilern, Menschen, die Zugang zu Fernwahrnehmung haben oder auf spiritueller Pilgerschaft sind, und herausragenden Künstlern benutzt wird.

Da der Zusammenhang so offensichtlich ist, dass er nicht übergangen werden kann, zieht Kuhn sogar die Inspiration durch Träume mit hinzu, ohne es allerdings zu wagen, das genauer auszuführen. Doch stellt er eine Überlegung zum nichtintellektuellen Aspekt des Lösens von Puzzles an:

> „Der Begriff ‚Interpretation' passt in keiner seiner üblichen Bedeutungen zu den intuitiven Lichtblitzen, durch die ein neues Paradigma in die Welt kommt. *Auch wenn solche Intuitionen auf Erfahrung beruhen, und zwar anomaler ebenso wie kongruenter, und diese Erfahrung innerhalb des alten Paradigmas gemacht worden ist, stehen sie dennoch nicht in einer logischen oder fragmentarischen Verbindung zu einzelnen Punkten dieser Erfahrung, wie es eine Interpretation tun würde* [Hervorhebung vom Autor hinzugefügt]."[37]

Was Schlüsselfiguren der Wissenschaft so revolutionär macht, ist also nicht nur die Qualität ihrer Arbeit, sondern auch ihre Quelle – dieser unbekannte Mechanismus, aus der ihre Information stammt. Letztlich ist der Prozess, durch den die Information erlangt wird, ebenso revolutionär wie die Information selbst.

Doch sind intellektuelle Exzellenz und intuitive Einsicht nicht die einzigen Kriterien für einen „Paradigmenverschieber". Die sorgsame Analyse eines solchen Prozesses macht deutlich, dass auch eine gewisse Vernetzung zwischen diesen Pionieren und ihren Fachkollegen dazugehört. Eine Art interaktives kollektives Gewahrsein muss sich bilden, bis es zu einem kritischen Konsens kommt. Wie viele Menschen sind dafür nötig? Eine Studie, die vom Social Cognitive Networks Academic Research Center am Rensselaer Polytechnic Institute in New York durchgeführt wurde, liefert dazu folgende Daten:

> „Um die Denkmuster einer Gruppe zu verändern, müssen nur zehn Prozent von ihr zu einer anderen Meinung gekommen sein. Denn dann kippt das Ganze, und eine neue Idee kann sich vermittels sozialer Netzwerke sowie anderer Interaktionen verbreiten."[38]

Tritt – laut Gunther Stent – ein intuitiver Forscher auf den Plan bevor die Zeit reif ist, wie großartig auch immer seine Erkenntnis sein mag, die Reaktion seiner Kollegen ist bestenfalls Gleichgültigkeit, im schlimmsten Fall machen sie ihn sogar zum Märtyrer.[39] Wir alle kennen die Geschichte von Galilei. Weniger bekannt ist die Geschichte von Leonardo da Vinci und den Fossilien: Als Leonardo 1499 die Trockenlegungs- und Renovierungsarbeiten der Navigli in Mailand beaufsichtigte, die für Handel und Verteidigung von entscheidender Bedeutung waren, kamen Fossilien zum Vorschein. Nach dem damals herrschenden Paradigma waren sie alles Mögliche, nur keine mineralisierten Überreste einstiger Pflanzen und Tiere von Land oder Meer. Einige Leute hielten Fossilien für die Erzeugnisse „einer kosmischen Macht – ‚vis plastica'. Andere vermuteten, sie seien das Ergebnis mysteriöser Emanationen der Sonne, des Mondes oder die Erzeugnisse von Feen."[40] Ein Leonardo, der sein Leben lang die Welt um ihn herum genau beobachtet hatte, erkannte, dass die ausgegrabenen Objekte fossilisierte Lebensformen waren, und konnte einige von ihnen sogar identifizieren. Doch das lag außerhalb des Paradigmas, und niemand vermochte das, was er sagte, zu erfassen.[41] Erst dann, wenn Intuition und Krise auf stimmige Weise zusammenkommen, kann der nötige Paradigmengestaltwechsel geschehen. Genie ist eine individuelle Erfahrung, doch seine Akzeptanz ein soziales Phänomen. Und da kommen wir jetzt hin.

Larry Dossey hat das treffend formuliert:

> „Wenn nonlokaler Geist eine Realität ist, wird die Welt zu einem Ort von Verbundenheit und Interaktion und hört auf einer der Einsamkeit und Isolation zu sein.“[42]

Rumi, ein persischer Dichter aus dem 13. Jahrhundert, Jurist, Islamgelehrter, Theologe und Mystiker sufistischer Provenienz, sagte in etwa das Gleiche:

> „Außerhalb der Ideen von Fehlverhalten und Richtighandeln
> gibt es ein Feld. Ich werde dich dort treffen.
> Wenn die Seele sich ins Gras niederlegt,
> ist die Welt zu voll, um darüber zu sprechen.“[43]

Nun möchte ich vorsichtig fragen: Was geschieht, wenn sich ein kultureller Gestaltwechsel solchen Ausmaßes ereignet? Selbst die oberflächlichste Einschätzung wird zeigen, dass diese neue Realität eine weitaus größere Transformation sein wird, als sie je durch rein technische Entwicklungen erreicht worden ist. Welch tiefgreifenden Einschnitt das Internet oder iPhone auch immer dargestellt haben mögen, ein Paradigmenwechsel dieser existenziellen Größenordnung geht weit darüber hinaus. Woher wissen wir das? Daher, dass diese Art von Transformation bereits zuvor einmal geschehen ist.

Dazu habe ich in einer früheren Veröffentlichung folgende Ausführungen gemacht:

> „Man bedenke, was der deutsche Psychiater und Philosoph Karl Jaspers (1883 – 1969) als Achsenzeit bezeichnet hat, grob gefasst das achte bis zweite Jahrhundert v. Chr., und innerhalb dessen vor allem die zwei Jahrhunderte von 800 bis 600 v. Chr. In dieser, historisch gesehen, relativ kurzen Zeitspanne wurden die großen religiösen und philosophischen Linien der vorchristlichen Epoche entwickelt. Konfuzius (555 – 478 v. Chr.) und Buddha (567 – 487 v. Chr.) waren ziemlich genau Zeitgenossen, ebenso aller Wahrscheinlichkeit nach Zoroaster, Lao-Tse, der Vater des Taoismus, und Mahavira, der vermutliche Begründer des Jainismus.

> Im mittleren Osten erreichte der Reigen monotheistischer Propheten, welchen Amos von Tekoa um die Mitte des achten Jahrhunderts eröffnet hatte, gegen Ende des sechsten Jahrhunderts im Judentum des Deuterojesaja seinen Höhepunkt. Zur gleichen Zeit erlebten die Griechen mit dem Werk von Thales und seinen Nachfolgern die Geburt philosophischer Spekulation. Und in Athen gründete man die Demokratie."[44]

Aus meiner Sicht stehen wir gerade am Beginn des dritten Jahrhunderts (ich datiere das von der Gründung der Society for Psychical Research 1882 her) – an der Stelle, wo eine wissenschaftlich fundierte bewusstseinsbasierte Realität sich Bahn bricht. Und ich glaube, dieser Wechsel wird später als ein ähnlich tiefgreifender betrachtet werden wie jener, der von unseren Vorgängern in der vorchristlichen Zeit vollzogen wurde. Wie Laszlo es in diesem Buch vorexerziert, sollten wir damit anfangen, darüber nachzudenken, was diese neue Realität mit sich bringt.

Doch selbst dann, wenn wir Einheit und Individualität nonlokalen Bewusstseins sowie die Lebens- und Bewusstseinsmatrix der Erde akzeptieren, wie kann man dieses Bewusstsein mit dem in Einklang bringen, was man auf einem Tiefenfeldbild des Hubble-Weltraumteleskops erblickt? Denn wenn Bewusstsein kausal ist, sind die unzähligen Galaxien, Sterne, Sonnensysteme und Planeten, die im unendlichen Weltraum in einer Entfernung von Millionen Lichtjahren verteilt sind, *seine* Schöpfung – also Bewusstsein in einem undenkbaren Maßstab, und dabei behauptet die Wissenschaft ja sogar, es habe gar keinen Maßstab. Sind wir bereit, das hinzunehmen? Noch nicht. Aber das wird kommen.

Wenn ich die Millionen Lichtjahre entfernten Hubble-Galaxienbilder auf meinem Bildschirm betrachte, versuche ich mir in dem, was ich sehe, das Eine Bewusstsein vorzustellen. Und das macht mich demütig.

Die Wurzeln des Bewusstseins

Ede Frecska

Eine Menge wissenschaftlicher Essays und ganze Bände voll wurden geschrieben, um den Quantenaspekten des Bewusstseins beizukommen. Einige von ihnen befassen sich mit dem Problem der biologischen Schnittstelle, genauer gesagt der Frage, wie die quantisierte Raumzeit-Welt mit dem Nervensystem verknüpft ist. Meine Kompetenz liegt auf dem Gebiet der Biophysik und Neurobiologie, und – genauso wie Ervin Laszlo – halte auch ich es für unmöglich, dass das neuroaxonale Netzwerk des Gehirns diese Interface-Funktion allein ausfüllen könnte. Der Hauptirrtum der Neurobiologie besteht in der Annahme, dass jede menschliche Erfahrung – und damit ja der größte Teil des Bewusstseins – auf die Funktion eines einzigen Systems zurückgeführt werden kann: das neuroaxonale Netzwerk. Solch eine reduktive Erklärung kann einfach nicht eines der verwirrendsten Rätsel der modernen Physik lösen – das Quanten-Messproblem; denn sie liefert keine Antwort auf die Grundfrage: Wie vermag ein elektrochemisches System Quantenphänomene hervorzubringen? Die Funktion des neuroaxonalen Gehirn-Netzwerks als Interface könnte weder für die sorgfältig erforschten Einsichten der Parapsychologie herhalten, noch die dokumentierten Erfolge alternativer Heilmethoden erklären, und schon gar nicht Erkenntnissen aus Nahtoderfahrungen (NTEs) und ungewöhnlichen Bewusstseinszuständen sowie anderen Phänomenen beikommen, die Stan Grof insgesamt als „Anomalien" bezeichnet. Doch um das herrschende Paradigma zu verteidigen, weigert sich die neurowissenschaftliche Theorie mit ihrem Beharren auf einem einzigen Netzwerk glattweg, sich mit diesen Anomalien auseinanderzusetzen.

Um aus dem obsoleten Rahmen des Mainstreams kraftvoll auszubrechen, schlussfolgerte ich, dass auch andere Netzwerke als nur das neuroaxonale bei den Wahrnehmungs- und Bewusstseinsprozessen beteiligt sein mussten. In Übereinstimmung mit Ervin Laszlos Theorien schlug ich für das menschliche Erleben ein dreistufiges Modell mit dem Akasha-Holofeld an der Basis vor.[45] Später war ich überrascht zu entdecken, dass dies Modell das Konzept der dreiteiligen Seele nach der schamanistischen Weltsicht[46] widerspiegelt, und damit zum Embodiment-Konzept passt, das in Theorien über künstliche Intelligenz und anderen kognitiven Wissenschaften auftaucht.

Diese Darstellung zeigt zwei Eingabemöglichkeiten bzw. Quellen für menschliches Wissen und Wahrnehmen: 1. Den sensorischen Input, der mit dem Raumzeit-Bereich verlinkt ist, und 2. Quantenkorrelationen, die mit dem Bereich jenseits der Raumzeit verlinkt sind. Die beiden Inputs sorgen für eine innere Abbildung der Umwelt oder einen unmittelbaren Zugang zu der Umwelt: der eine durch das Gehirn, der andere durch den Körper. Zwei Netzwerke, das neuroaxonale und das subzelluläre, erzeugen diese Abbildungen: das eine in einer symbolischen und das andere in einer holographischen Form. Sensorische Signale stellen den Input für die normalen Bewusstseinszustände her.

Bei weitem die meisten Zellverbindungen und sogar 20 Prozent der neuroaxonalen Kommunikation vollziehen sich über enge Verbindungen, sogenannte Gap Junctions (elektrische Synapsen zwischen Neuronen). Das Zytoplasma benachbarter Zellen wird direkt über Mikrokanäle angeschlossen und ein subzelluläres Netzwerk mikrotubulär-mikrofilamentaler Struktur geht durch die Gap Junctions hindurch

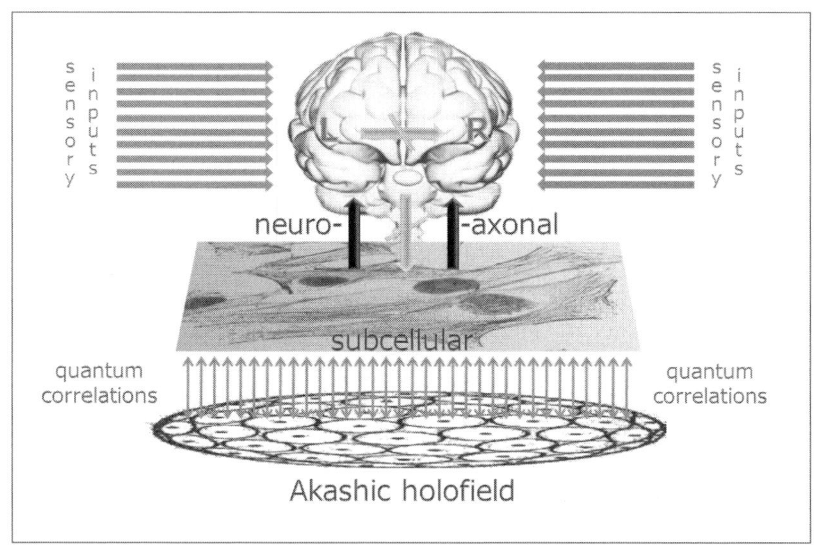

Abb. 1: Das dreistufige Netzwerk von Wahrnehmung und Bewusstsein des Menschen. © Ede Frecska

und verlinkt so jede Zelle des Körpers.* Das neuroaxonale System des Gehirns wird durchdrungen und informiert von dieser immensen mikrotubulär-mikrofilamentalen Matrix.

In Abbildung (1) markieren die sich kreuzenden grauen Pfeile zwischen der linken und rechten Hemisphäre wie auch zwischen den neuroaxonalen und subzellulären Netzwerken Hemmwirkungen im normalen Bewusstseinszustand (Links-Rechts-Dominanz bei den Hemisphären und Oben-Unten-Dominanz beim Netzwerk). Quantenkorrelationen (ungekreuzte graue Doppelpfeile) sind persistent und unabhängig vom Bewusstseinszustand. Ihre Funktion manifestiert sich vornehmlich während anomaler Zustände (z.B. während einer schamanischen Ekstase und dem Trancezustand eines Mediums), wenn Information aus der subzellulären Matrix ins neuroaxonale System eintritt (schwarze Pfeile). Wie dieser Transfer – ein wichtiger Kupplungsmechanismus – genau vor sich geht, ist unklar; womöglich setzt er bereits bei den synaptischen Membranen ein. Die oben dargestellte Dualität in der menschlichen Informationsverarbeitung sollte nicht mit Julian Jaynes' „bicameral mind" verwechselt werden. Hier beziehen wir uns nicht auf die hemisphärische Links-Rechts-Verteilung der Signalerzeugung, sondern auf die Up-Down-Differenzierung neuraler und subneuraler Funktionen.

Der wichtigste Punkt bei diesen Interaktionen ist, dass *der Körper die Schnittstelle zwischen dem Gehirn und dem jenseits der Raumzeit befindlichen Holofeld* ist. Das bestätigt das tradierte Wissen des Kopfjäger-Stammes der Shuar und der Hawaiianischen Huna: Die Komponente der dreiteiligen Seele, die sie „Körperseele" nennen, leitet an die „mentale Seele" Visionen weiter. Erstere stellt unsere Körperfunktionen dar, wie sie von der subzellulären Matrix vermittelt werden, während letztere sich auf das Gehirn bezieht. Das Akasha-Holofeld ist die Bewusstseins-Quelle, und das Gehirn der Empfänger dieser Information. Der Körper reicht die Staffel zwischen diesem Feld und dem Gehirn weiter.

Eine streitbare Frage ist, wie die Körperfunktionen als Schnittstelle fungieren können, wenn eine außerkörperliche Erfahrung gleichzeitig

---

* Die Feinstruktur des subzellulären Netzwerks könnte für die Meridiane verantwortlich sein, jene Kanäle der Chi-Energie, und für die Akupunkturpunkte. Die holographische Eigenschaft dieses subzellulären Netzwerks wird deutlich in der Erkenntnis, dass die Ohrläppchen, die Füße und die Handflächen die Energiestruktur des gesamten Körpers widerspiegeln.

mit einer Nahtoderfahrung auftritt. Vielleicht behält der Körper nach dem Tod seine Wahrnehmungsprozesse bei und das Subjekt erinnert sich, wenn es wieder im Körper zurück ist, an seine bzw. ihre anomalen Erfahrungen – eben solche, die ihren Ursprung im Akasha-Holofeld haben. Vorausgesetzt wir haben es mit nonlokalen Prozessen zu tun, sind solche Informationsflüsse möglich. Körperliche Existenz und Bewusstsein sind miteinander verwoben – ein wichtiger Punkt in diesem Buch. Das subjektive „Ich *bin*"-Gefühl (das *„sum"* im berühmten *„Cogito, ergo sum"* von Descartes) ist nicht Teil der Schnittstellenfunktion des Körpers: Es ist ein nonlokales Charakteristikum, denn es ist zugleich „da draußen" und „hier drinnen".

Die „freie Seele" („free soul" – bei Ralph Emerson „Oversoul") ist die unsterbliche Komponente des dreiteiligen Seelenclusters, unser Abdruck, unsere Spur im Holofeld jenseits der Raumzeit. Nach der Hawaiianischen Überlieferung der Kahuna ist *'Aumakua*, die Oberseele, unser persönlicher Schöpfer: Die Urquelle unseres Selbst. Sie teilt sich bei der Geburt und erzeugt einen Samen, der in einen neuen Körper eingeht, ihn sozusagen als Wohnstätte bezieht. Als „göttliche Quelle" projiziert sie unsere unsterbliche Seele in das Neugeborene hinein. Ähnlich wie in anderen kosmogonischen Mythen betont die Kahuna-Überlieferung, dass unser persönlicher Schöpfer der unsterbliche Teil unseres Selbst ist. Die persönlichen Oberseelen erschaffen gemeinsam den Geist der Menschheit – *ka po'e 'Aumakua*.[47]

Diese Art von überlieferter Weisheit stimmt mit der Theorie des Akasha-Holofelds überein. Oder, um genau zu sein: Das Holofeld verleiht vielen traditionellen Weisheitslehren Substanz und schafft Klärung.

Die neue Karte des Bewusstseins und die Neurowissenschaften

Nitamo Federico Montecucco

Überall auf der Welt beobachten wir heute die Entstehung einer globalen Zivilisation mit einem globalen Bewusstsein. Bewusstsein war schon immer das Herz jedes Lebewesens und der Schlüssel zur menschlichen Evolution. Jetzt findet es sich im Zentrum jenes Paradigmas, welches auf einem wissenschaftlichen, kulturellen und spirituellen Feld nach dem anderen zum Vorschein kommt. In diesen Kontext bringt Ervin Laszlos jüngste Kartographie ein wichtiges Element ein, indem er uralte spirituelle Weisheit und aktuelle wissenschaftliche Kenntnisse in einem neuen Paradigma zusammenführt, dessen Fundament das Bewusstsein ist.

Zwei Paradigmen

Jahrhundertelang trennte das alte Paradigma Bewusstsein von Materie, die Seele vom Körper, eine Nation von der anderen und die Wissenschaft von der Religion – und schuf so eine Welt der Spaltungen und Kriege ohne jeden Respekt für das Bewusstsein menschlicher Wesen. Die Verantwortung für das Aufkommen ökologischer, ökonomischer und gesellschaftlicher Krisen lässt sich durchaus der Dominanz dieses bisher gültigen dichotomischen Paradigmas zuschreiben. Doch das ist nicht länger mehr haltbar.

Denn wir sind Zeuge, wie sich mit zunehmender Geschwindigkeit ein auf Einheit ausgerichtetes Paradigma und – mit ihm – eine neue Denk- und Lebensweise entwickeln. Dieses Paradigma ermöglicht es uns, das menschliche Wesen und das Leben insgesamt in einer ganzheitlichen Weise zu erfassen, in der Bewusstsein mit dem, was wir „Materie" nennen, nicht nur koexistiert, sondern sogar ein kohärentes Ganzes bildet. Von wissenschaftlicher Seite her wirkt sich das in einem ökologischeren, humaneren und nachhaltigeren Trend in der Welt aus.

In der Übergangszeit, in der wir uns gerade befinden, können wir auf den wichtigsten wissenschaftlichen Gebieten – der Physik, Genetik,

Neurowissenschaft und Psychoneuroendokrinologie – eine exponentielle Entwicklung von Forschung und Erkenntnis beobachten. Sie unterstützt das neue Paradigma und fördert ein einheitliches Verständnis des Bewusstseins und seiner Entwicklung von der Quantenebene über Formen des Protobewusstseins bis hin zum Selbst-Gewahrsein des Menschen.

Das alte Paradigma und das fragmentierte neurophysiologische Modell

Das dichotomisch-fragmentierte Modell, das die Grundlage der Mainstreamkultur bildet, ist der philosophische und wissenschaftliche Ausdruck eines Menschen ohne Integrität – eines Individuums, das eine tiefinnerliche Trennung zwischen Körper und Seele, Herz und Kopf, seinen männlich-rationalen Eigenschaften und weiblich-affektiven Fähigkeiten gleichermaßen wie Instinkt und Bewusstsein erlebt. Das dichotomische Modell resultiert aus einer getrennten neurokognitiven Kommunikation zwischen Bereichen des Gehirns, einer fragmentierten und dysfunktionalen Interaktion zwischen dem instinktiven Reptilienhirn, dem emotionalen Säugetiergehirn und dem verstandesbegabten menschlichen Gehirn, sowie aus einer Trennung zwischen den rationalen und intuitiven Gehirnhälften. Der Neurowissenschaftler Paul MacLean nannte diesen Trennungszustand des Bewusstseins „Schizophysiologie“. Wie wir sehen werden, wird diese neurophysiologisch fragmentierte Kommunikation von elektroenzephalographischen Wellen (EEG-Wellen), die das Gehirn aussendet, als niederfrequente Kohärenz erkannt, aufgezeichnet und gemessen.

Das neue Paradigma: die DNS einer globalen Zivilisation

Das neue Paradigma der Wissenschaft bietet eine einheitsorientierte Sicht auf den Menschen und seine Existenz. Diese kommt in einer Person zum Ausdruck, die ihrer psychosomatischen Ganzheit gewahr ist und ein bewussteres und naturgemäßeres Leben führt.

Aus der Hirnforschung, die ich in den vergangenen zwei Jahrzehnten in Italien sowie Klöstern des Himalaya durchgeführt habe, ergab sich, dass EEG-Wellen im Fall von Depression, Krankheit oder existenziellen Krisensituationen ein niedriges Kohärenzniveau aufweisen, wohingegen das Gehirn in Phasen der Kreativität, Integrität sowie geistiger bzw. physischer Meditation eine hohe EEG-Kohärenz hervorbringt: harmonische Wellen mit einem hohen Grad an Synchronizität. Die beiden folgenden Abbildungen zeigen das Ansteigen der EEG-Kohärenz vom Normalzustand (links) zu einem hohen Synchronizitätsniveau (rechts). Während die beiden Abbildungen oben die ansteigende EEG-Kohärenz beider Gehirnhälften *einer* Person illustrieren, machen die Abbildungen darunter die ansteigende EEG-Kohärenz der Gehirne einer Gruppe von *zwölf* Personen von vor einer Meditation (links) zu nach dieser Meditation (rechts) deutlich.

Personen, die in Harmonie mit den naturgegebenen physikalischen Dimensionen leben und sich dessen bewusst sind, dass sie Teil eines

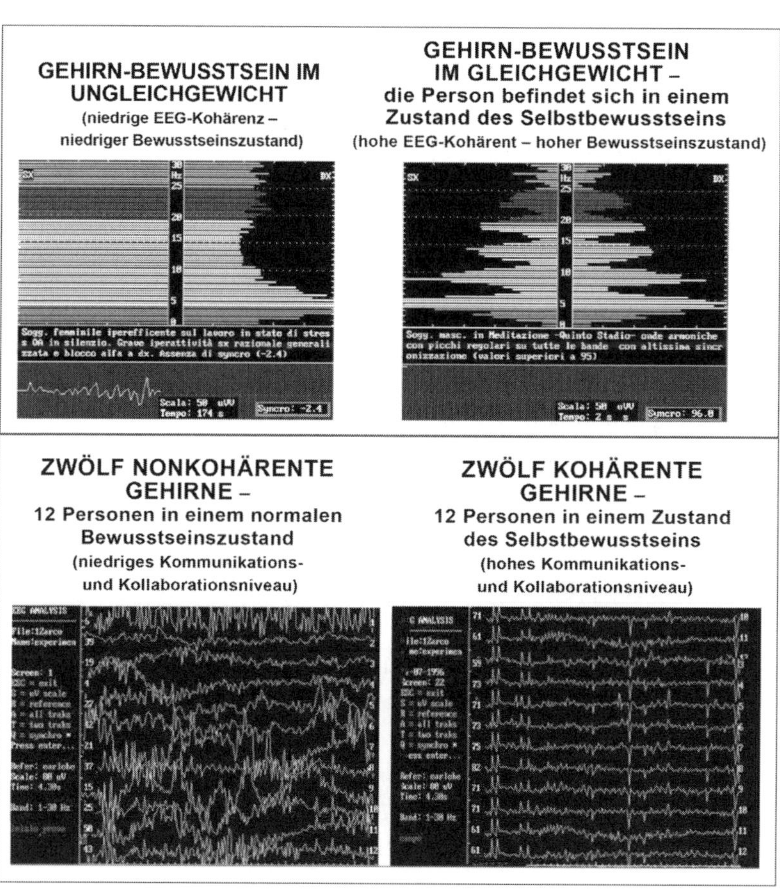

Abb. 2: © Nitamo Federico Montecucco

fragilen sozialen und ökologischen Gleichgewichts sind, richten sich von selbst nach dem Realitätskonzept aus, welches das neue Paradigma vorschlägt. Lebt ein Mensch im Bewusstsein, dass er eine psychosomatische Einheit ist, führt ihn das zu einem anderen Verhalten und Gesundheitszustand und darüber hinaus einer ganzheitlichen Wahrnehmung seiner selbst und der Welt um ihn herum. Geeintes, harmonisches, ausgeglichenes und gewaltfreies Denken und Handeln bildet die Wurzel des Holo-Paradigmas und damit einer ganzheitlichen Vision von Mensch und Erde. Und das stellt die bedeutsamste kulturelle Revolution unserer Zeit dar. Nur von diesem Holo-Paradigma können wir eine radikale Transformation unserer Lebensweise und unseres Weltverständnisses erwarten.

Dichotomisches Paradigma – zufallsgesteuerte Evolution

Wie es Ervin Laszlo in diesem Buch deutlich macht, manifestiert sich die materialistische Seite des alten dichotomischen Paradigmas in der mechanistischen und reduktionistischen neo-darwinistischen Deutung der Evolution als reines Zufallsprodukt, seine religiöse Seite in ihrer ideologischen und metaphysischen Deutung als „Kreationismus" und „Intelligent Design". Für diese ist eine transzendentale Entität der alleinige Schöpfer jeder „höheren" Form biologischen Lebens, und Zeugnissen aus Paläontologie oder anderen Wissenschaftsbereichen, die das in Frage stellen könnten, wird jede Anerkennung verweigert. Doch sowohl die materialistische wie auch die metaphysische Seite des alten Paradigmas negieren die fundamentale Rolle des Bewusstseins für die Evolution.

Die Neuro-Evolution des Bewusstseins

Grundlegend für das Verständnis aller alten und neuen holistischen Paradigmen ist, dass das Bewusstsein alles, was existiert, durchdringt, informiert und regelt – es treibt den gesamten evolutionären Prozess voran.

Die erste Aufgabe des neuen Paradigmas liegt darin, für ein einheitliches Verständnis der Evolution des Bewusstseins zu sorgen, und zwar von der Quantenphysik bis hin zum menschlichen Selbst-Gewahrsein. Die Evolution ist das bedeutsamste Lebensphänomen überhaupt, da sie nicht nur mit den ohnehin schon beeindruckenden Prozessen von Lebewesen zu tun hat, sondern auch mit ihrem erstaunlichen Voranschreiten zu höheren Ebenen von Komplexität, Organisation, Wahrnehmung und Verständnis. Die allgemeinen Regeln des Evolutionsprozesses helfen uns dabei zu begreifen, wie sich Intelligenz, Mitgefühl und Bewusstsein in lebenden Organismen heranbildet, und damit die Richtung, die wir einschlagen können, um individuell und kollektiv zu einem planetarischen Bewusstsein zu gelangen: Wie wir uns von der fragmentierten nicht-nachhaltigen ökosozialen Situation der Menschheit auf eine menschlichere nachhaltige planetarische Zivilisation zubewegen können.

Das exponentielle Voranschreiten der Forschung in Neurowissenschaft und Psychoneuroendokrinologie (PNE) wirft ein völlig neues Licht auf die Einheit von Gehirn, Psyche und Bewusstsein. Meine eigene Forschung befasst sich mit der „Neuro-Evolution des Bewusstseins“, dem psychosomatischen Entwicklungszusammenhang von Gehirn und Psyche. Die allgemeinen Evolutionsgesetze sind hilfreich, wenn es darum geht, die Entwicklung vom individuellen und kollektiven Selbst-Gewahrsein zu einem planetarischen Bewusstsein und einer nachhaltigen Zivilisation zu verstehen.

Insofern sind sie für die Forschung und für die Ausarbeitung eines einheits- und bewusstseinsorientierten Paradigmas unerlässlich.

Bewusstsein jenseits der Raumzeit

Laszlo zeigt im ersten Teil dieses Buches, dass es eine wichtige und faszinierende Aufgabe ist, sowohl das Wesen des Bewusstseins als auch eine Dimension jenseits der physikalischen Raumzeit begreifen bzw. akzeptieren zu lernen. Die moderne Wissenschaft liefert eine Basis für Hypothesen, die spirituelle Erfahrungen erklären und einen logischen Hintergrund für die Erfassung des komplexen Mechanismus schaffen können, der das schwer fassbare Phänomen des Bewusstseins reguliert.

Wenn wir „sterben“, zerfällt die psychosomatische Einheit unseres Körpers: Die Atome des biochemischen Körpers werden zu separaten Elementen, während das Bewusstsein (die „Seele“) sich aus den Grenzen der Raumzeit löst und in einer Dimension nonlokaler Information selbst erfährt. Genauso wie es den thermodynamischen Gesetzen zufolge in der Natur ein Masse- und Energieerhaltungsprinzip gibt, gibt es auch ein Bewusstseins- und Informationserhaltungsprinzip, das allerdings keinen physikalischen Raumzeitbeschränkungen unterworfen ist. In einem „Tao-tischen“ Universum sind das raumzeitliche Yang der physikalischen Energiedimension und das nonlokale Yin der

Bewusstseins- und Informationsdimension untrennbar miteinander verbunden. Quantenteilchen erscheinen und verschwinden und wechseln die Dimensionen, ähnlich wie wir es tun, wenn wir auf die Welt kommen und dann wieder sterben. Die physikalische Dimension braucht Bewusstsein und Information, um sich organisieren und entwickeln zu können, und die Bewusstseinsdimension braucht die Herausforderung und das Chaos (Entropie) der physikalischen Realität, um sich manifestieren und wachsen zu können.

Selbst-Bewusstsein und nonlokale Interaktion im Laboratorium neurowissenschaftlicher Forschung

Seit 1991 habe ich elektroenzephalographische Versuchsreihen (EEG) durchgeführt, um über das Verfahren der Fouriertransformation das Gehirnfrequenzspektrum zu analysieren; dabei konnte ich auch die Kohärenz der EEG-Wellen zwischen den verschiedenen Hirnregionen beobachten.

Die erste Entdeckung, die mir gelang, war, dass das Gehirnspektrum in einem Zustand von Gewahrsein und psychosomatischer Integrität aus harmonischen Wellen mit gesteigerter Kohärenz zwischen den verschiedenen Hirnregionen besteht, während es in einem Zustand von Niedergeschlagen- und Orientierungslosigkeit unharmonisch ist, und die EEG-Kohärenz erheblich abnimmt. In den darauffolgenden Jahren untersuchten wir mit Hilfe eines computergesteuerten Elektroenzephalographen die Interaktion der EEG-Wellen von zwei einander nahestehenden Personen. Dabei fanden wir heraus, dass es eine „neuropsychische Resonanz" zwischen beiden Gehirnen gab – eine Synchronisation, die wir aufzeichnen und als EEG-Kohärenz messen konnten.

1992 machten wir uns dann an die experimentelle Erforschung des sogenannten „Buddha-Felds" bzw. eines Feldes kollektiven Bewusstseins, und 1994 gelang es uns, die Existenz dieses Feldes zu beweisen, indem wir die kollektive Wellen-Kohärenz von zwölf Personen in einem Zustand der Meditation maßen. Dieses Feld ließ sich als lokale elektromagnetische Interaktion erklären, die mit der Entfernung abnimmt. Doch kam dabei auch ein nonlokaler Aspekt dieser Kohärenz ans Licht, und zwar am 20. Mai 2007, als eine Million Menschen sich weltweit zum Weltfriedensgebets- und Meditationstag vernetzten, der von Ervin Laszlo, dem Club von Budapest und anderen veranstaltet worden war. Wir führten eine Untersuchung durch, die überprüfen sollte, ob ein kohärentes kollektives Bewusstseinsfeld entsteht, wenn zwei Gruppen von Individuen auf eine Distanz von über 200 Kilometern zu meditieren beginnen. Die erhaltenen Daten bestätigten das Vorhandensein einer relativ niedrigen, aber gleichwohl statistisch relevanten Synchronisation der EEG-Wellen beider Gruppen mit einer durchschnittlichen Kohärenz von 0,5 Prozent und Spitzenwerten bei 5 Prozent.

Mit diesen Experimenten haben wir gezeigt, dass das Kollektivbewusstsein von Menschengruppen eine raumunabhängige nonlokale Komponente hat. Und dieser Befund ist unseres Erachtens ein wissenschaftlicher Nachweis für die Existenz eines planetarischen Bewusstseins. Das Rätsel des menschlichen Bewusstseins bleibt bestehen, doch nun ist unser Bewusstsein in der Lage, sich auf eine Weise mit sich selbst zu befassen, die auch der Wissenschaft gerecht wird.

„Jene" und „diese" Realität sind letztlich *eine* Realität. In der indischen Isha(vasya) Upanischad heißt es:

„Die Fülle ist all Jenes.
Die Fülle ist all Dieses.
Die Fülle wurde aus der Fülle geboren.
Wenn man von der Fülle die Fülle wegnimmt,
verbleibt die Fülle."[48]

Zwei Erlebnisse jenseits von Raum und Zeit

Als ich 15 Jahre alt war, fuhr ich eines Nachts mit meinem Motorrad eine dunkle Landstraße entlang, als mich plötzlich ein Lastwagen erfasste und an einen Felsen am Straßenrand schmetterte. Meine Maschine überschlug sich, ich wurde in die Luft geschleudert und krachte dann heftig auf den Boden. Einen Augenblick später befand ich mich plötzlich in einer Höhe von etwa acht bis zehn Metern und beobachtete, wie mein lebloser Körper da unten am Straßenrand lag. Ich fühlte mich pudelwohl und spürte keinerlei Schmerz. Meine Empfindungen waren in meinem Körper geblieben, während ich freies Bewusstsein war. Dann sah ich mit Hochgeschwindigkeit einen Wagen herankommen und wusste, dass er meinen Körper überfahren würde, da der auf der dunklen Straße kaum zu erkennen war. Ich versuchte, in meinen Körper zurückzukehren, und wachte alsbald in meinem schmerzenden Leib auf. Ich rollte von der Straße, und das Auto fuhr nahe an mir vorbei, doch ohne mich zu berühren. Dieses Erlebnis war so überzeugend, dass ich – seiner Seltsamkeit zum Trotz – keinen Zweifel mehr daran hege, dass mein Bewusstsein sich nicht im Gehirn befindet, sondern auf irgendeine Weise lediglich mit ihm in Verbindung steht.

Ein weiteres Erlebnis dieser Art widerfuhr mir, während ich mich im Winter 1983 in Oregon aufhielt. Ich wanderte im Schnee, als plötzlich mein Atem, mein Körper und meine Gedanken aussetzten, und mein Bewusstsein sich erweiterte. Es pulsierte wie ein helles Licht, welches das ganze Tal einhüllte; alles – Berg und Tal, Häuser und Menschen – wurde zu Information und intelligenter Energie in einem einzigen großen Bewusstseinskontinuum, alles war mit allem verschränkt. Es fühlte sich an, als existierte ich gar nicht, sondern befände mich mitten in einem Meer des Gewahrseins. Mit diesem Meer war ich verschmolzen und erkannte alles durch unmittelbare Wahrnehmung – ohne, wie gewohnt, die Vermittlung von Gedanken und Worten. Dann kehrte ich langsam wieder in meinen Körper zurück, doch nichts war mehr wie zuvor. In dem Moment beschloss ich, mein Leben der Forschung zu widmen, um mehr über das wahre Wesen von Gehirn und Bewusstsein zu erfahren.

Endnoten

1 European Space Agency: „How Many Stars are There in the Universe?" in www.esa.int/Our Activities/Space Science/Herschel/ (aufgerufen: Januar 2018)

2 Dossey, L.: „Wenn die Seele den Körper heilt – Psychoneuroimmunologie". Crotona Verlag, 2012; engl.: „Recovering the Soul: A Scientific and Spiritual Approach". Bantam, New York, 1989, S. 1–11

3 Pearson, M.P.: „The Archeology of Death and Burial" in *College Station*, TX, Texas A&M, 1999

4 Salvatore, J.R., Clark, G.A.: „Gravemarkers, Middle and Early Upper Paleolithic burials" in *Current Anthropology* 42/4, 2001, S. 481–90

5 Platon: Der Staat. Sechstes Buch. Frei nach der Übersetzung von Wilhelm Wiegand, 1855, Abschnitt 511 St. A.; sowie www.opera-platonis.de/Politeia6.pdf (aufgerufen Januar 2018)

6 Brett, G. S.: A History of Psychology. Vol.1., Ancient and Patristic. George Allen & Co., London, 1912, S. 302; sowie Nabu Press, 2010

7 Planck, M.: „Interview with Max Planck" in *The Observer*, 25. Januar 1931

8 Planck, M.: „Das Wesen der Materie" in *Archiv zur Geschichte der Max-Planck-Gesellschaft*, Abt. Va, Rep. 11 Planck, Nr. 1797, 1944

9 Einstein, A.: www.kabbalisten.de/2010/06/07/zitate-albert-einstein/ (aufgerufen Januar 2018); engl.: Eves, H.: Mathematical Circles Adieu. Prindle, Weber and Schmidt, Boston, 1977

10 Schrödinger, E.: Mein Leben, meine Weltansicht: Die Autobiographie und das philosophische Testament. DTV, 2006; engl.: My View of the World. Cambridge UP, 1960, S. 62

11 Pauli, W.: Brief an Abraham Pais vom 17. August 1950. In: Pauli, W.: Wissenschaftlicher Briefwechsel, Band IV, Teil I, 1950–1952, Karl von Meyenn (Hrsg.), Springer, Berlin 1996, S. 152; engl.: Pais, A.: The Genius of Science: A Portrait Gallery. Oxford University Press, 2000

12 Costa de Beauregard, O.: „The paranormal is not excluded from physics“ in *J Sci Exploration* 12, 1998, S. 315–320

13 James, W., Lecture XX: „Conclusions & Postscript“ in *The Varieties of Religious Experience* (Public Domain). E-Buch-Standort: 7162.

14 Panitchayangkoona, G., Hayesa, D., Fransted, K.A., u.a.: „Long-Lived Quantum Coherence in Photosynthetic Complexes at Physiological Temperature“ in *Proceedings of the National Academy of Sciences*, USA, 107:29 (2010):12766–70. doi: 10.1073/pnas.1005484107. Epub 2010 Jul 6. PMID: 20615985

15 Newberg, A. B.: Principles of Neurotheology. Routledge Verlag, 2010

16 Sänger, J.: „Making Music Together Connects Brains“ in *Science Daily*, 29. November 2012; sowie www.sciencedaily.com/releases/2012/11/121129093417.htm (aufgerufen Januar 2018)

17 Bowden, E. B., Jung-Beeman, M.: „Aha! Insight Experience Correlates with Solution Activation in the Right Hemisphere“ in *Psychonomic Bulletin &Review* 10:3 (2003): 730–737. PMID: 14620371

18 Bowden, E. B., Jung-Beeman, M., Haberman, J., u. a.: „Neural activity when people solve verbal problems with insight“ in *PLoS Biology* 2:4 (2004): E97. PMID: 15094802

19 Achterberg, J., Cooke, K., Richards, T., u. a.: „Evidence For Correlations Between Distant Intentionality And Brain Function In Recipients: A Functional Magnetic Resonance Imaging Analysis“ in *Journal of Alternative and Complementary Medicine* 11:6 (2005): 965–71. PMID: 16398587

20 Schwartz, S.: „Six Protocols, Neuroscience, and Near Death: An Emerging Paradigm Incorporating Nonlocal Consciousness“ in *Mysteries of Consciousness*, Ingrid Fredriksson (Hrsg.), Jefferson, NC: McFarland, 2015

21 Schwartz, S.: „Through Time and Space: The Evidence for Remote Viewing“ in *The Evidence for Psi*, Broderick, D., Groetzel, B. (Hrsg.), Jefferson, NC: McFarland, 2015

22 van Lommel, P.: Consciousness Beyond Life. Harper One, NewYork, 2007, S. 62

23 van Lommel, P., u. a.: „Near-Death Experience in Survivors of Cardiac Arrest: a Prospective Study in the Netherlands“ in http://www.thelancet.com/journals/lancet/article/PIIS0140673601071008/fulltext (aufgerufen Januar 2018)

24 Greyson, B., Holden, J.M., van Lommel, P.: „There Is Nothing Paranormal About Near-Death Experiences – revisited: comment on Mobbs and Watt“ in *Trends in Cognitive Science* 16:9 (2012):445; Antwort der Autoren 446. doi: 10.1016/j.tics.2012.07.002

25 Beischel, J.: Modern Mental Mediums. Tucson, AZ: Windbridge Institute, 2015

26 Stevenson, I.: Reincarnation and Biology. Vols. I - II. Westport, Conn: Praeger, 1997

27 Sagan, C.: The Dragons of Eden: Speculations on the Evolution of Human Intelligence. Random House, New York, 1977, S. 7

28 Sagan, C.: The Demon-Haunted World: Science as a Candle in the Dark. NewYork, RandomHouse, 1996, S. 302

29 Kuhn, Th. S., zitiert nach Schwartz, S.: Opening to the Infinite. Budha, TX, Nemoseen, 2007, S. 33–34

30 Ebd.

31 Ebd.

32 Ebd.

33 Ebd.

34 Hadamard, J.: „Subconscient, intuition et logique dans la recherche scientique“ in *Les Conférences du Palais de la Découverte*, 8. Dezember 1945

35 Schwartz, S.: „Nonlocality and Exceptional Experiences: A Study of Genius, Religious Epiphany, and the Psychic“ in *Explore* 6:4, 2010, S. 227–236

36 Mihalasky, J.: „ESP: Can It Play a Role in Idea-Generation?“ in *Mechanical Engineering*, Dezember 1972

37 Kuhn, Th. S., siehe Anm. 101ff

38 Kuhn, Th. S.: „Minority Rules: Scientists Find the Tipping Point“ in *Discovery*, 8. 4. 2011; sowie www.seeker.com/minority-rules-scientists-find-the-tipping-point-discovery-news-1765351271.html (aufgerufen Januar 2018)

39 Stent, G. S.: „Prematurity and Uniqueness in Scientic Discovery“ in *Scientific American*, 227:6, Dezember 1972, S. 84–93; doi: 10.1038/ scientific american1272-84

40 Schwartz, S.: The Secret Vaults of Time. Grosset & Dunlap, NewYork, 1978

41 Ebd.

42 Ebd.

43 Rumi: https://symphonylove.wordpress.com/2014/12/01/inspirierende-rumi-zitatenweisheiten-und-gedichten-uber-die-liebe-das-leben-und-die-spiritualitat/ (aufgerufen Januar 2018); engl.: Coleman Barks: Rumi: The Book of Love: Poems of Ecstasy and Longing. Harper-Collins, New York, 2003

44 Schwartz, S.: The 8 Laws of Change: How to be an Agent of Personal and Social Transformation. Park Street Press, 2015, S. 118–119

45 Frecska, E.: „Nonlocality and Intuition as the Second Foundation of Knowledge“ in *Neuroquantology,* 10:3 (2012), 537–546. doi:10.14704/nq.2012.10.3.599.

46 Frecska, E., Móró, L. und Wesselman, H.: „The Soul Cluster: Reconsideration of a Millennia Old Concept“ in *World Futures: The Journal of New Paradigm Research,* 67:2(2011): 132–153. doi:10.1080/02604027.2010.532464.

47 Wesselman, H., Wesselman, H. B., Kuykendall, J.: Spirit Medicine: Healing in the Sacred Realms. Hay House, Carlsbad, 2004

48 Isha Upanishad in https://vedanta-yoga.de/die-ishavasya-upanishad-isha-upanishad/ (aufgerufen Januar 2018)

Kapitel 6

Die neue Karte und das Wesen der Existenz

Existenz jenseits des Körpers: Die buddhistische Perspektive

Tulku Thondrup

Es ist überaus inspirierend, diese flüchtigen Einblicke in den Weg des Bewusstseins über die Raumzeit hinaus zu lesen.

Wie sie lehrt uns auch der Buddhismus, dass unsere Identität weder unser Körper noch unsere Karriere ist, sondern unser Geist – unser Bewusstsein. Der Körper fungiert dabei nur als eine Art Gasthaus. Wenn wir sterben, verlässt unser Geist den Körper und inkarniert sich in ein anderes Leben. In seltenen Fällen wie dem, dass der Verstorbene bzw. Hinübergehende ein Delog ist, kann er die „Grenze der Nicht-Wiederkehr" noch einmal in umgekehrter Richtung passieren, und in seinen früheren Körper zurückkehren.

Dem Buddhismus gemäß werden alle Wesen nach ihrem Tod in einem Weltenreich wiedergeboren – es sei denn, sie erlangen Erleuchtung und lassen Karma, Ursache und Wirkung hinter sich. Unser zukünftiges Leben hängt ganz und gar von den Denkmustern unseres gegenwärtigen Lebens ab – unserem Karma. Wenn wir in negative Gedanken und Handlungen eingetaucht sind, werden wir in einem der Höllenreiche leiden. Haben wir uns sehr weit entwickelt, können wir in ein reines Land wiedergeboren werden. Nichts von alldem sollte uns überraschen, denn unsere zukünftige Existenz ist der Spiegel unseres eigenen Geistes.

Ich möchte hinzufügen, dass es viele Ebenen des reinen Landes in der buddhistischen Überlieferung gibt. Die höchste Ebene kann nur durch völlig erleuchtete Wesen – Buddhas – erreicht werden. Auf andere Ebenen, wie z.B. die oben zitierte, können weitgehend realisierte Wesen gelangen, die aber noch nicht völlig zur Erleuchtung gekommen sind. Auf welcher Ebene des reinen Landes wir wiedergeboren werden, hängt von dem Stand unserer spirituellen Errungenschaften ab.

Wenn wir uns eine bessere Wiedergeburt wünschen, müssen wir unsere Denkgewohnheiten und die entsprechenden physischen Handlungen verbessern, die ihrerseits unseren Geist beeinflussen. Dann, und nur dann, werden die Ketten unserer Leben zu Perlenketten werden, die uns eine glückliche Existenz erlauben.

Existenz jenseits des Körpers: Die schamanistische Perspektive

Na Aak

Jede Kultur besitzt ihre eigenen Technologien, Disziplinen und Praktiken, um in das ätherische Reich zu gelangen: Meditation, sakrale Pflanzen, Extremtemperaturen, Fasten, Gebet, Schlafentzug, Kontemplation und mehr. Was wir einen anomalen oder veränderten Bewusstseinszustand nennen, ist eine Erfahrung, die über die lineare Raum- und Zeitdimension hinausführt, dorthin, wo die rechten Gehirnfunktionen expandieren und die Person die Begrenzungen ihres in sich selbst eingeschlossenen Egos verlässt. Es geht um eine Erfahrung, in der ich mich selbst als Teil meiner Umgebung identifiziere: Mein Bewusstsein hat sich erweitert und geöffnet zu transpersonalen Reichen hin – über das individuelle hinaus. In einer derartigen Verfassung tauchen charakteristische physische Symptome auf, perinatale und biographische Erinnerungen mit tiefen emotionalen Gehalten und entsprechenden Entladungen, und es findet eine transpersonale Expansion jenseits von Raum und Zeit statt.

Einer der bedeutsamsten Schritte innerhalb der Evolution unseres Bewusstseins besteht darin, es in diese anomalen oder veränderten Zustände hin zu öffnen. Indigene Gemeinschaften schufen Rituale und Zeremonien, um den Menschen eine Erfahrung zu ermöglichen, welche sie aus der Illusion des Getrenntseins in das Geistreich, das Reich von Akasha, zu führen vermochte. Aus ihrem Kontext gerissen und ihrer Bedeutung entleert, wurden solche Praktiken oft als barbarisch, primitiv und magisch missinterpretiert. Doch lag ihr Ziel darin, durch intuitives Realisieren der Leere jegliche Bedrücktheit hinter sich zu lassen und sich über die Ignoranz hinweg in das hinein zu erheben, was jenseits von Raum und Zeit liegt.

In eingeborenen Gesellschaften gehören diese Erfahrungen zum normalen Bewusstseinszustand. Anomal ist für sie die Erfahrung der physisch-materiellen Seite des Lebens. Der Schamane oder Medizinmann bzw. die Medizinfrau lebt permanent in einer Verfassung der Allverbundenheit jenseits des Raumzeitkontinuums. Wenn ich einer Medizinperson erzählte, mein verstorbener Vater habe mich kontaktiert und liefe ums Haus, weil er Hilfe bräuchte, würde er sagen, das ist gut so, sprich mit ihm und frag', was er will. Würde ich hingegen so etwas einem Arzt oder Akademiker erzählen, wäre die wahrscheinlichste Reaktion sein, dass er sich große Sorgen um meine mentale Gesundheit machen und mir empfehlen würde, mich in psychiatrische Behandlung zu begeben.

Mystisches Erleben ist durch reale, aber bereits extrasensorielle Wahrnehmungen gekennzeichnet wie das Schmecken von Farben und Sehen von Licht und Schatten, plötzliche Kälte- oder Hitzewellen im Körper, das Hören von Stimmen und Sprechen mit Geistern, das Annehmen der Form von Pflanzen, Tieren oder Gottheiten, und der Blick über die Gegenwart hinaus in Vergangenheit und Zukunft. Für einen Mystiker und Schamanen sind diese Wahrnehmungen Teil des ganz normalen Bewusstseinszustands. Ihr Leben ist eine kontinuierliche Erfahrung von Akasha. Würde man ihre mentale Verfassung im Rahmen der Mainstream-Medizin analysieren, dann würde die Diagnose auf paranoide schizophrene Befindlichkeitsstörung lauten.

Mystiker und Schamanen beschreiben Existenz jenseits der Raumzeit in Begriffen dreier Grundstadien: dem Astralen, dem Kausalen und dem Materiellen. Dies sind Bereiche, die sich in etwa Gefühl, Intellekt und Materialität zuordnen lassen. Schriften wie die Upanischaden und andere vedische Texte beschreiben die Formen, die in den jeweiligen Bereichen in Erscheinung treten; am Wichtigsten ist dabei jedoch die Existenz des fünften Elements: des Äthers. Das ätherische Reich, „der

Körper des Universums", ist das, was Dingen erlaubt, sichtbar zu sein, selbst wenn sie nicht zu grobstofflicher Existenz verdichtet sind.

Das ätherische Reich ist der subtile Körper des Universums, der Ort, an dem alles potentiell existiert. Es ist Teil des jenseits der Raumzeit angesiedelten Hologramms des Universums. Für das menschliche Auge ist es nicht sichtbar, dennoch ist es real – als der Ursprung von allem, was sich in grobstofflicher Form manifestiert. In ihm gibt es keine Trennung wie in Raum und Zeit. Alles gehört zusammen, jede Information im Universum ist hier und jetzt. In der Raumzeit schwingen die Dinge langsam genug, um wahrnehmbar zu werden, doch jenseits von ihr schwingen sie schnell genug, um eins zu sein. Wenn wir das wahrnehmen, treten wir in den Akasha-Raum ein, das kontinuierliche Bewusstseinsfeld jenseits der Raumzeit.

Im Akasha-Reich ist Getrenntsein eine Illusion. Wir sehen, hören, berühren, schmecken und riechen die Welt mit unseren Sinnen, und analysieren die so erhaltenen Daten mit unserem Gehirn, doch sind das nur die Instrumentarien, die wir zum Erleben der Welt benutzen. Innerhalb des grobstofflichen Existenzbereichs ist das Bewusstsein eines Menschen gebunden und beschränkt durch seine Hülle aus Knochen, Muskeln, Blut und Haut. Die Nöte dieses materiellen Leibes finden in seinen Vorlieben, Abneigungen und Aversionen ein Zuhause. Unser Auge ist geblendet – wir können nicht sehen.

Nach dem Tod begeben wir uns auf eine Reise der Loslösung, die uns hilft, das wahre Wesen des Kosmos anzuerkennen. Der Durchgang durch die verschiedenen Bardos verlangt nach einem Lehrer, der das Bewusstsein durch seine Bedrängnisse hindurchführt. Wenn wir diese Reise beginnen, werden unsere Anhaftungen zunächst zu Fesseln, die uns aus unserem ursprünglichen Wissen weit heraus- und zurückwerfen in das Drama und Chaos unseres täglichen Lebens. Die Reise über die Grenzen des Todes hinaus ist das wichtigste Ereignis im fortlaufenden Zyklus unserer Existenz. Sie gibt uns die Chance, in Kontakt mit der wahren Natur unserer Realität zu kommen.

Würden wir die Dinge in Raum und Zeit ohne willkürliche Intervention so lassen, wie sie sind, würden sie letztlich zu ihren Ursprüngen zurückkehren. Im Grunde weiß jedes Geschöpf, wo sein Zuhause ist, und wo es Kongruenz, Frieden und Befreiung finden kann. Trotz all der irreführenden Praktiken, die unser Gehirn und Bewusstsein vernebeln, tragen wir daher das instinktive Bedürfnis tief in uns, ins Akasha-Reich zurückzukehren. Ein Schamane oder Mystiker kann uns in diesem

Unterfangen unterstützen, doch ziehen die meisten Leute es vor, die Welt auf der Suche nach extra-sensoriellen Abenteuern zu durchwandern – und fühlen sich dann verloren, da sie keinen Schlüssel zu dem besitzen, was mit ihnen geschieht. Spirituelles Erwachen kann als psychotische Krankheitsphase missdeutet werden, und wenn es als solche behandelt wird, kann aus einer transformativen Initiation eine destruktive Erfahrung werden.

Die Reise in das Reich jenseits von Raum und Zeit kann uns zu dem reinen goldenen Lichtes führen, das an ihrem Ende auf uns wartet. Sind wir fähig, ein solches Licht in uns zu realisieren? Sind wir fähig zu lieben und bedingungslos anzunehmen, wer und was wir sind? Oder halten wir an Schuld und Scham fest? Schuld wird für unseren ätherischen Leib zu Blei und sperrt uns in eine Trübsal ein, aus der wir nur schwerlich wieder herauskommen.

Die Weltreligionen haben Übergangsriten geschaffen und uns erzählt, auf der anderen Seite würden Gottheiten mit To-do- und Straflisten auf uns warten. In indigenen Kulturen hält man so etwas für eine primitive Vorstellung. Laut ihrer geleitet uns ein Geist durch diesen Übergang hindurch – ein Geist, der gleichermaßen der Spiegel unserer Taten ist. In der alten Überlieferung der Mayas beispielsweise ist der letzte Ort vor der totalen Auflösung Etznab, ein Raum voller Spiegel, in denen wir unser eigenes Wesen erblicken. Da gibt es keinen „Körper" mehr, und das vormals Unbewusste ist jetzt das Bewusste.

Das ist die erste Etappe der Reise unseres desinkarnierten Bewusstseins, jene Etappe, in der es keine versteckten Ecken mehr gibt und alle unsere Verdienste und Verfehlungen vor uns stehen. Das letzte Gericht hält unser eigenes Bewusstsein selbst im Angesicht seines eigenen Zustandes ab: Können wir lieben und uns selbst bedingungslos akzeptieren? Oder verachten wir uns selbst und also unser Selbst? Denn genau das wird über den Fortgang unserer Reise entscheiden: Reinkarnation in einen neuen Körper oder eine Falle, die wir uns mit dem Beharren auf unserem personifizierten Leid selbst stellen?

Hat der materielle Körper zu existieren aufgehört, verbleibt das ätherische Hologramm des Individuums in einem Übergangszustand. In diesem Stadium leidet das ätherische Selbst noch unter Anhaftungen und Ignoranz, und seine emotionalen und mentalen Muster bestimmen die nun eingeschlagene Richtung. Ein fortgeschrittenes Bewusstsein erkennt dies Übergangstadium und bereitet sich auf die Reise in die nächste Inkarnation bzw. in ein höheres formloses Seins-Stadium vor.

In dieser Phase kann die Kommunikation mit dem desinkarnierten Bewusstsein klärend und hilfreich sein. Das Individuum existiert noch im ätherischen Reich, seine Psyche verbleibt in einer holographischen Form. Wenn es diesem Bewusstsein nicht gelingt, die Folgestadien erfolgreich zu durchlaufen, bleibt es in der Zwischenphase gefangen.

Es ist wichtig, zwischen der Präsenz eines in der Zwischenphase gefangenen Bewusstseins und bösen Wesenheiten oder Dämonen zu unterscheiden. Das Hologramm einer Person kann an diesen vertraut gewesenen Orten wandeln und eine Art Wächter werden. Es kann sich um seine Liebsten kümmern, bis es auch für sie Zeit wird, hinüberzugehen. Doch kommt es auch vor, dass das Bewusstsein in der Zwischenphase stecken bleibt, ohne zu wissen, dass es tot ist und wohin es gehen soll. Dann haben die Verbliebenen oft Träume und andere Erlebnisse, durch die der Gegangene um Hilfe bittet, und das womöglich in einer beharrlichen und fordernden Weise. In anderen Fällen hat das entsprechende Bewusstsein Leid und Verhaftungen im Leben kultiviert, so dass es ihm jetzt schwerfällt zu gehen und es in einem verwirrten Zustand bleibt und Wellen der Kümmernis auslöst.

In der altägyptischen Kultur wird das Herz des Verstorbenen auf eine Goldwaage gelegt, und Anubis wiegt in Anwesenheit von Osiris das Herz mit Ma'at auf, der Wahrheit in Form einer Vogel- oder Straußenfeder. Das schuldgeplagte Herz ist schwer wie Blei; nur das Herz, welches der Wahrheit verpflichtet war, ist so leicht wie eine Feder. Unsere eigenen Qualen und Tugenden bestimmen, wie wir den Tod erleben und unsere Existenz nach dem Tod fortführen. Schamanen oder Medizinmänner und -frauen können immer nur das Bewusstsein des Betreffenden begleiten, und ihre Arbeit muss verrichtet werden, solange er noch lebt.

Die Generationen des neuen Millenniums haben sich der Transformation und Bewusstseinsarbeit weit über die physische Dimension hinaus verschrieben. Viele Kinder und junge Menschen leben bereits in der Welt der Schamanen und Medizinleute: sie haben eine natürliche Verbindung zum Reich jenseits der Raumzeit. Das ist eine natürliche Evolution, sie muss gepflegt werden, wenn wir auf diesem Planeten weiterhin leben wollen. Der neue Mann und die neue Frau besitzen das Bewusstsein und die Fähigkeiten, die Veränderung, welche die Welt braucht, voranzutreiben und das Kriegs- und Gewaltblatt zu wenden. Und wir Erwachsenen haben die Wahl, entweder in Angst vor der Veränderung, die wir bei unseren Kindern wahrnehmen, zu erstarren oder uns selbst zu erziehen, um Teil der Evolution zu werden, die sich in unserem Bewusstsein entfalten will.

Ein ganz entscheidender Schritt bestünde darin, die Karte, die wir benutzen, um den Menschen zu verstehen, auf den aktuellen Stand zu bringen. In alten Kulturen gab es komplexe und hochentwickelte Karten, die sich erstaunlicherweise als denen ebenbürtig erweisen, die sich aus aktuellen wissenschaftlichen Erkenntnissen ergeben.

Die Karte, die mir am meisten mit der Realität übereinzustimmen scheint, ist die, welche transpersonale Psychologie und Quantenwissenschaft in Verbindung mit der zyklischen Existenzstruktur entwerfen, wie sie die vedischen Schriften skizzieren. Eine solche Karte verleiht uns eine Perspektive auf den Menschen, die unabhängig und distinkt ist vom selbstgefangenen Ego der Moderne und uns zu realisieren erlaubt, dass wir schlussendlich eins mit dem Akasha sind. Machen wir uns die Perspektive der zyklischen Existenzkontinuität zu eigen, dann verschiebt sich unser Blick auf den Tod und das Sterben, und verwandelt ihn in eine herrliche Geburt in den Kosmos.

Existenz im Körper und darüber hinaus: Die mystische Perspektive

Jean Houston

Mit 19 Jahren hatte ich ein Wochenendhobby, das den meisten Leuten nicht besonders intelligent erscheinen mag. Ich sprang aus Flugzeugen, mit einem Fallschirm natürlich. Das Training war einfach und ging schnell voran. Wir wurden zu einer alten Scheune gebracht und lernten, von ihrem Dach herab in einen Heuhaufen zu hüpfen. Danach brachte man uns bei, wie man aus einem Flugzeug in den Himmel springt und rechtzeitig die Reißleine zieht, und wir bekamen Tipps, wie man es schafft, sich beim Landen möglichst wenig zu brechen. Und schließlich wurde uns noch gezeigt, wie man seinen Fallschirm für den nächsten Sprung richtig zusammenlegt.

Eine Zeitlang wurde das Fallschirmspringen für mich zu einer regelmäßigen wöchentlichen Unternehmung, bis ich eines Samstagnachmittags an meiner Reißleine zog – und nichts passierte. Ich zerrte weiter daran, doch es geschah immer noch nichts. Wahrscheinlich hatte ich meinen Fallschirm falsch gefaltet. Ich sah hinab auf den Boden, der immer näher kam, um mich für immer zu treffen, als mein Geist sich plötzlich in unendlicher Gelassenheit und Weite wiederfand – und ich mir selbst dabei zusah, wie mein Leben an mir vorüberzog. Es war so, als zögen alle Ereignisse meines Lebens von der Kindheit aufwärts an mir vorüber – nicht gerade jedes Schweinekotelett und jeder Schokoladenriegel, doch die Hauptereignisse. Die Zeitkategorien dehnten sich kraft der Ewigkeit. Denn die Ewigkeit war eingebrochen in die lokale Zeitdimension, und mehr noch: Ich fühlte mich in ein unendliches Bewusstseinsfeld gehüllt, welches alles und jedes durchdrang. Ein winziges Pünktlein war ich in diesem Feld, und doch zugleich alles und jedes. Es fühlte sich an, als blickte ich von einer hohen Warte von jenseits der Raumzeit aus auf die Geschichte meines Lebens innerhalb der Raumzeit herab. Dieses wundervolle Erlebnis schien für immer so weiterzugehen, bis sich der Fallschirm dann offensichtlich doch noch geöffnet hatte, denn ich fand mich am Boden mit einem schmerzenden Fußgelenk wieder. Überflüssig zu erwähnen, dass dies mein letzter Sprung war. (Oder der Schirm hat sich vielleicht nie geöffnet, und Sie lesen dies im Paradies …)

Diese Erfahrung schickte mich auf eine Reise, die mich die Existenz des Bewusstseins als alles umfassendes Wesen der Realität erforschen ließ. Auf solch einem Weg stößt man natürlich auch auf rabiat-materialistische Weltbilder, wie sie Francis Crick beispielhaft darstellt, wenn er uns biologische Roboter nennt. In seinem Buch „Was die Seele wirklich ist“ *(The Astonishing Hypothesis)* sagt er:

> „Du, deine Freuden und deine Sorgen, deine Erinnerungen und Ambitionen, dein persönliches Identitätsgefühl und dein freier Wille sind in Wirklichkeit nicht mehr als nur das Gebaren eines großen Haufens von Nervenzellen und den dazugehörigen Molekülen.“[1]

Meiner Ansicht nach gehört seine Behauptung in die Kategorie „reductio ad absurdum“. Zu behaupten, unser Sein, unsere Realität, unser Sinn und unsere Sensibilität seien nichts anderes als eine Ansammlung molekularer Komponenten, bedeutet einfach nichts – mal abgesehen davon, dass diese Maschinerie offenbar das Glück hatte, einen Shakespeare, Mozart, Konfuzius und eine Georgia O'Keeffe zu fabrizieren. Mag diese materialistische Fantasie auch durchaus reizvoll sein, so finde ich doch größeren Wahrheitsgehalt in Ervin Laszlos Feststellung: „Wir sind keine biochemischen Maschinen, die dazu bestimmt sind, sich langsam herunterzuwirtschaften, sondern Wesen, die mit einem unendlichen Bewusstsein begabt sind sowie einem zwar endlichen, aber sich zyklisch erneuernden Körper."

Unser Buch hat sich als Thema die Frage vorgenommen, ob – und wenn ja – wie unser Bewusstsein über den Gehirntod hinaus in der Tiefendimension des Kosmos weiterlebt. Die positive Antwort bzw. daraus entwickelte entwickelte Hypothese findet Unterstützung in exemplarischen Berichten über das Weitergehen bewussten Erlebens nach dem körperlichen Hinscheiden. Letztendlich führt sie uns in die „Tiefendimension des Kosmos", worin das Bewusstsein selbst der Grund allen Seins ist, Quelle und Ursprung dessen, was wir „Realität" nennen.

Fraktale und die Natur der Realität: Wenn ich eines über die Realität gelernt habe und weiß, dann ist es seine fraktale Natur. Fraktale sind repetitive Muster, die auf allen Magnifikations-Ebenen ähnlich sind. Wenn wir eine riesige Küstenlinie anschauen, sehen wir ein bestimmtes Wellenmuster. Doch betrachten wir die Wellenwirbel aus der Nähe, erkennen wir, dass sie fraktal die Küstenlinie nachziehen. Sie haben nicht genau die gleiche Form, aber einen ähnlichen Verlauf. Zu Naturobjekten, die sich durch Fraktale bis zu einem gewissen Grad angleichen, gehören Wolken, Bergketten, Blitze, Schneeflocken, verschiedene Gemüsesorten (Brokkoli und Blumenkohl), und die Farbkleider von Tieren. Etwas Mikroskopisches sieht fast genauso aus wie etwas, was sich 200 Lichtjahre weit weg im Himmel befindet.

Betrachten wir andere Muster wie beispielsweise die von Bäumen, erkennen wir Fraktale des Gehirns und des Kreislaufsystems wieder. Muscheln stehen in einem fraktalen Verhältnis zu den spiraligen Windungsstrukturen von Blumen, zu Ohr und Herz, der DNA-Spirale, zum Labyrinth und zu unserer Galaxie. Und alles ist dem Universum, mit dem es verbunden ist, ähnlich gestaltet. Die fraktalen Dimensionen in der Natur haben zugleich ein Innen und Außen, und die fraktalen Wiederholungen in unseren Lebensmustern, die sich an bestimmte Ereignistypen knüpfen, wiederholen sich im Laufe der Zeit als Variationen ihrer selbst.

Ich gehöre zu jenen, die versuchen, ein Feld von Ähnlichkeit und Relevanz zwischen Welten zu finden, die bisher als voneinander getrennt und verschieden erachtet werden: Kunst und Wissenschaft, Theater und Politik, Verstand und Imagination, Spiritualität und Wirtschaft, Mythen und Geschichte. Und ich kann das umso besser, wenn ich mir darüber klarwerde, wie das eine die Fraktale des anderen enthält. Doch mit neuem Verständnis der Art und Weise, wie fraktale Resonanz das Ganze informiert, und mit fortschreitender Beobachtung dieser Muster in Kultur und mikro- wie makrokosmischer Welt lernen wir schätzen, wie alte und indigene Völker das erkannt und in Mandalas, Mythen und Philosophien skizziert haben. Ihre ineinander verwobenen Symbolstrukturen bedeuten: „Wie oben so unten … Wie außen so innen.“[2]

Wir dürfen nicht vergessen, dass wir aus dem Stoff von Photonen und anderer subatomarer Materie sind, denn sie machen den Großteil der Basiselemente von Information aus. Unser Geist und das Universum sind Spiegelrealitäten. Genauso wie Materie und Raum aus einem winzigen Punkt zu einem Universum von überwältigenden Proportionen wurden, das Körper, Seele und Geist umfasst, entwickeln auch wir uns aus einem stecknadelkopfgroßen Punkt (dem befruchteten Ei) zu einem immens komplexen System, das ebenso Körper, Geist und Seele umfasst. Gestalt- und Entwicklungsgesetze regieren über unsere Genese und die des Universum: Zu ihnen gehören Ordnung und Unordnung, Wachstum und Entropie, Zweckmäßigkeit und Spezialisierung, und vor allem Kontinuität; und sie sind Teil der Matrix, die wir Bewusstsein nennen.

Wenige haben sich auf die Reise zum Verständnis des Bewusstseins gemacht, am erfolgreichsten vielleicht noch Mystiker auf ihrem spirituellen Weg zu einer erweiterten Realitätserfahrung. Denn was ist Mystik denn anderes als die Kunst der Vereinigung mit der Realität, und ein Mystiker jemand, dessen Ziel eben diese ist, und der an die Erreichbarkeit einer solchen Vereinigung glaubt. Viele spirituelle Lehrer in der Welt haben unser irdisches Leben mit einer Art „Schlafen und Vergessen“ verglichen. Auf dem mystischen Pfad geht es aber vielmehr ums Erwachen, darum, aus dem Roboterdasein herauszukommen und lustlose Passivität hinter sich zu lassen, um sich mit Kraft, Aufmerksamkeit, Konzentration und Strahlkraft für die Ko-Kreation zu engagieren; wobei anzumerken ist, dass man die letztgenannten Themen und Charakteristika auch in Nahtod- und Nachtodberichten antrifft. Somit ist die mystische Erfahrung wahrscheinlich der effektivste Beschleuniger evolutionärer Verbesserung und Steigerung. Durch sie zapfen wir verborgene physische, mentale und emotionale Systeme an und gewinnen Zutritt zum nächsten Stadium unserer Entfaltung, einer individuellen und kollektiven zugleich. Einst das Rückzugsgebiet weniger, mag der mystische Weg heute dem Bedürfnis vieler entsprechen – ein Weg einzigartiger Entwicklungsmöglichkeiten für sich selbst und die Welt.

Mein Leben lang studierte ich die Kunst und Wissenschaft der menschlichen Entwicklung, und ich fand keine mächtigere, praktischere und entwicklungsträchtigere Praxis als das, was wir den mystischen Weg nennen. Wenn ich mit dessen Adepten redete und arbeitete, dann erzählten sie von einer alles übersteigenden Freude, einem immensen Kreativitätsschub, einem spontanen Aufblühen von Freundlichkeit und Toleranz – das alles macht sie zu leidenschaftlichen Verfechtern einer besseren Welt, zu Brückenbauern, Lösungsmagneten, Friedensakteuren und Wegfindern. Am besten dabei ist, dass andere Menschen um sie herum sich bereichert und genährt fühlen. Aus jedem, den sie berühren, wird mehr, denn sie selbst sind mehr. Vielleicht brauchten wir die Veränderungen und Beschleunigungen unserer Epoche, um die Flamme unter dem Schmelztiegel des Werdens anzuzünden, so dass die innere Alchemie in Gang kommen konnte.

Mystik scheint in Epochen intensiven Wandels und Drucks verstärkten Zulauf zu haben. Nehmen wir das Ausmaß aktueller Schatten auf der Welt und den Zusammenbruch aller Sicherheiten hinzu, haben wir die Ingredienzien des gegenwärtigen Andrangs zu spiritueller Realisierung. Wir leben in einer Zeit, in der immer mehr Geschichte sich immer schneller ereignet – schneller, als dass wir uns einen Reim darauf machen könnten. Jahrtausendealte Gewohnheiten werden in wenigen Monaten hinfällig und jahrhundertealte Überzeugungen brechen einfach zusammen wie die Twin Towers des World Trade Center am 11. September 2001 in New York. Und doch mag die Zerstörung bisher geläufiger Wege den tieferliegenden Geist, dessen Teil wir sind, gerade dazu einladen, durch all das durchzubrechen. In dieser Hinsicht ist die Sterbeerfahrung eine der radikalsten Dekonstruktionen, welcher der vollständigste Durchbruch in ein anderes Stadium des Seins folgt, eine Begegnung mit dem großen Bewusstsein des Kosmos; so können wir es in diesem Buch hier und vielen anderen Berichten nachlesen.

Viele haben über den mystischen Weg geschrieben und seine Myriaden von Abenteuern und Entwicklungsebenen verfolgt. Unter ihnen habe ich Evelyn Underhill entdeckt, die im frühen 20. Jahrhundert lebte und schrieb, und meines Erachtens eine der feinsten Begleiter zu dieser

Erfahrung gewesen ist. In ihrem großartigen Werk „Mystik“[3] stellt sie den mystischen Weg als eine Reihe von acht organisch aufeinander folgenden Stadien dar: Erwachen, Reinigung, Erleuchtung, Stimmen und Visionen, Kontemplation und Introversion, Ekstase und Entrückung, die schwarze Nacht der Seele und schließlich die Vereinigung mit der Einen Realität. Als ich diese Stadien mir für meinen Buchbeitrag hier noch einmal vornahm, entdeckte ich, dass das Wesen eines jeden dieser Stadien eine auffällige Ähnlichkeit mit vielen Schilderungen der nachtodlichen Reise hat. Offensichtlich gehört diese Ähnlichkeit zum Hologramm, welches fraktal sich wiederholende Erfahrungen beinhaltet, in denen mystisches Erleben sich mit vielen Aspekten des nachtodlichen Erlebens trifft. In der Tat gibt es sowohl in der Beschreibung selbst wie auch in der Tonalität eine bemerkenswerte Korrelation. Mit Evelyn Underhill geben wir im Folgenden einen kurzen Überblick über die Stadien des mystischen Lebens, wie man sie in der klassischen Mystik findet, und stellen ihnen Berichte über das Fortdauern des Bewusstseins nach dem leiblichen Tod an die Seite. Einen Teil dieser Schilderungen mystischer Stadien habe ich meinem Buch „Mystical Dogs“ entnommen und überarbeitet. [4]

Im ersten Stadium – dem *awakening* – wacht man einfach auf. Plötzlich ist die Welt voll Glanz und Glorie, und man versteht, dass man Mitbürger in einem viel größeren Universum ist, als bisher angenommen. Man erkennt, dass man Teil eines unfassbar großartigen Lebens ist, in dem alles mit allem verbunden ist und einfach nur gut. Das passt zu zahlreichen Schilderungen über die erweiterte Wahrnehmung und das Glück dieses Ur-„Erwachens“ jener, welche die Schwelle zwischen Tod und jenseitigem Leben überschreiten.

Das zweite Stadium heißt *purgation* oder auch *purification* – „Reinigung“. Hier schüttelt man die Schleier und Blockierungen des gewöhnlichen unhinterfragten Lebens ab, die uns von dem Wissen ferngehalten hatten, welches man beim Erwachen gewonnen hat. Wir werden von alten Seinsweisen bzw. -unarten befreit und erlangen unsere höhere bzw. ursprüngliche Unschuld wieder. In der traditionellen Mystik kann das zu Asketentum oder rigoroser Arbeit an sich selbst führen, um die Spuren negativen Verhaltens loszuwerden. Dergleichen setzt sich in der nachtodlichen Version das Fraktal mit Gericht, Lebensrückblick und karmischer Arbeit fort; darin werden Verständnis, Gefühle und Emotionen gereinigt, und es entsteht größere Klarheit über die Bedeutung und Werte von Leben und Lebenszeit.

Das dritte Stadium wird gemeinhin *the path of illumination* genannt („Erleuchtungsweg") – man wird durch das „Licht" „erleuchtet". Das Licht der Glückseligkeit – oft wirklich als Licht erlebt – durchdringt wortwörtlich alles. Man sieht überall Sinn und Muster und Schönheit, und doch bleibt man dabei, wer man ist, und fähig, der täglichen Arbeit nachzugehen. Der Segen dieses Zustands wird von Zeit zu Zeit auch Künstlern, Schauspielern, Schriftstellern, Visionären, Wissenschaftlern und kreativen Menschen zuteil. In Schilderungen des Erlebens vom Bewusstsein jenseits der Raumzeit ist die Lichterfahrung eine Konstante – das Licht durchdringt absolut alles:

> „Das Licht kam aus keiner Richtung, es war ein faktisches universelles Gleißen, welches alles in sein sanftes Strahlen tauchte, so dass die scharfen Schatten und dunklen Ecken fehlten, die Dinge auf Erden definieren. Jedes Ding funkelte und glitzerte mit seinem eigenen Licht und wurde zugleich von dem alles erfüllenden Glanz eingehüllt."[5]

Das vierte Stadium umfasst *voices and visions* – Stimmen und Visionen. Man sieht, hört, fühlt – mit mehr als nur fünf Sinnen – eine Realitätsfülle, die nie gesehene Dinge umfasst, wie Wesen aus anderen Dimensionen – Engel, Archetypen, numinose Grenzpersonen, oder Gestalten aus anderen Zeiten und Reichen. Es enthüllt sich, und interagiert mit einem, eine weit größere Wirklichkeit, die auch spirituelle Verbündete miteinschließt, die in uns sind, sowie die Entfaltung unerkannter Gaben, die wir alle besitzen. Die Nachtoderfahrung ähnelt dem hinsichtlich der Begegnung mit nicht nur bereits verstorbenen Familienmitgliedern und Freunden, sondern einer ganzen Panoplie höherer Wesen, Gottheiten, höheren Existenzebenen und Bewohnern der spirituellen Welten.

Introversion nennen Underhill und andere das fünfte Stadium, wo in Gebet und Kontemplation Stille gesucht wird. Man kehrt sich nach innen, und schöpft dazu aus dem umfangreichen Reservoir spiritueller Techniken, um im Innenleben die Realität in ihrer Fülle zu erleben. Das resultiert darin, das Alltägliche als spirituelles Übungsfeld zu erobern, und auf ihm das innere und äußere Leben in neuer Weise zusammenzubringen. Parallel dazu drückt sich das in der nachtodlichen Dimension in einer Anhebung der Schwingungsebene auf die Frequenz des Feldes jenseits des Raumzeitkontinuums aus.

Auf der sechsten Etappe geht es um *ecstasy and rapture* – „Ekstase und Entrückung". Hier begegnet die Göttliche Präsenz dem körperlich, geistig, emotional und psychisch vorbereiteten Mystiker, der jetzt, da er frei von den Dingen ist, welche die eigentliche Realität fernhielten, in der Ekstase das Eine zu empfangen vermag. Damit geht die Kunst und Wissenschaft des Glücks einher. In nachtodlichen Texten wird entsprechend von einem Expandieren von Freude, Entrückung und grenzenlosem Glücksempfinden gesprochen.

Doch leider folgt nach all dieser Freude und Entrückung im nächsten siebten Stadium *the dark night of the soul* – „die dunkle Nacht der Seele", dem Prinzip gehorchend, dass nach einem Auf ein Ab kommt. Plötzlich ist die Freude verschwunden, der Göttliche Geliebte fort, Gott verborgen, und man ist wortwörtlich von allem beraubt. An diesem Punkt muss man sich den verbliebenen Schatten alter Gestalten und Gewohnheiten des geringeren Selbst stellen, um bereit zu werden für den letzten Schritt. Ein Fraktal auch davon scheint sich in den prüfenden höheren Frequenzen wiederzufinden, mit denen man konfrontiert ist, bevor man am Ende der nachtodlichen Reise auf das Eine trifft.

Das achte und letzte Stadium trägt die Bezeichnung *unitive life* – „liebende Vereinigung". An diesem Punkt existiert man nur mehr in ununterbrochener Vereinigung mit der Einen Wirklichkeit. Man ist zugleich man selbst und Gott. Denen, die in diesen Zustand eintreten, scheint nichts mehr unmöglich zu sein; tatsächlich wird alles möglich. Solche Menschen werden zu Weltveränderern und Weltrettern. Sie werden zu Kraft- und Lebenszentren, Unterstützern und Begleitern für andere Menschen auf ihrem Weg zu spiritueller Lebendigkeit. Sie strahlen und bringen andere zum Strahlen. Sie sind Kraftfelder, und wenn man sich in ihren Feldern bewegt, beginnt man selbst zu strahlen. Es sind nicht mehr Menschen, wie wir sie kennen. Sie sind so etwas wie ein „Seinsfeld" geworden, und man könnte sagen, aus einer Art „Gottessaat" ist eine Art „Gottesselbst" geworden. In der Jenseits-der-Raumzeit-Welt erlebt man offenbar dasselbe: die Vereinigung mit dem Bewusstsein selbst, völliges Aufgesogenwerden in die spirituelle Einheit und Gnade.

In dem hier vorliegenden Buch entdecken wir jedoch, dass solche Zustände nicht nur für Mystiker erreichbar sind, denn sie haben ja ihre Entsprechung im nachtodlichen Erleben, das uns alle ereilen wird. Das eine scheint die fraktale Resonanz des anderen zu sein. Und ein jeder von uns hat bereits Schönheit und Wunder um sich herum erlebt, wir haben erfahren, welche Kraft das Loslassen alter Gewohnheiten besitzt, und wie sich Kreativität und Freude anfühlen, die aus neuen Weisen des Denkens und Unterwegsseins erwachsen. Niedergeschlagenheit und psychische Untiefen im Gefolge der dunklen Nacht der Seele können wir freilich nicht vermeiden, und uns können mehr oder wenig intensive Momente des Erlebens transzendenter Einheit zuteil werden.

Das Studium der Fraktale der mystischen Wegversion jenseits von Raum und Zeit zeigt uns, dass Liebe die höchste Qualität darstellt, und genau das offenbart auch die Nachtoderfahrung. Die Erfahrung und Praxis der Liebe ist das Medium, welches uns jetzt und auf allen Etappen ins Herz des EINEN bringt – zum Bewusstsein selbst: Die Liebe ist es, die uns anzieht und uns zu unserem unendlichen Sein verführt, egal, wo und wie wir existieren.

Existenz und Intelligenz des Kosmos: Erkenntnis aus einer psychedelischen Kommunion

Christopher M. Bache

Meine Reaktion auf Ervin Laszlos „Was ist Realität?" ist die gleiche wie auf alle seine Bücher: ein tiefes, instinktives, enthusiastisches „Ja"! Der wissenschaftliche Beweis, den er für das Holo-Paradigma ins Feld führt, bringt mich innerlich zum Jubeln. Doch hat mein Ja noch einen tieferen Beweggrund: die Übereinstimmung von Laszlos wissenschaftlicher Vision mit meiner persönlichen Erfahrung. Denn jahrzehntelang versuchte ich, die Grenzen des Bewusstseins anhand der psychedelischen Protokolle von Stanislav Grof so weit wie möglich zu sprengen.

Ich glaube, dass Psychedelika eine große Wende, einen wirklichen Vorstoß, im Denken bewirken können – es gibt eindeutig ein Davor und Danach. Ihr Einfluss auf das westliche Denken ist durch die verkrampfte Verleugnung verwässert worden, die sie als „Halluzinogene" anprangerte und wegsperrte als etwas ohne „allgemein akzeptierte medizinische Verwendung" und sogar mit „hohem Missbrauchspotential". Doch dieser Reflex, Psychedelika zu kriminalisieren, verrät ja im Grunde die ihnen zugetraute Wirkung: Dementsprechend müssten diese Substanzen tatsächlich die Macht besitzen, die tiefsten Überzeugungen unserer Kultur auszuhebeln und zu verändern – zu dem hin, was wirklich wahr ist.

Laszlos kosmische Vision stellt die Wissenschaft in einen neuen Horizont. Für ihn bewegt sich unser Universum in einem unsichtbaren Meta-Universum mit unendlichem Potential: Materie, die im Quantenfeld tanzt; Galaxien, die ihre Information durch eine kosmische Intelligenz erhalten; eine naht- und lückenlose Gesamtheit, welche die Diversität des Lebens erhält und strukturiert, und in der jeder Part von einem ruhelosen Wachstums- und Entwicklungsdrang gesteuert wird; eine sich selbst erschaffende Kreativität, die auf der Zeitlinie operiert und die Vorstellungskraft anregt. In diesem Universum ist unser Bewusstsein eine fraktale Manifestation des allumfassenden Bewusstseins des Alles-was-ist.

Die Konvergenz von Laszlos Vision mit Einsichten, die sich aus psychedelischer Erkundung ergeben, ist tiefreichend und bedeutungsvoll. Das vereinheitlichte Bewusstsein, das Laszlo postuliert, kann man aus erster Hand erleben, wenn man Psychedelika sorgfältig, systematisch und mutig verwendet. Indem wir unser Bewusstsein methodisch hypersensibilisieren, uns der dadurch ausgelösten Wahrnehmungsexplosion hingeben, indem wir die uns zunichte machenden und befreienden Zyklen von Tod und Wiedergeburt aktiv annehmen, treten wir in eine vertiefte Kommunion mit der Existenz ein. Da die einschränkenden Strukturen unseres privaten Geistes wegfallen, erwachen wir im Bewusstsein des Universums selbst.

Man kann die Bedeutsamkeit dieser Entdeckung, die just in diesem Moment der Geschichte auftaucht, kaum überschätzen. Genau in dem Augenblick, als die westliche Kultur sich selbst davon überzeugt hatte, dass das gesamte Universum eine Maschine sei, es sich mit der Präzision einer Maschine, aber auch dementsprechender Blindheit bewege, wurden uns auch neue Möglichkeiten, das Innenleben des Universums zu erforschen, gegeben. Weil Maschinen nicht bewusst sind, wurde das Auftreten des Bewusstseins im Universum als kosmischer Unfall gedeutet, ein erstaunlicher Glücksfall, mehr nicht. Das ganze menschliche Streben mit seiner Fülle an Leiden und Freuden wurde jegliche existenziellen Bedeutung entleert, indem es als bloßes Produkt blinden Zufalls beurteilt wurde: Es verschwindet in einer Rauchfahne, wenn der Tod am Ende unsere Kerze ausbläst.

Wenn man Zugang zum Erleben des Universums von innen heraus erhält, lernt man jedoch, dass unsere bewusste Präsenz auf diesem Planeten, weit davon entfernt, ein Unfall zu sein, ganz im Gegenteil das Ergebnis einer äußersten, nahezu heroischen Anstrengung ist. Wir entdecken, dass wir unser Leben nicht unbemerkt in einer fernen Ecke eines unsensiblen Universums verbringen, sondern überall und jenseits des Vorstellbaren von intelligenten Strukturen umgeben sind; und dass unser Bewusstsein nicht mit dem Tod endet, sondern in einem Ozean von Zeit fortbesteht. Kurzum, wir entdecken das Universum, welches Laszlo so beredt beschreibt.

Erwachen zum Bewusstsein des Kosmos

Die hilfreichste Antwort, die ich auf Laszlos Entwurf anbieten kann, ist, meine persönliche Erfahrung dieser Kommunion mit den Lesern zu teilen. Ich zögere allerdings, dies zu tun, weil es gefährlich ist, eine Erfahrung aus ihrem Kontext zu reißen, in diesem Fall dem Kontext einer weiten visionären Reise. Platz findet an dieser Stelle allerdings nur eine beispielhafte Erfahrung – ich biete ihre Schilderung hier an, um die Art von Kontakt mit dem kosmischen Bewusstsein zu illustrieren, die Psychedelika ermöglichen. Solche tiefinnerlichen Erlebnisse haben ihren Preis, doch nehme ich das Leiden aus meiner Schilderung heraus, das an früherer Stelle seinen Tribut zollte, und überspringe viele Tod-Wiedergeburt-Episoden, welche den Boden in den vorangegangenen fünf Jahren bereiteten. Wir springen direkt zu der Erntephase in der zweiten Hälfte der Sitzungen; sie fand statt in der 19. von 73 hochdosierten LSD-Sitzungen, die ich zwischen 1979 und 1999 unternahm.

Als ich über das Feld kollektiven Leidens hinaus gelangt war, erfasste mich ein außergewöhnlich klarer Zustand, weit und zeitgesättigt. Ich fühlte auf die altgewohnte Weise, doch zugleich, als hätte all das ein offenes Ende, böte ein Feld unendlicher Möglichkeiten. Nachdem ich mich in dieser neuen Umgebung stabilisiert hatte, öffnete sich ein Kreis um mich herum und schuf einen Raum für den Dialog zwischen mir selbst und einem größeren Bewusstsein. Zu meiner Überraschung entdeckte ich, dass das experimentelle Feld mit dem Kreis auf meine Gedanken antwortete. Zuerst hatte ich die ekstatische Empfindung, einer enormen Intelligenz zu begegnen, die meine eigene in sich trug und gleichzeitig umfing. „Das ist richtig so“, teilte Sie mir mit, „das ist genau, was geschieht.“ Ich begann, Ihr Fragen zu stellen, und Sie antwortete, indem Sie meine Erfahrungen in dem Kreis orchestrierte. Es war ein extrem subtiler Prozess.

Nach ein paar Zwischenerlebnissen gelangte ich in ein vereinheitlichtes Energiefeld, wie es der gesamten physischen Existenz zugrunde liegt – eine Art riesiges Feld blendend-lichter, unglaublich intensiver Energie. Es war äußerst fordernd und hatte etwas von einer letzten Begegnung. Diese Energie war die eine Energie, welche jede Existenz umfasst. Alles, was existiert, stellt nur die verschiedenen Aspekte seiner Allexistenz dar.

Dann geriet ich in eine mächtige Bewegung – ich erlebte den Kosmischen Baum. Die Energie entfaltete sich zu einem gewaltigen Baum voll strahlender Energie im Raum. Größer als die größte Galaxie, bestand er ausschließlich aus Licht. Der Kern des Baumes verlor sich in der glitzernden Schau, doch Äste und Blätter umrahmten ihn. Ich erlebte mich selbst als eines seiner Blätter. Das Leben meiner Familie und engen Freunde wurde zu einem Blattverbund auf einem schmalen Zweig neben mir. Alle unseren Unterscheidungsmerkmale, all das, was uns zu den Individuen machte, die wir waren, erschien aus dieser Perspektive ziemlich geringfügig, eher wie willkürliche Varianten dieser Grundenergie.

Ich wurde um den Baum herumgeführt, und mir wurde gezeigt, wie leicht es sei, von der Erfahrung einer Person zu der einer anderen zu gehen, und in der Tat erwies es sich als lächerlich simpel. Verschiedene Lebensläufe rund um den Globus waren bloß verschiedene Erfahrungen, welche der Baum machte. Die Wahl lenkte die Erfahrung. Die verschiedenen Wesen, die alle Teil dieses Er/Sie/Es-Selbst-Seins waren, hatten diese mannigfachen Erfahrungen einfach gewählt.

An diesem Punkt war ich der Baum. Nicht dass ich seine volle Erfahrungsbreite besaß, doch erkannte ich mich selbst als dies eine allumfassende Bewusstsein. Mir war klar, dass seine Identität meine wahre Identität war. Ich erlebte, wie das Bewusstsein ununterbrochen in Embodiment-Kristallisationen fließt – wie Bewusstsein sich selbst in separaten Formen manifestiert und dabei vereinheitlicht bleibt. Damit gab es keinen Zweifel mehr daran, dass es grundsätzlich nur ein Bewusstsein im Universum gab. Aus dieser Perspektive erschien mir meine individuelle Identität und die eines jeden anderen als eine nur zeitweilige und fast triviale. Meine wahre Identität zu erleben, erfüllte mich mit einem tiefen Gefühl numinosen Berührtseins. „Das bin ich also." Diese Freiheit war reine Glückseligkeit.

In den Folgestunden nahm mich das Bewusstsein auf eine außergewöhnliche Reise durchs Universum mit. Es war so, als würde es mir seine Arbeit zeigen wollen. Offensichtlich war es der Schöpfer unseres physischen Universums, seine generative Intelligenz.

Es sagte, es würde „mich irgendwohin führen" oder mich für eine Erfahrung öffnen, und ich würde ein paar Aspekte der Wirkungsweise des Universums verstehen. Noch und noch wurde ich von der Großartigkeit, der Subtilität und der Intelligenz von dem überwältigt, dessen Zeuge ich wurde. „Das ist unglaublich". „Ich beginne zu verstehen." Die Schönheit all dessen war so ergreifend, dass das, was ich sah, mir wiederholt den Atem verschlug. Manchmal war ich so verzückt, dass ich am liebsten innegehalten hätte, und es erst wieder zu mir zurückfinden musste. „Bleib dran. Bleib dran." Es sagte, es würde sich ergötzen an meiner Ehrfürchtigkeit. Zuweilen war ich auch nicht sicher, was ich sah; dann tat es etwas, und alles um mich herum weitete sich – und ich verstand. Alsbald führte es mich woandershin.

Diese Erlebnisse waren die ekstatischsten, kognitiv erstaunlichsten und existenziell befriedigendsten Erlebnisse meines Lebens. Und meine Entrückung in das Feld, in dem ich mich jetzt befand, war meiner subjektiven Erinnerung zugänglich, wie alle meine Erlebnisse auf dieser Reise. Ich wurde wiedererweckt zu Realitätsebenen, die ich bereits kennengelernt, aber vergessen hatte. Ein „höheres" und „weiteres" Erfahrungsfeld nach dem anderen nahm mich in sich auf. Mit jedem Übergang geriet ich in einen tieferen Zustand ruhigen und wonnevollen Friedens. Es war so, als würde eine Milliarden Jahre alte Amnesie Schicht um Schicht weggezogen. Je mehr ich mich erinnerte, desto weiter wurde ich. Wellen des Erwachens schoben die Grenzen meines Seins weiter und weiter hinaus. Je mehr ich mich erinnerte, desto mehr *wurde* ich.

Schließlich wurde ich in eine besonders geräumige und friedvolle Dimension angehoben. Als mir diese Dimension wieder ins Gedächtnis zurückkam, übermannte mich ein überwältigendes Gefühl des Nachhausekommens, und ich empfand die Tragik, die in einem so langen Vergessen dieser Dimension lag, in ihrer vollen Tragweite. In dieser Dimension ganz zurück zu sein, sie wiederhergestellt zu sehen, war jeden Aufwand wert. Ich fragte, was denn geschehen war, da erklärte es mir, wir hätten uns in der Zeit verloren: „Wir hätten niemals erwartet, dass so viele von euch sich von der Zeit gefangen nehmen lassen würden." Da empfand ich, dass Zeit einfach eines von vielen kreativen

Experimenten des multidimensionalen Universum war, das mir gezeigt worden war.

Obwohl diese Erlebnisse auf ihre eigene Weise außerordentlich waren, war der ergreifendste Aspekt der geschilderten Sitzung nicht die entdeckten Dimensionen des Universums selbst, sondern das, was mein Sehen und Verstehen für das Bewusstsein bedeutete, mit dem ich war. Es schien ihm zu gefallen, jemanden gefunden zu haben, dem es seine Arbeit zeigen konnte. Es fühlte sich so an, als hätte es Milliarden Jahre darauf gewartet, inkarniertes Bewusstsein anzutreffen, das soweit entwickelt war, wenigstens damit beginnen zu können, das zu sehen, zu verstehen und zu schätzen, was vollendet worden war. Ich empfand die Einsamkeit dieser Intelligenz, die solch ein Meisterwerk geschaffen hatte, ohne dass jemand Ihre Arbeit anerkennen konnte. Das machte mich traurig. Ich trauerte um Ihre Isolation – in Ehrfurcht vor der tiefen Liebe, in der Sie Ihre Isolation als Teil eines größeren Plans auf sich genommen hatte. Hinter der Schöpfung befindet sich Liebe unvorstellbaren Ausmaßes, und alles, was existiert, ist ein Ausdruck dieser Liebe. Der Intelligenz hinter der Gestalt des Universums entspricht die Tiefe der Liebe, welche Sie inspiriert.

Endnoten

1 Crick, F., Hypothesis, A.: The Scientific Search for the Soul. Touchstone, New York, 1995, S. 3

2 „Hermes Trismegistus quotes“. Goodreads. Accessed November 22, 2015. https://www.goodreads.com/author/quotes/272885.Hermes_Trismegistus

3 Underhill, E.: Mysticism: A Study in the Nature and Development of Spiritual Consciousness. Dutton, New York, 1930

4 Houston, J.: Mystical Dogs: Animals As Guides to Our Inner Life. New World Library, Novato, California, 2004

5 Sherwood, J.: The Country Beyond: The Doctrine of Re-birth. C.W. Daniel, London, 2004, S. 65

Kapitel 7

Weite Horizonte

Tao, Bewusstseinsevolution und Existenzsinn

Dr. und Meister Zhi Gang Sha

Es ehrt mich, meine Gedanken zu diesem Buch beitragen zu dürfen. Als Diener und Lehrer des Tao weiß ich die neue Karte der Realität von Ervin Laszlo zu schätzen, ebenso wie die Beiträge von Deepak Chopra, Stanislav Grof, Gary Zukav, Jean Houston und den weiteren MitarbeiterInnen an diesem bahnbrechenden Buch.

Der große Tao-Weise Lao-Tse sagt, das Tao sei die Quelle allen Lebens und aller Schöpfung; viele Denker deuten das Tao-Konzept als Quelle, aus der Yin und Yang hervorgehen, sowie die Fähigkeit beider, aus ihrer Zweiheit drei und von da aus alle Dinge zu erschaffen. Das ist der Prozess der Tao-Schöpfung. Doch weit weniger Wissenschaftler haben sich damit beschäftigt, was Tao-Schüler *the blurred condition* nennen, die Realität, die Laszlos Konzept des kosmischen Bereichs jenseits der Raumzeit entspricht. Aus diesem Akasha-Bereich entsteht alles innerhalb des Universums, und kehrt in es zurück. Die zyklische Bewegung der Existenz können wir so verstehen, dass alles aus dem Tao kommt und ins Tao wieder eingeht. Die Rückkehr aller Dinge ins Tao, ihre Quelle, ist die Kehrseite der Schöpfung. Diese Haupterkenntnis hat Laszlos Theorie mit dem Tao gemeinsam.

Als Tao-Schüler stimme ich mit Ervin Laszlo darin überein, dass Sinn und Richtung innerhalb der Evolution nicht nur in Bezug auf die Materie gegeben sind, sondern auch das Bewusstsein selbst. Laszlo spricht vom Kosmos als der tieferen Realität, die weit mehr umfasst als das Universum; wobei das Universum all das enthält, was wir Materie nennen. Der Kosmos enthält nicht nur dies alles, sondern auch das Bewusstsein. Der Kosmos ist grenzenlos. Mehr noch: Der Kosmos entwickelt sich weiter. Das Bewusstsein im Kosmos wächst. In Laszlos Theorie entwickelt sich der Kosmos in Richtung auf *Superkohärenz* hin – mit anderen Worten größeres Gewahrsein und größere Freude.

In meiner Lehre betone ich, dass jedes menschliche Wesen Zugang zu diesem höheren Bewusstsein hat, denn es ist nicht nur aus dem Tao heraus erschaffen, sondern – gleichzeitig – das Tao selbst. Finden wir Zugang zu dieser tieferen Realität, dem Tao-Feld, können Wunderheilungen geschehen.

Meine persönliche Aufgabe besteht darin, andere zu lehren, wie man nicht nur Zugang zu dieser tieferen Realität findet, sich selbst und andere heilt, sondern auch, wie man als weiterentwickeltes Wesen ins Tao zurückgekehrt. Diese Rückkehr kann auch bedeuten, dass man bereits den Zustand des Tao-Bewusstseins oder kosmischen Bewusstseins erreicht, währenddessen man sich noch in menschlicher Gestalt befindet. In meiner Tradition heißt es, diejenigen, welche den Zustand von Tao erlangen, seien fähig, die Grenzen von Raum und Zeit zu überschreiten. Alles ist im Kosmischen Bewusstsein – im Akasha-Holofeld – vereint.

Über das Tao kann man unmöglich sprechen. Das Tao ist größer als das Größte und kleiner als das Kleinste. Das Tao hat keinen Anfang und kein Ende, und ist in jede Richtung unendlich. Die Reise der individuellen Seele besteht darin, sich als Mensch zu inkarnieren und durch bedingungslosen Dienst an der Lebenskraft und anderen Seelen zum Tao zurückzukehren. Durch den Dienst an anderen Seelen findet Reinigung statt, und durch vollkommene Reinigung vermag ein Mensch, Unsterblichkeit zu erlangen.

Das ist kein einfacher und kein schneller Weg. Millionen von Lebenszeiten in solchem Dienst sind erforderlich, und selbst dann noch könnte ein einziger Fehltritt aus Stolz oder falschem Handeln eine Seele in eine niedrigere Schwingung zurückfallen lassen und weitere Reinigung notwendig machen.

Ervin Laszlo hat zahlreiche wissenschaftliche Prinzipien zu Tage gebracht, die meine Lehre bestärken. Nicht nur Menschen, sondern jeder Fels und Baum und jedes Element auf Erden und im ganzen Universum hat eine Seele – ein Bewusstsein. Jede DNA, jede RNA, jede Zelle und jedes Quantum besitzt ein Bewusstsein. Die moderne Wissenschaft ist nicht fähig, diese „Bewusstseine“ zu messen, doch glaube ich, dass das Prinzip einer tieferen Realitätsdimension von der Wissenschaft verstanden werden kann und bereits wird. Es ist wichtig, dass wir zu dieser Verständnisebene voranschreiten, denn das wird das menschliche Verhalten in positiver und bedeutsamer Weise verändern. Wenn wir wüssten, dass jedes Element in unserer Welt ein Bewusstsein hat, wären wir vorsichtiger im Umgang sowohl miteinander als auch mit Mutter Erde und ihren Kreaturen, den Pflanzen, der Luft, dem Wasser und allen Elementen.

Laszlo schreibt, es gebe eine Ausrichtung in der Welt, einen Drive dahin, tieferen Sinn und Zweck in unserer Existenz zum Ausdruck zu bringen. Dem kann ich nur zustimmen. Für mich besteht dieser Drive darin, dem Tao zu folgen. Wer den Tao-Prinzipien folgt, blüht auf; wer aber gegen sie angeht, bekommt von ihnen Lektionen erteilt. Ich rate meinen Schülern, sich zu reinigen, reinigen, reinigen, und zu üben, üben, üben – die Gesänge und Handlungen, welche ihnen auf ihrer Bewusstseinsreise beistehen. Jedes Wort, jede Handlung, jeder Gedanke in einem jeden Augenblick beeinflusst diese Reise. Das Paradox individueller Existenz liegt darin, dass unser individuelles Bewusstsein und unsere Raumzeit-begrenzten Körper letztlich Teil eines universellen Bewusstseins sind, eines reinen Feldes, das ich Tao nenne und Laszlo Akasha-Holofeld. Diese größere Realität jenseits der Raumzeit ist ohne Anfang noch Ende und umfasst alles, was wir sind, denken und fühlen in einer einheitlichen Präsenz, die Raum und Zeit transzendiert.

Laszlo entwickelte die Theorie des Akasha-Bereichs, um die jenseits der Raumzeit befindliche Realität des Kosmos zu erklären. Genau dieser Bereich ist das Tao. Folge dem Tao, und du wirst nicht nur die Erkenntnis der Unsterblichkeit erlangen, sondern die Unsterblichkeit selbst. Das mag herkömmlichen Wissenschaftlern, die einzig und allein auf messbare Phänomene fokussiert sind, unmöglich erscheinen. Doch erlaube deinem Bewusstsein, sich zu entfalten, und du wirst die tiefere Dimension der Realität erfahren, den Zustand, in dem du sowohl Teil des Raum-Zeit-Feldes bist als auch des Feldes jenseits der Raumzeit – dem Reich, welches grenzenlos, maßlos und ewig ist.

Die neue Karte der Realität: Wer sind wir wirklich?

John R. Audette

Es gibt ein berühmt-berüchtigtes Zitat von Mark Twain, der für die vielen scharfsinnigen Bemerkungen bekannt ist, die er ebenso treffsicher wie fürsorglich an seine Mitmenschen weitergab: „Nicht das, was du nicht weißt, bringt dich in Schwierigkeiten, sondern das, was du sicher zu wissen glaubst, obwohl es gar nicht wahr ist."

Diese Beobachtung ist von unbestreitbarem Wert für die letzten Fragen des Lebens – jene Fragen, mit denen wir fast unsere ganze bewusste Existenz lang ringen. Es sind bohrende und nagende Fragen, die unaufhörlich in unseren Köpfen herumspuken und sich hartnäckig an unsere Fersen heften – auf der Suche nach Antworten, die uns endlich Frieden schenken mögen. Dieses Buch greift sie fast alle auf. Es entwirft ein neues Paradigma – eine neue Karte der Realität. Im Licht dieser Karte erhalten wir frische – wenn auch absolut zeitlose – Antworten auf die großen Fragen des Lebens. *Wer bin ich? Weshalb bin ich hier? Was ist der wahre Sinn und Zweck des Lebens? Was geschieht mit mir und meinen Liebsten, wenn für uns der Zeitpunkt gekommen ist zu sterben?*

Wie dieses Buch zeigt, ist die faktische Wahrheit, das heißt die unverfälschte objektive Wahrheit, oftmals nicht das, was wir denken. Sie kann sich als etwas völlig anderes herausstellen als das, was wir für wahr halten oder als wahr empfinden. Das gilt mit Sicherheit für unsere Einschätzung unserer selbst, unserer Umwelt sowie der Wirklichkeit als großes Ganzes. Was wir für wahr halten und als wahr empfinden, kann sich, selbst wenn es uns in seinen Wirkungen und Konsequenzen real erscheint, entschieden von dem abheben, was sich im Kontext objektiver Realität als faktisch wahr erweist.

Laszlos neue Karte der Realität lehrt uns, dass genau das für unser Nachdenken über das Wesen der Realität, das Bewusstsein und seine Verfassung nach dem physischen Tod ebenso wie Sinn und Zweck des Lebens zutrifft. Wenn wir uns mitten im Alltagskontext mit diesen gewichtigen Fragen konfrontiert sehen, haben wir alle eine Mattscheibe und tappen wahrlich im Dunkeln. Bestenfalls tasten wir dann um uns, denken scharf nach und finden vielleicht mit Hilfe der klassischen Wissenschaft ein paar Ansätze, die sich als brauchbar, weil wiederholbar, erweisen und der strengen Überprüfung eines Kreuzverhörs standhalten. Doch noch ist unser Wissen mangelhaft, unvollständig und unvollkommen.

Meine Lebenssuche und -erfahrung

Ich bin kein Wissenschaftler und erhebe auch keinen Anspruch darauf, einer zu sein. Doch ich begrüße die Wissenschaft und halte mich, wenn es um die Suche nach der Wahrheit geht, an ihre Strenge und Disziplin. Un- oder Halbwahrheiten, Illusionen oder Dogmen interessieren mich nicht. Ich halte mich nur an Meinungen oder Denkansätze, von denen ich glaube, dass sie sich verteidigen lassen, da sie auf glaubwürdigen Beweisen beruhen. Wenn ich etwas als wahr betrachte, dann nicht unbedingt deshalb, weil ich möchte, dass es wahr ist, oder mir das dienlich ist, sondern eher, weil ich auf Grund meiner Beobachtungen und Nachforschungen zu dem Schluss gekommen bin, dass es wahr sein muss.

Die Trial-und Error-Methode hat mich seit langem gelehrt, dass den Weg des geringsten Widerstands zu gehen und dabei mit einer rosaroten Brille den Schmetterlingen hinterherzujagen, völlige Zeit- und Energievergeudung ist. Das dient wirklich keinem anderen Zweck, als Einbildungen und Fantasievorstellungen nachzuhängen. So tue ich mein Bestes, und das ist eine Frage der Disziplin, nur nach der Wahrheit zu suchen und nur für die Wahrheit einzustehen. Daher unternehme ich große Anstrengungen, um sicherzustellen, dass die von mir vertretenen Positionen völlig mit dem übereinstimmen, was an bestmöglichen Beweisen und Daten zu dem jeweiligen Thema vorliegt.

Auf der Suche nach objektiver Wahrheit habe ich 1974 damit angefangen, mich transformativen spirituellen Erfahrungen (spiritually transformative experiences – STEs) und nonlokalen Bewusstseinserfahrungen (non-local consciousness experiences – NLCEs) zu widmen. Als ich mit dieser Arbeit begann, war ich Agnostiker; den katholischen Glauben, in dem ich aufgewachsen war, hatte ich im Alter von 18 Jahren an den Nagel gehängt, als ich mein Leben endlich unabhängig von den Auflagen meiner wohlmeinenden Eltern führen konnte. Von diesem Moment an segnete mich mein Lebensweg mit zwei Privilegien, die mir auf der Suche nach der Wahrheit einen Vorsprung vor den meisten Menschen verschafften.

Zunächst einmal führte er mich in ein Hospiz, wo mich die Sterbepatienten, die ich betreute, ungeheuer viel lehrten. Des Weiteren schenkte er mir die Gelegenheit, Hunderte von Leuten zu treffen und zu befragen, die STEs und/oder NCLEs der einen oder anderen Art gehabt hatten, ebenso wie Wissenschaftler, die sich mit solchen Phänomenen befassten. Diese Arbeit gewährte mir die Ehre, mit Pionieren jener Bewegung zusammenzuarbeiten, die sich dem menschlichen Potenzial und dem spirituellen Erwachen verschrieben und viele der tonangebenden Bücher auf diesem Gebiet geschrieben haben.

Diese beiden Pluspunkte schenkten mir einen ungewöhnlichen Blickwinkel von ungeheurer Tragweite. Es war in der Tat ein Privileg, mit Dutzenden von Patienten während ihres Sterbeprozesses direkt im Kontakt zu stehen, ebenso wie mit Hunderten von Leuten, die von NTEs, STEs und/oder NLCEs berichteten. Diese wundervollen Menschen mit ihren sehr spezifischen Einsichten und Weisheiten, die sie auf ihren astronautischen Reisen ins große Jenseits gewonnen hatten, sind meine größten Mentoren geworden und bis heute geblieben.

Ich bin überzeugt davon, dass die meisten meiner Kollegen und Mitmenschen zu den gleichen wohlbegründeten Schlussfolgerungen kommen würden, bekämen sie die Gelegenheit, Verbindung zu Sterbepatienten und Zeugen von STEs oder NLCEs aufzunehmen. Was sie mich in den vergangenen 42 Jahren lehrten und, dessen bin ich gewiss, uns alle lehren können, lässt sich in folgenden 15 Erkenntnissen zusammenfassen:

1. Das Bewusstsein ist weder abhängig vom Gehirn noch sein Produkt oder Nebenprodukt.

2. Das Bewusstsein überlebt den Tod. Es ist zeitlos und ewig. Es wird nicht von Raum, Zeit oder Form begrenzt. Es ist weder Materie noch Energie. Es ist sowohl individualisiert als auch unsterblich und unzerstörbar.

3. Es gibt weder Seelenrettung noch ewige Verdammnis oder Verurteilung durch ein höheres Wesen. Nur ewige Existenz und fortwährende Evolution der Seelen auf das Christus- oder kosmische Bewusstsein zu. Und das lässt sich am besten als universeller Imperativ definieren, alles bedingungslos zu lieben, auch sich selbst.

4. Der Sinn und Zweck aller Existenz liegt darin, reiner Ausdruck oder reine Manifestation bedingungsloser Liebe alles und aller zu werden. Bedingungslose Liebe ist das letzte und bleibende Organisationsprinzip des Universums/Metaversums.

5. Wir alle stammen aus derselben Quelle bzw. vom selben Schöpfer ab und kehren wieder zu ihr/ihm zurück, die/der sich am besten als totale perfekte bedingungslose Liebe, absolute Wahrheit und vollständiges Wissen beschreiben lässt.

6. Alle lebenden Dinge sind eins, sie sind Aspekte eines verbundenen Ganzen, Lebenselemente innerhalb der Schöpfungsmatrix. Es gibt keine wirkliche oder wahrhaftige Dichotomie zwischen belebten und unbelebten Objekten. Unabhängig von ihrer manifesten Form innerhalb der physikalischen Realität ist jedwede Materie und Energie gleichermaßen Teil des Netzwerks, welches die Schöpfung vermittels unsichtbarer Quantenkohäsions-, Kohärenz- und Verschränkungsprozesse aufbaut. Auf einer gewissen Seinsebene ist daher alles „lebendig" und grundsätzlich mit einem gewissen Maß an Bewusstsein ausgestattet – und sei es nur, insofern es an den Quantenprozessen teilhat, die im Inneren und zwischen jeder Art von Materie stattfinden.

7. Was wir säen, ernten wir auch. Was wir anderen antun, tun wir – voll und ganz – uns selbst an. Und dazu gehört all das, was wir Tieren, Bäumen, den Meeren, Flüssen, der Erde, seiner Atmosphäre und dem Weltraum antun, denn innerhalb der Schöpfungsmatrix ist alles miteinander verbunden und voneinander abhängig.

8. Nach dem Tod findet in Anwesenheit der Quelle/des Schöpfers und All-dessen-was-ist ein umfassender Lebensrückblick statt, in dem jedes Gefühl, jeder Gedanke, jedes Wort und jede Tat sowie der Einfluss, den wir in diesem Leben auf die Schöpfung insgesamt hatten, sichtbar wird. Alles wird uns dann enthüllt. Nichts bleibt verborgen.

9. In diesem Lebensrückblick richten wir uns selbst – und das im Angesicht unbeschreiblicher bedingungsloser Liebe, vollständigen Wissens, absoluter Wahrheit, Schönheit und Vollkommenheit. Niemand bzw. nichts Außenstehendes sitzt über uns zu Gericht, wir alleine sind es, die über uns ein abschließendes Urteil fällen.

10. In unserem Lebensrückblick bekommen wir die von uns aufgebrachte Liebe und Freude um ein Hundertfaches zu spüren, den Schmerz und das Leid, das wir anderen zufügten, jedoch um ein Hunderttausendfaches.

11. Wo und wann auch immer wir Schmerz und Leid verursachten, verpflichten wir uns bereitwillig zu einem vollständigen Sühneprozess, um den Schaden auszugleichen. Diese Sühne vollzieht sich im Laufe zukünftiger Lebenszeiten, die in unterschiedlicher Form, zu unterschiedlichen Zeitpunkten und an unterschiedlichen Orten stattfinden werden.

12. Wir manifestieren uns so lange in wechselnder Gestalt an wechselnden Orten, wie es nötig ist, das von uns ausgegangene Leid zu sühnen und zu lernen, alles – auch uns selbst – bedingungslos zu lieben, bis wir das perfekt und beständig meistern.

13. Wenn wir es durch konsequentes Üben geschafft haben, bedingungslose Liebe zu praktizieren, so wie es Jesus Christus in physischer Gestalt tat, als er am Kreuz sagte, „vergib ihnen, Vater, denn sie wissen nicht, was sie tun", werden wir von Neuem eins mit der Quelle, aus der wir stammen, denn dann stimmt unsere Schwingung wieder mit der der Quelle überein. Dieser unvorstellbar glückselige Zustand ist das, was man gemeinhin als „Himmel" bezeichnet. Eine höhere Form des Seins als diese totale Vollkommenheit, Liebe und Glückseligkeit gibt es nicht. Mit Ausnahme von freiwilligen Inkarnationen zum Wohl der Allgemeinheit endet der Zyklus der Wiedergeburt hier.

14. Wir können nur so stark sein wie unser schwächstes Glied. Das Wohl des Einen und das Wohl der Vielen bilden eine Symbiose. In einem idealen Zustand perfekter Einheit, Harmonie, Frieden und Liebe, wie er eigentlich unserer Natur entspricht, nähren beide einander.

15. Alles kollektive Leid ist kollektiv selbst zugefügt, entstanden aus Illusionen und Fehlwahrnehmungen. Wir sehen uns selbst und die Realität um uns herum nicht so, wie wir/sie in Wahrheit sind/ist, nämlich aus einer umfassenden Perspektive betrachtet. Die Quelle/der Schöpfer ist nicht für das Übel und Leid in der Welt verantwortlich, denn das fügen wir uns und unserem Planeten selbst zu – auf eigenen Entschluss hin, aus freiem Willen.

Diese Erkenntnisse, die auch aus der neuen Karte der Realität in diesem Buch hervorgehen, sind keine neuen Entdeckungen oder Enthüllungen. Vielmehr sind sie die Quintessenz zeitloser Weisheit von Mystikern, Weisen und Heiligen aller Zeiten, verbunden mit den überlieferten Grundlehren der Weltreligionen und kombiniert mit den jüngsten Forschungsergebnissen der Wissenschaft.

Und ich behaupte, dass diese Erkenntnisse die besten Schlüssel zum Verständnis der Realität und zeitlosen universellen Wahrheit liefern, wie sie Menschen in Tausenden von Jahren angestrengten Nachdenkens und Studierens, der Kontemplation, mystischen Erfahrung und wissenschaftlichen Forschung eruiert und artikuliert haben. Würden die Menschen ihre Wahrnehmung, Haltung und ihr Verhalten mehrheitlich nach diesen Erkenntnissen ausrichten, würden sie zu einer kollektiven Ko-Kreation finden, und daraus in Zukunft ideale nachhaltige Lebensbedingungen für die Erde und ihre Bewohner entstehen.

In den vergangenen Jahrzehnten habe ich keine Mühe gescheut, jeden einzelnen alternativen Erklärungsansatz für STEs und NCLEs innerhalb des materialistischen Wirklichkeitsverständnisses in Erwägung zu ziehen. Von ihnen allen, einzeln und zusammen, bleibt meiner Meinung nach nur die Überlebenshypothese übrig, sie allein trägt der ganzen Bandbreite an Phänomenen Rechnung, wie sie von Leuten geschildert wurden, die ausführliche bedeutsame Erlebnisse innerer Transformation und nonlokalen Bewusstseins hatten.

Vor diesem Hintergrund habe ich mich, obgleich ich selber nie eine STE hatte, von einem distanzierten Agnostiker zu Beginn des Jahres 1974 zu jemandem hin entwickelt, der heute ganz und gar zur Gültigkeit und Wahrhaftigkeit der oben aufgezählten Erkenntnisse steht. Diese Einsicht packte mich 1974 und hielt mich seither für immer in ihrem Bann; sie treibt mich an, mich und die Welt stets neu zu überdenken und zu definieren und auf ihre Übereinstimmung mit der neuen Karte von Kosmos und Bewusstsein in diesem Buch zu überprüfen.

Sinn und Bedeutung spontaner Erkenntnisse

Würden wir im Einklang mit diesen Erkenntnissen leben und uns in ihrem Licht betrachten, könnte das das Wesen und Verhalten von uns Menschen ebenso dramatisch verändern wie das Antlitz des gesamten irdischen Lebens. Wenn also ein globaler Prozess dafür sorgen würde, ihre Gültigkeit und öffentliche Glaubwürdigkeit zu verstärken, und zwar sowohl von wissenschaftlicher Seite her wie auch durch persönliche und öffentliche Bildungsprogramme, könnte die spirituelle Entwicklung der Menschheit und der Fortschritt der menschlichen Zivilisation zum Wohle aller gefördert werden.

Zugegebenermaßen vermeiden die meisten Menschen es so lange, den großen Fragen des Lebens auf den Grund zu gehen, bis die sprichwörtliche Bombe platzt. Erst wenn ein geliebter Mensch stirbt oder eine tödliche Krankheit droht, geben sie sich mit ihnen ab, um dann zu entdecken, wieviel mehr sie selbst und die Realität jenseits vom Körper und den Dingen der Welt sind.

Und doch wissen wir alle aus Erfahrung, dass das berühmte „Morgen“ niemandem versprochen ist. Und das ist es ganz sicher nicht. Keiner von uns weiß, ob er morgen noch in physischer Gestalt auf dem Planeten Erde leben und die Gesellschaft seiner Liebsten und all der Dinge genießen wird, die uns so kostbar sind.

Vor langer Zeit sagte Buddha: „Dinge erscheinen nur, um zu verschwinden.“ Und um ein beliebtes Klischee zu zitieren: „Eine Minute lang sind wir hier und in der nächsten schon wieder weg.“ Und: „Jetzt siehst du mich. Jetzt nicht mehr.“

Es steht außer Frage, dass der Tod unserer physischen Gestalt jederzeit kommen kann. Für die einen mit Vorwarnung oder Vorankündigung, für die anderen ohne. Der Tod verfolgt uns auf Schritt und Tritt, hängt sprichwörtlich über uns wie das Damoklesschwert und lauert auf den Moment, wo die Zeit für unsere physische Existenz abläuft. Ob wir hier über lang oder kurz leben, unsere Lebenszeit in physischer Gestalt auf dem Planeten Erde rast nur so davon und ist in einem Wimpernzucken vorbei.

Jeder einzelne von uns ist dieser einen gemeinsamen tödlichen Bedingung unterworfen, die man physische Existenz nennt. Das Leben, wie wir es kennen – von einem Körper aus, den wir bewohnen – wird enden, soviel lässt sich sicher- und unwiderruflich vorhersagen, denn alle Materie tut das, wenn die Zeit reif für den letzten Schicksalsschlag ist. Das gilt für jedes physische Geschöpf, sogar für unseren Planeten, unsere Sonne, unser Sonnensystem, unsere Galaxie und das gesamte Universum – sie alle sind wie ein Sandmandala.

Eines Tages geht alles im Universum vorüber und transzendiert die manifeste Form. Doch genau diese Endlichkeit gibt der physischen Existenz ihren Sinn und Zweck, nicht als Selbstzweck, sondern als Boden, auf dem sich unser fortdauerndes Bewusstsein ausprobieren kann. Der Tod fordert uns dazu heraus, unserem Leben Bedeutung zu verleihen, und in diesem Sinn sollte jedes physische Leben eine unablässige Vorbereitung auf den Tod sein.

Diese Eigenschaft macht den Tod zum großen gemeinsamen Nenner, dem großen Regulator, denn er betrifft uns alle gleichermaßen und macht uns gleich, wenn wir hinübergehen, und unsere einstmals lebenssprühende physische Gestalt in eine unbedeutende leblose Hülle verwandelt wird. Je eher wir uns diese Tatsache eingestehen, desto eher können wir uns an die so wichtige innere Arbeit machen, um unsere umfassendere spirituelle Identität jenseits des Körpers zu entdecken – jenseits des physischen Behältnisses, das für eine begrenzte Zeit unser unendliches Bewusstsein beherbergt.

Natürlich können wir uns etwas vormachen, wie es viele unter uns tun, und die Aussicht auf unseren Tod leugnen. Wir können uns zum Narren halten und denken, „dem und dem und dem passiert das, doch niemals mir“. Letztlich aber wird der Tod jeden von uns finden, ob wir es wollen oder nicht, und uns ermahnen, „unsere sterbliche Hülle abzuwerfen“. Wenn die Zeit kommt, wird er uns am eigenen Leibe lehren, was der Dichter John Donne mit seiner berühmten Bemerkung sagen wollte, „und darum verlange nie zu wissen, wem die Stunde schlägt; sie schlägt dir selbst.“

In einigen Stämmen der indianischen Ureinwohner Amerikas war es üblich, jeden neuen Tag mit folgendem Satz oder Gedanken zu begrüßen: *Heute ist ein guter Tag zum Sterben.* Dieser Ausdruck, Spiegel ihrer Philosophie, war eine Anerkennung des Tatbestands, dass jeder beliebige Tag ihr letzter auf Erden in diesem Körper sein konnte. Damit bemühten sie sich, tagtäglich ihre Zugehörigkeit zum „Großen Geist“ zu bekunden. Das zeugte von ihrem Wissen, dass ihre irdische Existenz zeitlich begrenzt und vorübergehend war. Um es anders auszudrücken: „Leben ist nur ein Traum“.

Obwohl der Tod ständig auf uns lauert und näher rückt, denken viele von uns in der westlichen Kultur nicht an ihn. Wir lenken uns mit irdischen Belangen und weltlichen Dramen ab – und tun dabei so, als lebten wir in diesem Körper und dieser Welt für immer. Eine solche Haltung hindert uns daran, uns mit unserer Sterblichkeit zu konfrontieren und uns Fragen zum tieferen Sinn und Zweck unserer Existenz zu stellen. Doch dieses Spiel, so zu tun als ob, können wir nur eine Weile lang fortsetzen. Mit einem Schlag wird es – wie alle Spiele – ein Ende finden müssen.

Ohne Zweifel führen viele von uns ein relativ oberflächliches Leben, in welchem wir im Banne von Dingen dieser Welt stehen, die es zu erreichen gilt: materielle Güter, Sport, Liebesromanzen, Sex, Reichtum, Ruhm, Macht, individuelle Schönheit, Anti-Aging-Strategien, seichte Unterhaltung, Drogen, Alkohol und Ähnliches. Am Ende hat nichts von alledem mehr irgendeinen Wert für uns, dann erkennen wir den Betrug und die Ausweglosigkeit darin.

Wenn das eine Beschreibung Ihrer aktuellen Lebensrealität und Ihres Lebensstils ist, dann sollten Sie wissen, dass auch Sie sich einem leichtsinnigen Scheinspiel verschrieben haben. Hut ab, dass sie dieses Buch hier lesen und von seiner Weisheit lernen wollen. Hut ab, dass sie sich einen ersten Schritt aus Ihrer Komfortzone herauswagen. Um die Heilige Schrift zu zitieren: „Denn was hat ein Mensch davon, wenn er die ganze Welt gewinnt, dabei aber seine Seele verliert?" (Markus 8,36).

Die späte Dr. Elisabeth Kübler-Ross wiederholte in ihren Vorträgen und Interviews häufig: „Sterbepatienten sind die großartigsten Lehrer der Welt, wenn wir nur unsere Furcht vor dem Tod weit genug weglegen könnten, um ihnen zuhören und von ihnen lernen zu können." Mit Elisabeth war ich lange befreundet, von unserem ersten Treffen 1975 an war sie Schlüsselfigur und Mentor für mich.

Elisabeth war eine in der Schweiz geborene und ausgebildete Psychiaterin, die in den Vereinigten Staaten die Hospizbewegung gegründet und sie von dort aus verbreitet hat. Ihr ist insbesondere zuzuschreiben, die Pflege von Patienten im Endstadium ihrer Krankheit revolutioniert und das hartnäckige kulturelle Tabu gebrochen bzw. zumindestens erschüttert zu haben, welches die offene Diskussion des Lebensendes und der damit zusammenhängenden Themen verhinderte. In ihrem Klassiker „Interviews mit Sterbenden" [deutsche Übersetzung 1971; englische Erstveröffentlichung 1969 „On Death and Dying. What the dying have to teach doctors, nurses, clergy, and their own families"] entwarf sie die berühmte Abfolge von fünf psycho-emotionalen Trauerstadien, die die meisten sterbenden Patienten durchlaufen: Nicht-wahrhaben-Wollen, Zorn, Verhandeln, Depression & Leid und Zustimmung.

Elisabeth wiederholte oft, dass viele von uns Vertretern der westlichen Kultur „eine sehr irrige Vorstellung vom Tod" haben: „Wenn wir wahrhaft verstünden, was der Tod ist und was es bedeutet zu sterben, verlören wir unsere Furcht davor. Wir würden unser Leben ganz anders verbringen und einander ganz anders behandeln." Sie konnte damals wie heute – und für die ferne Zukunft – nicht richtiger liegen.

Wenn Menschen, denen es an spiritueller Tiefe oder Überzeugung fehlt, mit ihrem eigenen unmittelbar bevorstehenden Tod zurande kommen müssen, wird ihnen klar, dass sie sich selbst nicht länger mehr in den vertrauten üblichen Begriffen definieren können. Ihre Ego-Identität, an die sie sich bisher gehalten hatten, beginnt rasch unter dem Gewicht all der tief verankerten Illusionen und falschen Annahmen bezüglich der physischen Existenz auseinanderzubrechen. Sie realisieren nun, dass sie sich nicht mehr als Summe ihres physischen Körpers, Eigenkapitals, ihres materiellen Besitzes, ihrer Lebensleistungen, akademischen Grade oder sozialen Rollen (Ehemann, Gattin, Schwester, Bruder, Vater, Mutter etc.) in diesem Leben definieren können.

Dieses Erwachen entfacht eine Identitätskrise erster Ordnung und öffnet einer ganzen Reihe qualvoller Fragen Tür und Tor. Wenn ich nichts von alldem mehr bin, wer oder was bin ich dann? Und was wird aus mir?

Doch eines Tages werden wir alle vor diesen Fragen stehen. Je früher wir uns ihnen stellen, desto besser, am besten lange bevor sich das Ende unseres Lebensdramas ankündigt. Wenn Ihre Zeit gekommen ist und Sie noch immer in dem Glauben stehen, Ihr Körper oder Ihre soziale Identität zu sein, wird sich genau diese Identitätskrise in ihrer Psyche breitmachen und Sie gewaltig umtreiben. Das kann ein äußerst schwerer innerer Kampf sein, zu dem dann noch die Angst hinzukommt, die aus der drohenden Auflösung Ihrer physischen Gestalt herrührt.

Deshalb gibt es keinen besseren Moment als genau jetzt, um sich mit seiner ewigen inneren Essenz vertraut zu machen, mit seiner Seele, die am Ende das einzige ist, was die Tortur des physischen Todes überleben wird. Wenn Sie noch der Meinung sind, Ihr Körper sei alles, was Sie sind, dann schauen Sie sich doch bitte die Beweislage genau an, so wie ich es getan habe, und bedenken Ihre Position. Haben Sie diese Gedanken und Beobachtungen bis hierher mitverfolgt und dieses Buch von Anfang bis Ende gelesen, dann überlegen Sie sich, ob Sie Laszlos neues Paradigma der Realität nicht zu Ihrer eigenen Realität machen wollen.

Der erste Schritt besteht darin, dass Sie sich als mehr als Ihr Körper betrachten, denn das sind Sie. Ihr Körper stirbt, doch Sie nicht. Offenbar umfasst Ihre Realität viel mehr als das, was Ihren fünf Sinnen begegnet. Und diese Wahrheit ist es, die Sie befreien wird.

Im nächsten Schritt nutzen Sie diese Erkenntnis als Gelegenheit, sich neu zu besinnen, neu zu bewerten und neu zu definieren. Das könnte zu einem bedeutsamen Weckruf für Sie werden. Hören Sie die Glocke nicht? Sie läutet für Sie und mich und jeden unter uns.

Albert Einstein, möglicherweise der klügste Wissenschaftler, den es je gegeben hat, soll gesagt haben: *„Es gibt nur zwei Arten zu leben. Entweder so als wäre nichts ein Wunder oder so als wäre alles ein Wunder."*

Mir scheint letztere die zutreffendere Art zu sein, die Wirklichkeit zu erfassen und zu bedenken. Wie können das Leben und all seine Geschöpfe etwas anderes als ein staunenerregendes Wunder sein? Denken Sie nur daran, wie aus einer Eichel eine ganze Eiche wird oder wie simpler Sternenstaub sich verdichtet und komplexe Galaxien und andere Lebensformen bildet. Denken Sie daran, wie Sie und ich zu den Menschen geworden sind, die wir heute sind – einfach nur aus der Vereinigung von Sperma und einer Eizelle. Denken Sie daran, dass Sie genau in diesem Moment leben, atmen und komplexe Gedanken verfolgen, während zigtausend weitere komplexe Prozesse gleichzeitig in Ihrem Körperwunderwerk ablaufen. Wenn man diese und all die anderen unglaublichen Wunder, von denen es so unendlich viele gibt, nicht zu sehen vermag, dann schaut man nicht nahe genug hin und verpasst das wahre Wesen von alldem, was ist.

Reißt man seine Augen aber auf und öffnet sein Herz, um die unergründliche Beschaffenheit der Natur und das atemberaubende Wunder der Schöpfung wahrhaft zu erfassen, dann taucht eine auf großartige Weise verflochtene und ineinandergreifende Matrix aus den Tiefen unserer Beobachtungsgabe auf, die sich nicht einfach als Zufallsprodukt abtun lässt.

Als Albert Einstein, Max Planck und andere große Vertreter der klassischen Physik gegen Ende ihrer Karriere, in der sie immerhin Geschichte schrieben, zu dem Schluss kamen, das Universum und alles Leben darin seien viel zu präzise und elegant, um das Ergebnis eines bloßen Unfalls oder einer Koinzidenz zu sein. Aus diesem Grund drückten sie und andere berühmten Wissenschaftler sich in ihren späten Jahren eher wie Mystiker oder spirituelle Lehrer aus als materialistische Denker. Sie waren, soweit sie konnten, in die Tiefe vorgedrungen und hatten ein Universum entdeckt, das weit mehr einer brillanten willentlichen Konstruktion als einem versehentlichen glücklichen Umstand zuzuschreiben ist.

In einem privaten Brief, den er im Februar 1950 an Robert Marcus in New York schrieb, machte Einstein ein Bekenntnis, das weitere Denkanstöße gibt:

> „Ein Mensch ist Teil der gesamten Welt, die wir ‚Universum' nennen, ein zeitlich und räumlich begrenzter Teil. Er erlebt sich, seine Gedanken und Gefühle wie etwas, was vom Rest getrennt ist – eine Art optische Täuschung seines Bewusstseins. Das Streben danach, sich von dieser Täuschung zu befreien, ist das einzige Ziel glaubwürdiger Religion. Nicht diese Täuschung zu nähren, sondern sie aufzulösen, ist der richtige Weg, um ein größtmögliches Maß an Geistesfrieden zu finden."[1]

Um uns von dem, was Einstein Täuschung nennt, zu befreien und uns zu sehen, wie und was wir im Ganzen der Schöpfung wirklich sind, benötigen wir einen neuen Denkweg. Und das wird keiner sein, der auf Glaube, Dogma, Vermutung oder Fantasie beruht, sondern eher einer, der in dem tief verwurzelt ist, was Einstein „wahre Religion" nennt – und die beruft sich auf Fakten, Beweise und Erkenntnisse, die aus einer vertrauenswürdigen Wissenschaft abgeleitet sind.

Worin besteht diese neue Art zu denken, und wo findet sie sich? Auf Laszlos neuer Karte der Realität? In Einsteins Einsichten, die, wie wir gesehen haben, mit Laszlos Karte in völligem Einklang stehen? In Buddhas Aufruf, uns zur „rechten" Erkenntnis und Gesinnung zu bekehren? Der Lehre Jesus Christi, die „Wahrheit, die uns befreien wird", zu entdecken und zu akzeptieren? Ja, in der Tat, doch zu diesem Schluss müssen Sie selbst kommen – genau wie Einstein, Planck und mit ihnen so viele andere herausragende Wissenschaftler, deren disziplinierte Erforschung der Schöpfungsessenz sie auf analytischem Weg zu der intellektuellen Konsequenz brachte, dass der Materialismus eine antiquierte Fehldeutung der Realität ist. Viel Glück auf Ihrer Reise in jene Richtung, in die letztlich alle Wege ernsthafter und unvoreingenommener Recherche münden.*

---

* Das Laszlo Institute of New Paradigm Research and Eternea hat sich mit dem Club of Budapest und weiteren gleichgesinnten Organisationen zusammengetan, um die Menschheit mit einem tragfähigen empirischen Fundament zu versorgen, das hilft, die Gültigkeit der oben aufgeführten Erkenntnisse anzuerkennen. Nach unserem Dafürhalten könnte das das Wesen des Menschen und seiner sozialen, ausbildungstechnischen, medizinischen, politischen und ökonomischen Systeme ebenso wie seiner Religion tiefgreifend verändern. Wir arbeiten an einer holistischen Blaupause, um die Entwicklung des menschlichen Bewusstseins und der menschlichen Zivilisation voranzubringen, indem wir die individuelle Wahrnehmung der Realität sowie das Grundverständnis des Lebens, seines Sinns und Zwecks, verändern. Wir laden Sie ein, sich uns in diesem wichtigsten aller Vorhaben anzuschließen.

Bewusste Kraft für planetarische Ganzheit

Kingsley L. Dennis

Wie Ervin Laszlo so klar und beredt zeigt, ist der Kosmos ein sich selbst organisierendes und aktualisierendes Ganzes. Jeder Manifestation unserer Realität liegen holotrop-evolutionäre Antriebskräfte zugrunde. Die Evolution scheint sich in dem uns bekannten physischen Universum, seinen Gesetzen und Prozessen, ebenso wie in und unter dessen lebenden Organismen in Richtung auf eine sensiblere und stabilere Kohärenz sowie eine bewusste Interkonnektivität hin zu entwickeln. Auf diesem Planeten könnte die ultimative physische Manifestation von Kohärenz sehr wohl ein soziales System von planetarischer Größenordnung sein – eine planetarische Zivilisation. Würde sie auch zum Schauplatz werden, auf dem ein immanentes universelles Gefüge auf ein erwachendes transzendentes Bewusstsein träfe?

Soziale Kohärenz in planetarischer Größenordnung

Ein großer Schwenk über die Geschichte zeigt Aufstieg und Fall zahlloser Zivilisationen, Imperien und kultureller Impulse, aus anderer Perspektive aber auch eine deutliche Verschiebung der Ausprägungen menschlichen Bewusstseins. Wie wir die Welt und unseren Platz in ihr sehen, beeinflusst die Art unserer Teilnahme an unserer Umwelt. Bis vor sehr kurzer Zeit noch galt die Vereinbarung, die Welt als uns äußerlich zu betrachten – von uns getrennt und fragmentiert. Imperien ging es darum, zu erobern und zu kontrollieren – und, so weit möglich, ihre jeweilige Vorstellung von einer unipolaren Welt umzusetzen. Doch gelang dies Unterfangen keinem Imperium jemals wirklich. In allen vergangenen Stadtstaaten, Gesellschaften, Zivilisationen und Imperien lässt sich das Auftauchen von Gruppierungen („Systemen") erkennen, die nach größerer Stabilität und Reichweite streben – in einem Wort: Kohärenz. Dies Grundbedürfnis nach Kohärenz und Stabilität, welches mit komplexen Gruppierungen stets einherging, konzentrierte sich zumeist auf die Ressourcen; und das erwies sich als gefährlich. Denn die entsprechenden gesellschaftlichen bzw. sozialen Systeme schossen über ihr Ziel hinaus, die Ressourcen schwanden – und das Ganze endete allzu oft in einem plötzlichen Kollaps. Wie die in diesem Buch angeführten physischen, chemischen und biologischen Beispiele zeigen, dominiert unter allen Antriebskräften die Kohärenz. Der Drang zu größeren Kohärenzniveaus – besonders unter zunehmend komplexen Systemen – scheint eine universelle Tendenz bzw. ein universeller Vektor zu sein. Geht man von dieser Hypothese aus, so wäre, wendete man Kohärenz als Antriebskraft auf soziale Systeme an, der höchstmögliche Maßstab auf diesem Planeten eine planetarische Zivilisation. Stehen wir gerade auf der Schwelle zu einem Entwicklungsimpuls in Richtung einer planetarischen Zivilisation? Ist dies der tiefere Sinn hinter dem Kohärenzauftrag, der unserer Existenz in der Raumzeit zugrunde liegt?

Wir befinden uns jetzt in einer Epoche, in der eine unipolare Welt nicht länger mehr möglich ist – die Zeit der Imperien ist an ihrem Ende angelangt. Unsere aktuelle multipolare Welt lässt eine Ebene tiefer Verbundenheit zwischen den dominierenden und zurückhaltenderen Nationen, Staaten und regionalen Blöcken zutage treten.

Paradoxerweise ruft aber dies frühe Stadium globaler Vernetzung und gegenseitiger Abhängigkeit Konflikte unter den Hauptakteuren hervor – genau das Gegenteil von dem also, was wir von einem Zusteuern auf Kohärenz erwarten würden. Wo ist dann bitte die Kohärenz unter oder hinter diesen offensichtlichen sozialen Zerrüttungen?

In den vergangenen Jahren sind wir Zeuge eines wachsenden empathischen Bewusstseins unter den verschiedenen Völkern der Welt geworden. Ein Hauptkatalysator dieser Entwicklung sind unsere globalen Kommunikationstechnologien. Wie Laszlo anmerkt, dient ein fortgeschrittener Grad an „Wahrnehmung" (oder „Erfassen") der Vernetzung zwischen den Teilen eines Ganzen sowohl als Ausdruck von Kohärenz als auch als Antriebskraft zu weiterer Kohärenz. Das Internet – erwartungsgemäß wird es 2020 eine Reichweite von 66 % erreichen – macht dies Grundbedürfnis nach einem Manifestieren von Interkonnektivität sichtbar. Frühere Kommentare zur Entwicklung globaler Interkonnektivität sprachen von einem „globalen Gehirn". Aus der aktuellen Neurobiologie wissen wir, dass der Geist in und durch den menschlichen Körper agiert, und weiten teils im menschlichen Herzen zentriert ist. In Erklärungsmodellen des menschlichen Gehirns und seiner Funktionsweise dominieren heute Vorstellungen von einem erweiterten Geist bzw. Bewusstsein. Unsere Vernetzungs- und Kommunikationstechnologien lassen sich als sichtbarer Ausdruck dieses erweiterten Bewusstseins unserer Spezies verstehen, und funktionieren dementsprechend als Kanäle für unsere Bewusstseinskommunikation. Die postindustrielle Welt baut eine globale Umwelt auf, in der ein beispielloser Informationsfluss durch offene drahtlose Netzwerke neue Ebenen von Verbundenheit, Zusammenarbeit, Bewusstheit und Anteilnahme ermöglicht.

Unsere inhärente Interkonnektivität auf sozialer und physischer ebenso wie auf digitaler und ortsungebundener Ebene wird uns immer bewusster. Darüber hinaus lösen sich die althergebrachten Ufer und Grenzen auf, und wir entdecken, dass die Einheit über unsere Unterschiedlichkeit hinaus weit größer ist, als wir dachten – und so verschwinden auch unsere sozialen Ängste. Wie wir die Welt betrachten, beeinflusst die Art, in der wir die empfangenen Bewusstseinsinhalte interpretieren. Mit einiger Wahrscheinlichkeit wird sich die aktuelle Tendenz zu sozialer Kohärenz auf dem Planeten Erde zuerst individuell im Bewusstsein der Menschen niederschlagen. Vom Internet zum Smartphone, von den Social Media zum Video-Sharing, vom Bloggen zum Vlogging – wir sind untereinander leidenschaftlich (und anteilnehmend) vernetzt, und zur Zusammenarbeit bereit wie noch nie zuvor in der Geschichte unserer Spezies; ein Großteil dieser Verschiebung findet unter dem Radarschirm der Mainstreamsysteme statt. Die universelle Grundtendenz zu einer größeren Kohärenz mag sich sehr wohl in dem unübersehbaren Bewusstseinsschub der Menschheit manifestieren, der sich aktuell auf globaler Ebene immer deutlicher bemerkbar macht.

Planetarisches Bewusstsein

Der Philosoph Karl Jaspers nannte die Epoche zwischen 800 und 200 v. Chr. eine Achsenzeit – eine Zwischenphase, in der alte Gewissheiten ihre Gültigkeit verloren und neue im Entstehen waren. Sich ähnelnde neue Denkweisen kamen gleichzeitig in Persien, Indien, China und der westlichen Welt auf und manifestierten sich in religiösen Bewegungen: Hinduismus, Buddhismus, Konfuzianismus, Taoismus und Monotheismus. Diese jungen Religionen beeinflussten das allgemeine Denken in Begriffen von Individualität, Identität und der Conditio Humana, der spezifisch menschlichen Existenz. Sie wurden zu Katalysatoren eines neuen Ansatzes, menschliches Bewusstsein zu denken und auszudrücken.

Und doch sehen wir, dass sie über die Länge der Zeit nicht ganz erfolgreich darin waren, Kohärenz in einem sozialen Kontext zu entwickeln. Der Autor und Erzieher Duane Elgin sieht in unserer gegenwärtigen Epoche eine zweite Achsenzeit, in welcher diese Trennung propagierenden Religionen durch einen neuen Geist der Kommunion ersetzt werden. Die Welt bewegt sich auf spirituelle Kommunion und empathische Vernetzung mit einem lebendigen Universum zu. Ein Hauptcharakteristikum dieses sich ausbreitenden empathischen Bewusstseins besteht darin, dass es sich aktiv um bewusste Beteiligung bemüht. Darüber hinaus fördert und bedient es weit mehr eine direkt-intuitive Wahrnehmung als eine linear-rationale. Je mehr das Bewusstsein sich über den Planeten hinweg individuell vernetzt, desto größer wird die Wahrnehmung („Erfassung") dieser Interkonnektivität sein; und das wiederum katalysiert den eingeborenen Grunddrang, nach immer mehr Kohärenz zu suchen. Diese Realisierung unserer Bewusstseins-Kommunion initiiert wiederum die Rezeption eines Bewusstseins, das sich seinerseits danach sehnt, Kohärenz als ein universelles Naturprinzip zu manifestieren.

Der Zweck des Lebens des fühlenden menschlichen Wesens auf diesem Planeten könnte genau in diesem Streben liegen, ein kohärentes planetarisches Bewusstsein zu manifestieren; andersherum gesagt, dem Bewusstseinsfeld (außerhalb der Raumzeit) die Möglichkeit zu geben, sich innerhalb der Raumzeit zu manifestieren – in unserem Fall auf dieser Erde. Hierin liegt eine Verbindung zu Aurobindos Begriff des *Supramentalen Bewusstseins*: eine Form höheren Bewusstseins wird auf der materiellen Ebene immanent „gemacht". Dementsprechend müsste das biologische System des Menschen sich so transformieren, dass es senden und empfangen in einem könnte und solcherweise stets aktualisiert werden würde – eine Form von Transzendenz im Bewusstsein. Dies bedeutet, konkrete Aspekte des Bewusstseins zu stärken (individuelle Wahrnehmung und individuelles Gewahrsein), um die Bewusstseinskohärenz im Ganzen zu verdichten. Spürbar kann das durch bewusste Akteure vor Ort werden – einen jeden unter uns, der dieses Prozesses gewahr ist und aktiv daran teilnimmt, indem er jeden Tag rechtgesinntes Denken, Verhalten und Sein praktiziert.

Wir sind nicht länger mehr isolierte Individuen oder gar eine unartikulierte Masse, sondern Bewusstsein, dass an einem bestimmten Ort durch achtsame Individuen agiert, die nach bewusster Verbundenheit und Zusammenarbeit streben, und sich gemeinsam um die Zukunft sorgen. Jeder einzelne von uns ist – als ortsgebundenes Bewusstsein – eine Widerspiegelung ortsungebundenen Bewusstseins; und auf diesem Weg spiegeln wir auch einander wider. Diese Analogie findet einen schönen Ausdruck in Indras Netz, in dem jedes Juwel alle anderen Juwelen spiegelt: eine einfache Metapher für die Allverbundenheit unserer Realität.

Diese energetische Realität, die durch die jüngsten wissenschaftlichen Forschungen, wie sie Laszlo in dem vorliegenden Buch skizziert, validiert wird, manifestiert sich heute mehr und mehr in unserer ortsgebundenen Raumzeit-Umwelt. Mit unseren Technologien verfügen wir über die Mittel zu ortsungebundener ebenso wie zu physischer Vernetzung (vermehrte soziale Mobilität). Das sind Zeichen dafür, dass sich eine planetarische Zivilisation herausbildet, die Diversität und vereinheitlichende Kohärenz gleicherweise respektiert. Und wenn wir unser Bewusstsein – unsere Gedanken, Ideen, Visionen usw. – untereinander vernetzen und miteinander teilen, helfen wir, diese Anzeichen wachsenden Bewusstseins – seine Rezeption oder sein Ergreifen – zu verstärken und damit ein kohärentes kosmisches Bewusstsein zu uns zu holen. Ein planetarisches Bewusstsein auf Erden, das Ausdruck in einer fühlenden individualisierten Menschheit findet, könnte nicht nur eine reale Möglichkeit darstellen, sondern auch den fundamentalen Zweck des Kosmos erfüllen.

Menschliches Bewusstsein und kosmischer Zweck

Laszlo legt nahe, dass eine kosmische Matrix jenseits der Raumzeit das Raumzeit-Universum kodiert, welches sich dann in einer Weise verhält, die dem entspricht, was wir als holographische Projektion kennen. Das Universum ist durch das jenseitige Bewusstsein in-formiert. Es agiert als ortsungebundenes Bewusstseinsfeld, dessen ortsgebundene Manifestation fühlendes Leben ist.

Aus verschiedensten sakralen Texten und Überlieferungen können wir rückschließen, dass das Universum (die materielle Wirklichkeit) zur Existenz gelangte, weil die Quelle einen Weg suchte, sich selbst zu erkennen – „Ich war ein verborgener Schatz und wollte erkannt werden". Das erinnert an das „Erkenne Dich Selbst", die berühmte Maxime des Orakels von Delphi. Selbst-Bewusstsein wird solchen Kreaturen als Gipfel – oder höhere Aktualisierung – des Bewusstseins zugeschrieben. Selbst-Reflexion ist eine der hochgelobten Attribute des Selbst-Bewusstseins – doch wie kann das Ganze sich selbst widerspiegeln? Selbst-Verwirklichung gehört für uns zu jedem individuellen Bewusstsein dazu. Wie sähe, wage ich zu spekulieren, Selbst-Verwirklichung in größerem Maßstab aus? Selbst-Verwirklichung als planetarisches Bewusstsein? Als galaktisches Bewusstsein? Und letztlich als in seiner ganzen Fülle realisiertes und selbst-bewusstes kosmisches Bewusstsein in allen seinen ortsgebundenen Manifestationen? Eine verblüffende Perspektive.

Menschliches Bewusstsein ist Teil eines größeren Ganzen. Als fühlende Wesen empfangen wir unseren Part aus diesem die Raumzeit durchdringenden Bewusstsein, werden von ihm berührt und *beseelt*, und geben etwas von uns wieder ans Ganze zurück. Unsere individuellen Ausdrucksformen des Bewusstseins innerhalb der Raumzeit reflektieren zurück ins nonlokale Bewusstseinsfeld, das Akasha-Holofeld. Je weiter unsere individuellen Wahrnehmungen und unsere Bewusstseinsrealisierung reichen, desto größer ist die Gesamtreflektion des kosmischen Bewusstseinshologramms in seiner Ganzheit – genauso wie das inständige Polieren eines jeden Juwels in Indras Netz den Glanz des gesamten Netzes verstärkt. Die kosmische Bewusstseinsmatrix wird durch das fortwährende Gewahrwerden ihrer Teile in-formiert. Jeder, der unter uns erwacht, macht den kosmischen Schein ein klein wenig heller. Wenn genügend Bewusstseinsverkörperungen auf diesem Planeten erwachen, könnten wir ein ortsgebundenes planetarisches Feld dahingehend katalysieren, dass es zu bewusstem Gewahrsein gelangt – einem planetarischen Netz, das hinreichend vorbereitet (poliert) ist, um das höhere, den Kosmos durchdringende Bewusstsein „hineinzuholen“: die Immanenz des Supramentalen Bewusstseins, um Aurobindos Terminologie zu benutzen. Dann wird ein jeder unter uns zu einem bewussten Agenten kosmischer Realisierung und Immanenz. Wir alle haben die Verpflichtung in unserer Existenz auf diesem Planeten, unsere individuellen ortsgebundenen Kanalisierungen des Bewusstseins auf eine höhere Ebene zu bringen. Damit inspirieren wir andere Menschen in unserem Leben, ihresgleichen zu tun, und uns alle, unseren bewussten Beitrag an die Quelle des Seins zurückzugeben. Der verborgene Schatz im Innersten unserer Existenz sehnt sich danach, erkannt zu werden, und zwar für uns selbst – durch die individuellen Wege unserer Selbst-Verwirklichung, ganz im Sinne von Bob Dylans „Bringing it all back home“.

Dem individuellen folgt das kollektive und planetarische Selbst-Bewusstsein. Die neuen Technologien und sozialen Bewegungen auf diesem Planeten könnten Teil eines solchen Prozesses sein, indem sie ein erweitertes Bewusstsein in-formieren und in Empathie über das gesamte Antlitz der Erde verbreiten. Eines Tages werden wir vielleicht Zeuge eines großen Erwachens sein, wie es das auf diesem Planeten noch nie gegeben hat – und genau darin könnte die Grundbedeutung des Lebens fühlender Wesen liegen, fühlender Wesen, die zu bewussten Agenten einer evolutionären Entfaltung werden würden.

Laszlos Paradigma und das neue Bewusstsein des Menschen

Gary Zukav

Ervin Laszlos Karte der Realität liefert ein substanziell neues wissenschaftliches Konzept, das die meisten geläufigen Ansichten über die Welt ersetzt. Sie stellt eine Revolution in einer Wissenschaft dar, die sich den Entdeckungen Isaac Newtons angeschlossen hatte und verpflichtet fühlte – ein mächtig offenes Paradigma mit wundervoll geräumigen Wegen der Annäherung an das Wesen des Kosmos und unsere Rolle darin.

Ein Paradigma bietet eine Perspektive an, die Welt und die Erfahrungen in ihr zu betrachten. Geschlossen ist ein Paradigma, welches vorschlägt, das Universum sei leblos (sprich: tot) und Phänomene in ihm würden unerbittlich beherrscht durch rigide Regeln (sprich: Konstanten) in einem Gesamtkontext der Zufälligkeit (sprich: wir wissen nicht, wie oder weshalb das alles begann). Paradigmen, in denen das Universum mechanistisch ist (sprich: eine riesige Maschine) und/oder unsere Erlebnisse vorherbestimmt sind (sprich: freier Wille ist eine Illusion) sind ebenfalls geschlossene Paradigmen. Ihre Annahmen verhindern von vorneherein das Erkunden von Alternativen inner- und außerhalb dieses Paradigmas, vergleichbar den befestigten Mauern mittelalterlicher Städte, welche ihre Bewohner drinnen fest- und Räuber draußen fernhielten.

Schlägt ein Paradigma aber ein Universum vor, das lebendig, weise und anteilnehmend ist, ist es ein offenes Paradigma. Zu ihnen gehören Paradigmen, welche die Welt als sinn- und bedeutungsvoll ansetzen, auch wenn wir diesen Sinn nicht immer eruieren, ableiten oder abschließend beurteilen können; und zahlreiche weitere, die nicht durch unantastbare Dogmen verteidigt werden – einschließlich solcher, die vormals als häretisch betrachtet worden sind (man denke an die kopernikanische Astronomie). Sie öffnen ihren Adepten potentielle Türen zu Erklärungen, welche innerhalb der geschlossenen Mauern rationaler Recherche einfach „Nonsens" (wortwörtlich) sind. Solche

Paradigmen sind akademische Anathemata von verifizierbarer Wahrhaftigkeit.

Ein Paradigma kann eine derart große Macht und Durchsetzungskraft entwickeln, dass es unsere Erfahrungen in einer Weise beeinflusst, dass sie den Anschein bekommen, von unseren Erfahrungen hervorgebracht worden zu sein. Je mehr unsere Erfahrungen einem Paradigma entsprechen, desto unangreifbarer wird es. Empirische Wissenschaft setzt per Definition voraus, dass nur Erfahrungen mit den fünf Sinnen maximale Wirtschaftlichkeit und Eleganz einer Theorie validieren, die mit sich selbst und der Erfahrung gleicherweise übereinstimmt. Diese Bedingung macht die Strenge der Wissenschaft aus, und ihre Akzeptanz hob die menschliche Erkenntnis über den Aberglauben hinaus.

Heute stehen wir in der menschlichen Geschichte vor einem völlig neuen Umstand. Eine erweiterte Wahrnehmung taucht bei hunderten Millionen Individuen auf, eine Wahrnehmung, die sich nicht auf die fünf Sinne beschränkt. Würde sie nicht so rasch von so vielen geteilt, sondern bliebe auf eine Reihe vereinzelter Bespiele reduziert, würde sie weiterhin als Halluzination oder Fantasie abgelehnt: Dazu gehören Nahtoderfahrungen, Erlebnisse von Schönheit und Wundern, die Ehrfurcht erregen und Schauer über die Rücken jagen; Vorahnungen von noch nicht geschehenen Ereignissen; Kommunikationen mit verstorbenen Liebsten; ein tiefes Empfinden der eigenen Unsterblichkeit; die Erfahrung der Sinnhaftigkeit des eigenen Lebens; Intuitionen von Gaben in uns – Gaben, die weiterzugeben wir geboren wurden – und der Durst, sie zu entdecken und weiterzugeben. Nichts von diesen Erfahrungen ist an und für sich neu. Neu aber ist ihre welt- und „arten“weite Verbreitung in erstaunlich kurzer Zeit. Noch nie zuvor hat sich das Bewusstsein einer so komplexen Spezies wie der unsrigen so dramatisch und unglaublich schnell transformiert.

Was werden wir daraus machen, wenn wir die Existenz dieses Prozesses nicht verleugnen? Wird eine Frage gestellt, die aus konventionellem Verständnis heraus nicht beantwortet werden kann, war der Suchende – der wahre Wissenschaftler – stets dazu gezwungen, seinen Ansatz zu einem größeren Kontext hin auszuweiten. Ging es beispielsweise um die Frage, ob es Lebensformen gebe, die kleiner sind als das, was wir sehen können, wurde eben das Mikroskop erfunden. Heute werden Fragen, die wir seit Anbeginn menschlicher Existenz stellen, mit neuer Relevanz gestellt: Gibt es Bereiche des Universums jenseits der Grenzen unserer fünf Sinne? Da die Menschheit in ihr erweitertes

Gewahrsein expandiert, kommen Antworten nun durch direkte Erfahrung zustande. Doch wie kann die Wissenschaft damit umgehen?

Diese Frage bringt mich zurück zu Ervin Laszlos wunderbar offenem Paradigma. Es baut eine Brücke vom Raum-Zeit-Bereich (der physischen Welt) zum Bereich jenseits der Raumzeit (der nichtphysischen Welt). Es stellt ein Modell zur Verfügung, das einlädt zu einem diskursiven, intellektuellen Umgang mit den heute offen vor uns stehenden fruchtbarsten, profundesten und wichtigsten aller Fragen, dabei aber die strengen Ansprüche wissenschaftlicher Gewissheit respektiert. Die angestrebte Gewissheit ist nicht mehr die Art von Sicherheit, die darin liegt, genau zu wissen, wie das Universum funktioniert, sondern darin, ein Modell zu erkunden, welches unsere Erkenntnisfähigkeit dahingehend öffnet, dass wir unsere neuen Erfahrungen von dem Kontext aus verstehen, in dem wir uns befinden – einer Welt der fünf Sinne. Dies Paradigma verleugnet oder verdammt die erweiterten, multisensoriellen Erfahrungen von Millionen von Menschen nicht. Ganz im Gegenteil setzt es genau dort an und sucht nach einer zwingenden Erklärung, die uns helfen kann, noch tiefer in sie hineinzugehen; es öffnet Türen und lässt sie offen. Ein solches Modell macht eine Diskussion auf, welche die auf die fünf Sinne beschränkte (empirische) Wissenschaftsdisziplin in eine mulitsensorielle Investigation neuer multisensorieller Erfahrungen verwandelt, die in den Vordergrund menschlicher Aufmerksamkeit rücken.

Ervin Laszlos Deutung dieses neuen Paradigmas versucht nicht, Göttlichkeit zu definieren. Eine mathematische Menge lässt sich nicht in den Begriffen und Bedingtheiten einer ihrer Untermengen definieren. Die Fünf-Sinne-Wahrnehmung ist die Untermenge einer größeren Menge, und diese größere Menge ist ein nichtphysischer Bereich, aus dem wir kommen und in den wir zurückkehren. Dieser größere oder höhere Bereich hat keinen Platz und keine Chance auf Anerkennung in der selbstdefinierten Disziplin einer empirischen Wissenschaft, die in ihrer Fähigkeit begrenzt ist, die lebenswichtigen Aufgaben, die vor uns liegen, anzupacken. Laszlos Karte hält Türen halboffen, durch die jetzt schon bisher unbeachtete Wege führen, die Weisheit und Mitgefühl willkommen heißen. Eine neue Spezies multisensorieller Menschen trifft jetzt auf Erlebnisbereiche, die eine reiche, tiefe und ehrerbietige Wertschätzung des Universums heraufbeschwören. Nur ein offenes Paradigma wie das von Laszlo vermag diese irreversible Begegnung zu unterstützen.

Ergänzung

„The Dancing Wu Li Masters: An Overview of the New Physics“ („Die tanzenden Wu Li-Meister: Ein Überblick über die Neue Physik“), ein Buch über Quantenmechanik, Teilchenphysik, Relativitätstheorie und Quantenlogik, das ich 1979 geschrieben habe, gewann den The American Book Award for Science. „The Seat of the Soul“, ein Buch über Evolution, die Seele, Karma und die authentische Kraft, welches ich ein Jahrzehnt danach schrieb, führte drei Jahre und 31 Wochen lang die *New York Times* #1-Bestsellerliste an. Das zeigt meines Erachtens, dass sowohl Wissenschaft, die sich mit dem menschlichen Bewusstsein auseinandersetzt (wie es Interpretationen des Quantenformalismus tun) als auch unsere neue erweiterte menschliche Wahrnehmung langsam, aber sicher, in die Aufmerksamkeit des Mainstreams geraten. In diesen Kontext gehört auch Ervin Laszlos neue Karte der Realität.

Im Folgenden habe ich Laszlos Grundbegriffe „Raumzeit“ und „jenseits von Raumzeit“/„über die Raumzeit hinaus“ in Klammern neben ein paar Kern-Begriffe gesetzt, die ich in „The Seat of the Soul“ benutzte – wie „Bereich/Domäne der fünf Sinne“, „Erden-Schule” und „nichtphysische Realität“. Damit möchte ich Sie dazu einladen, für Sie selbst zu überprüfen, ob das Austauschen von uns geläufigen Begriffen ein Hindernis für das Verständnis bildet. Diese Substitutionen illustrieren (meiner Meinung nach) die Kompatibilität von Laszlos Paradigma und meinen Beobachtungen der heute zu verzeichnenden Transformation des menschlichen Bewusstseins. (Die folgenden Seitennummern in Klammern beziehen sich auf „The Seat of the Soul, 25th Anniversary Edition“.)[2]

> (30) Der Rahmen unseres Evolutionsprozesses ist die kontinuierliche Inkarnation und Reinkarnation der Energie der Seele in die physische Realität [Raumzeit] zum Zwecke der Heilung und Ausbalancierung ihrer Energie in Übereinstimmung mit den Gesetzen des Karmas. Innerhalb dieses Rahmens entwickeln wir uns – als Individuen und als Spezies – in einem Zyklus, der das Sein aus einem machtlosen in einen machtvollen Zustand verwandelt.

> (145) Wenn du nach Hause kommst – jenseits der Raumzeit –, wenn du also deine Persönlichkeit und deinen Körper hinter dir lässt, lässt du gleichzeitig deine Unzulänglichkeiten, deine Ängste, deinen Ärger und deine Eifersucht hinter dir. Im Reich des Geistes [jenseits der Raumzeit] existieren sie nicht und kön-

nen sie nicht existieren. Es sind die Erfahrungen der Persönlichkeit in Zeit und Raum [der Raumzeit]. Du kommst in die Fülle dessen zurück, was du bist [jenseits der Raumzeit]. Du wirst die Erfahrungen deines Lebens mit liebevollen Augen und mitfühlendem Verstehen wahrnehmen, einschließlich derer, die dich so sehr unter Kontrolle hatten [Raumzeit]. Du wirst ihren Zweck erkennen. Du wirst überprüfen, was du gelernt hast, und diese Dinge in deine nächste Inkarnation [Raumzeit] mitnehmen, wenn du eine wählst.

(85) Deine Seele kennt seine Begleiter und Lehrer. Sie schöpfte aus ihrer Weisheit und Barmherzigkeit, als sie sich in die Inkarnation begab, die du wurdest [Raumzeit]; und der Teil deiner Seele, der du bist, wird von ihren Armen sehnsüchtig empfangen, wenn die Inkarnation, die du bist, zu Ende geht – wenn du heimgehst [jenseits der Raumzeit].

(225) Wenn eine Seele sich inkarniert [Raumzeit], verblasst ihre Erinnerung an das Übereinkommen, welches sie mit dem Universum traf [jenseits der Raumzeit]. In Erwartung der Erfahrungen, die sie aktivieren wird [Raumzeit], überkommt sie der Schlaf. Diese Erfahrungen sind nicht notwendig solche, welche die Persönlichkeit wählen würde. Sie sind nichtsdestotrotz notwendig, damit sie der Macht und Aufgabe der Seele in Bezug auf das Bewusstsein der Persönlichkeit gewahr wird – und bereit für diese Aufgabe.

(167) Ist die Rede von Seelen, welche die physische Arena [Raumzeit] betreten, um heil zu werden, ihre Energie ins Gleichgewicht zu bringen und ihre karmischen Schulden zu bezahlen, ist die Evolution des Lebens auf dieser Erde [Raumzeit] gemeint; nicht andere Galaxien, oder Leben auf anderen Ebenen [jenseits der Raumzeit], die keine physischen sind, wie wir sie kennen[Raumzeit]. Die Erfahrung des Physischen [Raumzeit] ist nicht immer nötig, um bestimmte Fortschritte zu machen. Wenn ja, dann ist es ermutigend.

(167) Es wird ein Punkt kommen, an dem die Erfahrung des Physischen [Raumzeit] dem Gewahrwerden der Seele nicht länger mehr dienlich ist, und daher die Seele die Wahl trifft, im nichtphysischen Bereich weiterzulernen [jenseits der Raumzeit].

Sie kann sich dann entscheiden, dadurch zu lernen, dass sie ein nichtphysischer Begleiter wird.

(167) Unsere nichtphysischen Lehrer stammen von solchen Lichtebenen her [jenseits der Raumzeit]. Es ist also nicht angemessen, sie aus der Persönlichkeitsdynamik [Raumzeit] heraus zu betrachten. Eher macht es Sinn, sie sich als unpersönliche Bewusstheiten zu denken, denn das sind sie; sie kommen aus einem Reich, das menschliche Begriffe nicht erfassen können [jenseits der Raumzeit].

(167-168) Dualität existiert nur auf bestimmten Ebenen [Raumzeit], nicht auf anderen. Dualität ist eine Lerndynamik. Sie hat ihren eigenen Rhythmus und ihre eigene Spannung, und kann jenseits eines anderen Lern- und Entwicklungsniveaus nicht existieren. Du existierst in dem gegenwärtigen Moment in der Dualität [Raumzeit], nicht aber deine nichtphysischen Lehrer.

(168) Wir sind dazu bestimmt, uns über das dualistische Sein [Raumzeit] hinauszuentwickeln. Dualität ist das, was in Raum und Zeit erfasst werden kann. Wenn du auf deinem Weg darüberhinaus gelangst, und auch wenn du deinen physischen Körper verlässt und nach Hause zurückkehrst – auf deine nichtphysische Realitätsebene [jenseits der Raumzeit], wirst du nicht mehr im Dualismus [Raumzeit] existieren – und das Gefühl von Zorn, Trauer und Angst, mit dem dein Selbst jetzt verbunden ist, wird verschwinden. All das hat keine Macht mehr im Reich jenseits der Dualität [jenseits der Raumzeit], in dem alles, was ist, nur in der Vollendung existiert. Wenn du deine physische Form [Raumzeit] verlässt, wirst du die nichtphysische Realitätsebene [jenseits der Raumzeit] erreichen, die deiner Schwingungsfrequenz zu dem Zeitpunkt entspricht, in dem du deine Inkarnation verlässt.

Die Leichtigkeit, mit der die Begriffe von Laszlos Interpretation des Holo-Paradigmas und meine Begriffe ausgetauscht werden können, verweist meines Erachtens auf das Entstehen einer Wissenschaft, die nicht im Intellekt und den Begrenzungen der fünf Sinne verankert ist, sondern im Herzen, und die multisensorielle Erfahrungen in ihrem ganzen Ausmaß in sich einbezieht, Erfahrungen, die im Begriff sind, zur Substanz menschlichen Bewusstseins zu werden. Die Prämisse dieser

Wissenschaft wird sein, dass Leben (Bewusstsein) alles durchdringt, und dass es nur ein Leben (Bewusstsein) gibt. Sie wird auch, so glaube ich, Erfahrungen von Liebe als Sinn, Zweck und Essenz aller Wesen enthüllen, erklären und fördern. Sollte diese neue Wissenschaft wahrhaftig aus dem Boden der empirischen Wissenschaft sprießen, könnte Ervin Laszlos wundervoll offenes Holo-Paradigma der Samen sein, aus dem ein großer Zukunftsbaum wachsen wird.

Auf der Suche nach Resonanz mit Hilfe der kosmischen Intelligenz

Alexander Laszlo

Nach den Konsequenzen der neuen Karte der Realität zu schließen, liegt der Sinn der Existenz darin, sich an der Evolution des Bewusstseins zu beteiligen und sie voranzubringen. Indem man dies tut, verleiht man der Existenz in dieser Welt Sinn. Und das wiederum verleiht auch unserer eigenen Existenz einen Sinn. Daraus ergibt sich die Frage, wie man diesem Sinn gemäß sein Leben gestalten kann.

> „Unwissenheit ist wie ein dunkler Raum, in dem man schläft. Egal, wie lange der Raum dunkel ist, eine Stunde oder eine Million Jahre, in jenem Moment, in dem die Lampe des Bewusstseins angeht, wird der ganze Raum hell …
> Du bist diese Helligkeit. Du bist dieses strahlende Licht."
>
> Tenzin Wangyal Rinpoche,
> „Übung der Nacht. Tibetische Meditationen
> in Schlaf und Traum"

Lassen Sie uns das, was die neue Karte an Erkenntnissen bietet, in Erinnerung rufen. Wir sind hier/jetzt/endlich, und wir sind im (ständigen) Wandel/ewig/unendlich. Das Paradoxon in diesem neuen Ansatz liegt darin, dass die Karte auch Gebiete verzeichnet, die jenseits von denen liegen, die unseren fünf Sinnen zugänglich sind. Wir leben in einem Bereich, der von der Karte als nonlokal und verschränkt beschrieben wird; das hat eindeutig zur Folge, dass, was auch immer wir denken und tun, sich in der restlichen Realität widerspiegelt, genauso wie sich die restliche Realität in uns widerspiegelt. Wir sind keine getrennten Individuen, sondern miteinander vernetzt und bilden ein Ganzes.

Untersuchungen in der makrozellulären Biologie bestätigen diese Erkenntnis. Wenn wir zwei lebende Herzzellen in geringer Entfernung voneinander platzieren, ohne dass sie sich also direkt berühren, dann schlagen sie nach kurzer Zeit im Einklang miteinander. Zuerst pulsieren sie noch in ihrem je eigenen Rhythmus, doch nach kurzer Zeit synchronisieren sie sich.

Dieses Phänomen zeigt uns, wie die Intelligenz des Kosmos am Werk ist. Sie ist überall und jederzeit präsent, umgibt und durchdringt alles, und alles fließt umgekehrt durch sie hindurch, und zwar wortwörtlich, nicht nur im metaphorischen Sinn. Das bedeutet, dass, durch das in-formierende Wirken der Intelligenz, die alles im Universum erschafft und steuert, fortwährend neue Dinge – Atome, Sterne, Sie und ich – in die Existenz gleichsam hineinströmen.

> „Es gibt eine Seelenkraft im Universum, die, wenn wir es zulassen, durch uns hindurchfließt und wundervolle Ergebnisse zeitigen wird."
>
> Mahatma Gandhi

Der Biophysiker Mae Wan Ho vergleicht den lebenden Organismus mit einem immensen „Superorchester". Die Instrumente dieses Orchesters umfassen ein Klangspektrum von insgesamt 72 Oktaven und ein Größenspektrum von einer 10^{-9} Meter kleinen Pikkolo bis zu einem Fagott oder einem Kontrabass, die über einen Meter lang sind. Dieses Orchester spielt unaufhörlich weiter, und, damit das gelingt, halten seine Mitglieder einen ständig wiederkehrenden Grundrhythmus aufrecht. Innerhalb dieses Grundrhythmus aber variieren sie, wechseln die Tonart, das Tempo und die Melodie, und alle Spieler genießen die größtmögliche Freiheit zu improvisieren, wie es ihnen gefällt, nur im gemeinsamen Takt müssen sie bleiben und sich an die melodische Grundlinie halten.[3]

Die verschiedenen Orchestergruppen (für gewöhnlich in Streicher, Holzbläser, Blechbläser und Schlagwerk unterteilt – im Riesenorchester des lebenden Organismus gibt es allerdings noch viel mehr Untergruppen, jede mit einer eigenen Klangfarbe) spielen untereinander jeweils lokal kohärent, aber zugleich auch in übergeordneter Kohärenz mit allen anderen Gruppen zusammen. Die daraus entstehenden Harmonien sind eingebettet und dynamisch miteinander verbunden, sodass jeder Spieler und das Orchester als Ganzes sich ausdrücken können. Sehr ähnlich funktioniert auch das Zusammenspiel, welches die kosmische Intelligenz dirigiert.

Im Gruppenverhalten von Tieren treten solche Kohärenzphänomene häufig auf. Beobachtet man Heringsschwärme, Formationsflüge von Staren oder Zebraherden, so kann man wunderbar erkennen, wie ihre meisterhafte Koordination sie zu einem einzigen Organismus zu verschmelzen scheint. Wollten wir Menschen eine solche Gruppenchoreographie erreichen, müssten wir Athleten oder Künstler sein und Jahre lang dafür trainieren.

Nichtsdestoweniger kann man es schaffen, sich mit Anmut und Leichtigkeit zu bewegen, ohne gleich ein Synchronschwimmtraining für die olympischen Spiele zu absolvieren. Tatsächlich zeigt sich bei Anlässen und Veranstaltungen mit hohen Synchronisationsanforderungen, dass die Athletenteams schnell scheitern, wenn sie aus ihrer festgelegten Kür ausbrechen und sich auf unvorhergesehene Veränderungen und freie Synchronisation einlassen müssen. Denn dann geht es nicht mehr darum, eine eingeübte isolierte Bewegungsabfolge zu meistern, sondern jene Dynamik, die auf Kohärenz beruht; und das kann gelingen, wenn man sich der „In-formation" zur Verfügung zu stellen, die uns aus der Tiefendimension des Kosmos erreicht.

Praktische Hinweise, wie man sich auf die Tiefendimension einstimmen kann

Wie schaffen wir es, uns der In-formation, die uns aus dem Kosmos erreicht, zur Verfügung zu stellen? Es gibt viele Wege, dies zu tun, und sie alle sind mit einer Art „Einstimmung" verbunden. Einerseits gibt es nichts Einfacheres und Natürlicheres auf der Welt, andererseits erfordert es aber auch Konzentration, Aufmerksamkeit und – vor allem – Übung. Es ist nicht nötig, ein Yogi zu werden, um das zu erreichen, schließlich bekommen das ja auch Heringe, Stare und Zebras hin. Was uns im Grunde daran hindert und es so kompliziert macht, ist, dass wir uns ständig den Kopf über das zerbrechen, was gerade vor sich geht und wir tun, und das Bewusstsein pausenlos mit einem nicht abreißenden Strom von Kommentaren zukleistern. Dann sind wir nicht mehr im gemeinsamen Fluss, spielen nicht mehr mit und leben nicht mehr im gegenwärtigen Augenblick. Wir landen immer sofort in einer Reflexion über das, was gerade stattfindet, fassen es in Worte und halten damit den Moment an.

Doch wir können diesen „Monkey Mind", wie ihn die Psychologen nennen, jenen Teil unseres Bewusstseins, der ständig herumquatscht und alles kommentiert, auch abschalten. Den Monkey Mind zur Ruhe kommen zu lassen, im gegenwärtigen Augenblick zu leben und unserer Wahrnehmung zu erlauben, mit dem mitzufließen, was gerade in unserem Bewusstseinsfeld auftaucht, gehört zu dem, was die sogenannte „Achtsamkeit" lehrt. Das ist eine Praxis, die im Wesentlichen drei Schritte beinhaltet; je öfter wir sie üben, desto leichter gelingt es uns, uns auf die Information der Tiefendimension einzulassen.

Der erste Schritt besteht darin, das Geschwätz in seinem Kopf zu beruhigen; der zweite, sich auf den Moment einzulassen, und zwar ohne das Bedürfnis, „etwas tun" zu müssen, es genügt, einfach ganz da zu sein; und im dritten Schritt geht es darum, seiner Wahrnehmung zu erlauben, mit dem, was gerade im Bewusstsein auftaucht, mitzufließen. Das führt zu einer größeren Kohärenz mit einem selbst sowie seinem gesamten Umfeld. Diese drei Schritte sind allen Meditationsarten gemeinsam und werden seit Jahrtausenden in unterschiedlicher Form praktiziert; in jüngerer Zeit finden sie sich in Otto Scharmers berühmter Theorie U und seiner „Presencing"-Praxis wieder [eine Verbindung von „presence" und „sensing" = empfinden, Anm. d. Üs.].[4]

Stellen Sie sich vor, Sie wären eine Herzzelle, die Ihrem Leben den Rhythmus vorgibt. Um sich herum spüren Sie all die anderen Zellen, fühlen, wie diese ihren eigenen Rhythmen folgen, und dass Sie selbst Teil eines umfassenden Wesens sind, das ständig im Werden ist – einer Struktur, die strömt und informiert und alles mit kohärentem Leben versorgt. Wie wäre es, wenn Sie, die kleine Herzzelle, wüssten, dass etwas so Fantastisches und Erstaunliches wie ein ganzes Herz möglich wäre, etwas, was Unmengen Blut pumpen und einen ganzen Leib am Leben halten könnte – nur eben unter der Bedingung, dass Sie und die Zellen um Sie herum einheitlich schlagen? Genau diese Art integrale Kohärenz zu leben, ist uns als Spezies tatsächlich möglich – und zwar nicht nur möglich, sondern sogar lebensnotwendig, wenn wir dazu angehalten sind, aus unseren alles beherrschenden destruktiven, weil abgekoppelten Modi streitbaren Individualismus' herauszukommen. Die Herausforderung besteht darin, uns mit der neuen Karte der Realität vertraut zu machen und ihre Erkenntnisse in eine Praxis umzusetzen, durch die wir jeden Augenblick zum integralen Ausdruck des holographisch in-formierten Universums werden lassen.

David Price empfiehlt, sich auf einen „Daolog" mit der Erde einzulassen.[5] Er stellt die Frage: „Würden wir nicht ganz anders hören und handeln, wenn man voraussetzen könnte, dass wir das Gesamtgespräch (auf) der Erde wie eine Schicht wahrnähmen, die den Planeten umhüllt, wenn wir uns also dieser verbindenden und versammelnden Intelligenz, dieser Summe aller Dialoge: dieses Daologs bewusst wären?" Die Dimensionalität eines solchen Daologs regt zur Beschäftigung und Erforschung der Art und Weise an, auf welche Gespräch, Spiel, Tanz und letztlich alle Lebensaspekte uns mit uns selbst verbinden, miteinander, der mehr als nur menschlichen Welt sowie zukünftigen Generationen über Raum und Zeit hinweg.

Es gibt vier Bereiche bzw. Stufen, über die man sein Bewusstsein auf die dem Kosmos inhärente Intelligenz einstimmen kann. Wenn Sie in allen vier Bereichen engagiert dafür sorgen, dass die über Ihr individuelles und kollektives Wesen hinausgehende Geschichte zum Vorschein kommt, werden Sie zum Koautor eines weltumfassenden Narrativs – der Geschichte des Universums, welches es selbst wird; dabei erhalten Sie nach und nach zu immer „höheren" (oder genauer tieferen) Kohärenzebenen Zugang. Qualität und Charakter dieser Geschichte hängen davon ab, wie jeder von uns sein Leben auf diesen und vermittels dieser vier Übungsstufen schreibt.

1. Auf der ersten Stufe geht es darum, zu lernen und zu üben, wie man sich zentriert, den Monkey Mind zur Ruhe bringt und jede Zelle seines Wesens ganz Ohr sein lässt. Diese Praxis fördert Intuition, Empathie, Mitgefühl, Einsichten, die zum Außen passen, und die Bereitschaft, seinen innersten Ruf herauszubekommen und ihm zu folgen.

2. Auf der zweiten lernt man, was Dialog und Zusammenarbeit wirklich – in der Tiefe – bedeuten. Man kommt zusammen, um mit- und voneinander zu lernen und sich gemeinschaftlich, besonnen, offenherzig und freudig für die Entwicklung kollektiver Weisheit einzusetzen.

3. In der dritten Übungsstufe liegt das Augenmerk auf der Kommunion mit allen Wesen (gleichgültig, ob Wasserfall, Tier, Berg oder Galaxie). Wir öffnen uns den Botschaften aller Wesen und erkennen unsere Zusammengehörigkeit und letztliche Einheit mit ihnen an.

4. Die vierte Stufe bringt uns bei, wie man die Zeichen des Wandels erkennt, dessen Teil wir sind, den Lebensrhythmen lauscht und uns mit den Jam-Sessions vertraut macht, welche die improvisationsfreudige Natur seit unvordenklichen Zeiten abhält. Das fördert gleichzeitig auch unsere Fähigkeit, unser eigenes Stück zu spielen und auf unsere eigene Weise zu singen und zu tanzen, die aber in Harmonie mit dem universellen Wesen der Existenz steht.

Zweck dieser Übungseinheiten ist es, uns dabei zu helfen, Rhythmen und Rituale im täglichen Leben zu entwickeln, welche auf allen Ebenen zugleich – der innerpersönlichen, zwischenmenschlichen, transgenerationellen sowie der zwischen den Spezies – eine wohltönende Kohärenz herstellen und damit die Evolution unseres Bewusstseins fördern.

Auf der Suche nach Resonanz

Auf dem Weg zum Einklang mit der kosmischen Tiefendimension des Kosmos wird es immer wichtiger, die verschiedenen Möglichkeiten zu erforschen, die es einem erlauben, seine individuelle Melodie mit jenen der anderen so abzustimmen, dass sich die größere Sinfonie des irdischen Lebens entfalten kann. Und das ist nicht nur eine Metapher, sondern die Essenz von „Resonanz“.[6]

Von ihrer einfachsten Ausdrucksform her gesehen, ist Resonanz evolutionäre Konsonanz. Wenn man versucht, sich per Resonanz auf das Leben einzulassen, verstärkt man seine Teilnahme an der Bewusstseinsentwicklung im Universum wie auch in einem selbst. Der Resonanz folgen bedeutet, seinen bewussten Willen nach den Zielen der Evolution auszurichten und dadurch – mit dem Logos, der das Universum in-formiert, als Partner – geeignete Entwicklungslinien zu begünstigen und zu schaffen.

Kingsley Dennis schrieb in seinem Buch „Phoenix Generation“[7] über die Generation Y, sie, die „Phönix-Generation, läute eine neue Ära der Verbundenheit, des Mitgefühls und gemeinsamen Bewusstseins ein. Diese Ära beginnt gerade erst, doch in der Lebensweise, für die sich junge Leute heute entscheiden, um sich ausdrücken zu können, sind Anzeichen von Hoffnung, Pragmatismus und spirituellem Erwachen spürbar. Wie der Cybercowboy, Zukunftstechnologe und Schriftsteller William Gibson anmerkte: „Die Zukunft ist schon da, nur noch nicht in der breiten Masse angekommen."[8] Herauszufinden, wie man nach ihr forscht, sie erkennt, was man mit ihr tut und wie man sie fördert, sind Teil der Denkweise und Fähigkeiten sowie ein Herzensanliegen der Phönix-Generation, dieser neuen Generation von Resonanzsuchern.

Der Akt des Lauschens in das hinein, was Stuart Kauffman „das angrenzende Mögliche" nennt, ist ein Akt der Intuition und Visualisierung, in dem gemeinsam ein Narrativ holotroper Entwicklungsfähigkeit geschaffen wird.[9] Arundhati Roy drückt es so aus: „Eine andere Welt ist nicht nur möglich, sondern bereits unterwegs."[10] Diese Einfühlsamkeit – ebenso wie die dazugehörige Verantwortlichkeit[11] – gehört zu dem neuen Bündel an Kompetenzen, das für eine entwicklungsfähige Präsenz auf Erden nottut, und zeugt von der integralen Kohärenz und Resonanz, die sich aus der angezapften „In-formation" der kosmischen Tiefendimension ergibt. Will man im offenen Kontakt mit dem „angrenzenden Möglichen" leben, bedingt das, sowohl die neue Karte der Realität zu lesen wie auch ihre Essenz – die Bewusstseinsevolution – voranzutreiben.

Charles Eisenstein fragt:

> „Weshalb wird ohne große Diskussion behauptet, dass niemand direkten Zugang zu der subjektiven Erfahrung einer anderen Person (oder Nichtperson) haben könne?[12] Das ist nur dann fraglos, wenn wir uns als grundsätzlich voneinander getrennte Wesen vorstellen und erfahren. Doch gibt es Geschichten vom Selbst, die sich ganz anders anhören. Wir könnten uns, wie es im Übrigen viele spirituelle Überlieferungen tun, nicht als getrennte Wesen betrachten, sondern als ‚Zwischenwesen', das heißt Wesen, von denen nicht nur der eine vom anderen abhängt, sondern zusammen mit ihm eine Art ‚Interexistenz' bildet."

Das Entstehen von Narrativen, in denen es um systemische Nachhaltigkeit, evolutionäre Resonanz, „glokale" (lokale + globale) Entwicklungsfähigkeit geht, stützen sich wesentlich darauf, dass man genau das versteht. Wie Wendy Wheeler nahelegt, gibt es kollektive Wege, mehr zu sein als das, was wir für uns alleine sein können.[13] Die neue Karte der Realität hilft uns dabei, die Strukturen zu verstehen und uns in sie „einzufühlen“, die mit dem neuen Narrativ übereinstimmen bzw. kohärent sind – diesem Narrativ, in dem es zentral um Verbundenheit und dementsprechend kosmische Bezüge geht.[14]

Wenn wir die Frage evolutionärer Kohärenz vom Standpunkt (oder richtiger „Fließpunkt“) der Suche nach Resonanz aus angehen, ist das Ziel nicht, den „richtigen“, „besten“ oder gar „angemessensten und befriedigendsten Weg“ zu finden, sondern vielmehr jene Wege, denn sie sind zahlreich, die eine stimmige Koordinierung unsererseits mit dem Entwicklungstrend zu größerer Kohärenz hin als integralen Ausdruck von Bewusstsein verstärken. Es ist wichtig, eine Art Kompetenz für integrale Kohärenz auszubauen – die Selbstaktualisierung von Einzelnen und Gruppen, die meisterliches Wissen sowie hochrangige Fähigkeiten, Haltungen und Werte erlangt haben, welche für die Teilhabe an evolutionären Aktionen und damit für die Weiterverfolgung von Modalitäten erforderlich sind, die Sein und Werden qualitativ fördern. Wenn Sie sich mit anderen verbinden, ihnen zuhören, auf sie aufmerksam sind, einfühlsam in sich aufnehmen, was gerade auftaucht, und Ihrem Gefühl für Resonanz rückhaltlos Ausdruck geben, kann es hilfreich sein, an die inneren Verbindungskanäle zu denken, über die Sie und Ihre Gruppe – und jeder Frosch, Baum, Stein und Stern im Kosmos – die Weisheit der kosmischen Tiefendimension in-formiert.

> „Die Vergänglichkeit stürzt überall in ein tiefes Sein … Unsere Aufgabe ist, diese vorläufige, hinfällige Erde uns so tief, so leidend und leidenschaftlich einzuprägen, dass ihr Wesen in uns ‚unsichtbar‘ wieder aufersteht. Wir sind die Bienen des Unsichtbaren. Inständig sammeln wir den Honig des Sichtbaren, um ihn anzuhäufen in der großen Wabe des Unsichtbaren.“
>
> Rainer Maria Rilke, Brief an seinen polnischen Verleger Witold Hulewicz vom 23. November 1925

Schon oft habe ich eine Geschichte erzählt, die von einem Imker handelt und in der es um Bewusstwerdung geht. Darin sagte der betagte Imker, er hätte schon mit drei Jahren gewusst, dass er Imker werden würde. Mit Stolz und Liebe erzählte er mir, alle Pflanzen- und Tierarten wüssten, welche Rolle die Bienen in ihrem Ökosystem spielten, und dass sie abhängig davon wären, dass die Bienen ihre Aufgabe erfüllen könnten. Diese Beobachtung wirft die Frage auf, welche Rolle Tiere und Pflanzen den Menschen in ihrem Ökosystem zuschreiben, und ob sie davon abhängig sind, dass wir diese Rolle auch tatsächlich übernehmen oder nicht.

Ich stellte diese Frage meiner Tochter Kahlia Paola Laszlo, als sie 13 Jahre alt war. Sie antwortete mir, dass für sie die Rolle der Menschen darin liege, Verbindungen herzustellen; also Leben mit Leben zu verbinden und das, was ist, mit dem, was sein könnte. Diese Antwort bestätigt offenbar den Geist von Janine Benyus' Beobachtung, dass Leben lebensdienliche Bedingungen schafft.[15]

Das ist meilenweit entfernt vom Artenzentrismus und der Zoophobie, die vieles von dem charakterisieren, was Herbert Spencer und andere in den vergangenen hundert Jahren aus dem Darwinismus gemacht haben. Zur gleichen Zeit, als die darwinistische Evolutionstheorie populär wurde, merkte T. H. Huxley an, dass lebensbejahende Werte, wie sie Aussagen einer Janine Benyus zugrunde liegen, Leben in einer völlig anderen Weise konzipieren:

> „Das aus ethischer Sicht Beste zu praktizieren – wir nennen das Güte oder Tugend –, setzt eine Verhaltensweise voraus, die, bei allem Respekt, jener, die im kosmischen Existenzkampf zu Erfolg führt, diametral entgegengesetzt ist. Anstelle skrupelloser Selbstbehauptung fordert sie Selbstbeschränkung; statt alle Mitbewerber zur Seite zu drängen oder gar zu zertreten, verlangt sie vom Einzelnen nicht nur, dass er seine Mitmenschen achten, sondern ihnen sogar helfen soll; ihre Einflussnahme richtet sich nicht so sehr aufs Überleben der Stärksten wie darauf, möglichst viele fürs Überleben stark zu machen. Diese Verhaltensweise weist die kämpferische Existenztheorie entschieden zurück."[16]

Sich daran zu erinnern, dass man Teil einer Gemeinschaft ist, und zwar nicht als Menschlein mit kurzsichtigen selbstzentrierten Anliegen, sondern als Mensch im Werden, der engagiert an der Bewusstseinsentwicklung teilnimmt und sie voranbringt, wird über kurz oder lang ein evolutionärer Imperativ werden. Wie es die neue Karte klarmacht, hat die Stunde schon längst geschlagen, offenbar fällt es uns nur noch schwer, das zu erkennen. Die Bewegung, die dem umfassenden kosmischen Evolutionsprozess zugrunde liegt, verlangt von uns, dass wir alle vier Ebenen der Einfühlung und Einstimmung wieder ins Gleichgewicht bringen – jeder jede für sich und alle miteinander. Wenn wir das tun und die neue Karte in dem, was wir eigentlich sind, lebendig werden lassen, gliedern wir uns in den integralen Entwicklungsprozess wieder ein und aktivieren so in unserem täglichen Leben bewusste Kohärenz.

Das kollektive Bewusstsein unserer Spezies erlangt überraschende neue Fähigkeiten. In seinem Beitrag zu diesem Buch sagt Kingsley Dennis, dass die Generationen, die jetzt die Bühne betreten, mit einer hochentwickelten Sensibilität [„sense-ability“, s. Anm. 135] ausgestattet sind, einem ausgeprägten Sinn für Resonanz, der es ihnen erlaubt, mit mehr Selbstverständlichkeit und Leichtigkeit ganzheitliche Phänomene wahrzunehmen und zu unterstützen. Was Kingsley als „Entstehung eines empathischen Bewusstseins“ bezeichnet, ist ein Kennzeichen dieser Generationen, und es lohnt sich, auf deren Äußerungen zu achten.

Das Sich-einstimmen auf die Bewusstseinsevolution wirkt sich positiv auf die eigene Verfassung aus. Wenn man seine höheren Stufen erreicht hat, ist man (voller)

1. **Leidenschaft**: einem pulsierenden, starken und mitreißenden Enthusiasmus;
2. **Integrität**: charakterlicher Würde oder Erhabenheit; Ehrenhaftigkeit, Achtung und Respekt;
3. **Anmut**: einfacher Eleganz, Besonnenheit und Ausgewogenheit;
4. **Kontrolliertheit**: zeigt vorbildhaftes Verhalten in unvorhergesehenen Situationen;
5. **im Fluss**: stimmt sein Tun und seine Verhaltensweisen in harmonischer Weise mit seiner Umgebung ab.

Das sind die „fünf Aspekte der Resonanz“.[17,18]

Sie bilden den Boden, auf dem die Sensorien für Resonanz kultiviert werden und die Ver-antwort-ung der Resonanzsucher kohärenten Ausdruck finden können. Um mit ihnen zu arbeiten, sind Hingabe und Übung angesagt, auch wenn das Schärfen des Sinnes für universelle Resonanz eher dem Liebenlernen gleicht als dem Studieren einer Gebrauchsanweisung.

> „Nachdem wir für uns den Raum, die Winde, die Gezeiten und die Schwerkraft gemeistert haben, wird der Tag kommen, an dem wir die Energien der Liebe für Gott meistern werden. Und an jenem Tag werden wir, zum zweiten Mal in der Weltgeschichte, das Feuer entdeckt haben.“
>
> Pierre Teilhard de Chardin, „L'évolution de la chasteté“ in „Vers le futur“ von 1936

Um die Entwicklung des Bewusstseins in Ihnen selbst und um Sie herum zu fördern, brauchen Sie Zielgerichtetheit und visionäre Kraft. Wenn Sie sich darin üben, kann es Ihnen gelingen, Resonanz herzustellen. Doch was für die Liebe zutrifft, gilt auch hier: sie geschehen zu lassen, hat nichts mit Erzwingen zu tun, das sollte man nicht verwechseln. Ersteres ist schöpferisches, aufbauendes und lebensbejahendes, letzteres einschränkendes, herrisches und das Leben bezwingendes Handeln. Wahre Liebe können wir „machen", sprich geschehen lassen, aber niemals erzwingen. Dasselbe gilt für Frieden und Harmonie – und für die Teilhabe an der Bewusstseinsevolution in der Welt.

Möchten Sie ein Teil des numinosen Tanzes der Evolution sein – ein bewusster Teil? Wenn Sie tanzen, oder besser, wenn Sie sich erlauben, in den Tanz hineingezogen zu werden, löst jeder Ihrer Schritte Wellen aus, die nicht nur Ihren Raum und Ihre Zeit in-formieren und in die Interaktion miteinbeziehen, sondern Raum und Zeit jedes anderen auf dem Tanzboden auch. Die Art und Weise, wie Sie sich bewegen, wirkt sich ebenso auf die Qualität des allgemeinen Flusses aus wie das Ausmaß, in dem dieser Sie und die anderen Prozesse und Strukturen, die mit Ihnen gemeinsam aufgetaucht sind, unterstützt. Die Resonanz dieses Tanzes bringt die integrale Kohärenz der kosmischen In-formation zum Ausdruck.

Zuerst ist wichtig, die neue Karte der Realität vor sich liegen zu haben. Dann muss man lernen, wie man sie liest. Und schlussendlich geht es darum, sie in allem, was wir tun, sind, fühlen, denken, ausdrücken, worauf wir uns beziehen und womit wir uns verbinden, lebendig werden zu lassen. Es geht um Resonanz, Ganzheitlichkeit, Liebe und – im Grunde – um Leben in seinem vollständigsten und bedeutungsvollsten Ausdruck.

Endnoten

1 Calaprice, A.: Lieber Herr Einstein ...: Albert Einstein beantwortet Post von Kindern. Campus Verlag, 2007; engl.: Dear Professor Einstein: Albert Einstein's Letters to and from Children. Prometheus Books, New York, 2002, S. 184

2 Zukav, G.: The Seat of the Soul: 25th Anniversary Edition. Simon & Schuster, New York, 2014

3 Ho, M.-W.: The Rainbow and the Worm: The Physics of Organisms. World Scientic, Singapur, 1998

4 Scharmer, O.: Von der Zukunft her führen: Von der Egosystem- zur Ökosystem-Wirtschaft. Theorie U in der Praxis. Carl-Auer Verlag, 2017; Theorie U:

Von der Zukunft her führen: Presencing als soziale Technik. Carl-Auer Verlag, 2014; engl.: Theory U: Leading from the Future as it Emerges. Berrett-Koehler, San Francisco, 2009

5 Price, D.: „Daologue“ in *Open to Persuasion ... Open reasoning in a complex world*; http://opentopersuasion.com (aufgerufen Januar 2018)

6 Laszlo, A., Laszlo, K. C.: „Syntony and Flow: The Artscience of Evolutionary Aesthetics“ in *The View: Mind over Matter, Heart over Mind: From Conan Doyle to Conversations with God*, Patrick, D., (Hrsg.), Polair, London, 2009

7 Dennis, K. L.: Phoenix Generation: A New Era of Connection, Compassion, and Consciousness. Watkins, London, 2014

8 Gibson, W.: „The Science in Science Fiction“ in *NPR, Talk of the Nation*, 30. November 1999; www.npr.org/templates/story/story.php?storyId=1067220 (aufgerufen Januar 2018)

9 Kauffman, St.: „The Adjacent Possible: A Talk with Stuart A. Kauffman“, Edge Foundation, 9. November 2003; www.edge.org/conversation/stuart_a_kauffman-the-adjacent-possible (aufgerufen Januar 2018)

10 Roy, A.: War Talk. South End Press, London, 2003

11 Im Originaltext: „sense-ability“ (Fähigkeit zu fühlen) und „response-ability“ (Fähigkeit, darauf zu antworten und die Konsequenzen zu ziehen); Anm. d. Üs

12 Eisenstein, Ch.: „Qualitative Dimensions of Collective Intelligence: Subjectivity, Consciousness, and Soul“ in *Spanda Journal*, 2, 2014

13 Wheeler, W.: The Whole Creature: Complexity, Biosemiotics and the Evolution of Culture. Lawrence and Wishart Ltd, London, 2006

14 Ein Spiel, mit dem man diese Fähigkeiten sehr gut trainieren und seine Aufnahmefähigkeit für den Informationsfluss der Tiefendimension erhöhen kann, heißt Psyche – The Game of Decisions. Als synchronistisches Spiel, bei dem es um die Transformation der Bewusstseinsenergie geht, ist es als universeller Ratgeber in menschlichen Angelegenheiten gedacht, und zwar in Form eines Spiels, das die Weisheit hochentwickelter alter Zivilisationen mit den Entdeckungen moderner Psychologie kombiniert (wie im Vorwort des Spielhandbuchs beschrieben). Das Spiel wurde von dem mexikanischen Psychologen Armando Perez entwickelt und stellt eine zeitgenössische Synthese uralter Prinzipien der Selbstentdeckung aus Mexiko, China, Griechenland, Indien und Persien dar, die sich auf archetypische Spielstrukturen im Herzen von Lernsystemen wie dem I Ging, Leela, Asha, Patoli und den Magischen Quadraten stützen. In der klassischen Version wird es als Brettspiel gespielt, doch vor kurzem ist es auch als downloadbare interaktive Spiel-App namens „Decisions by Psyche“ verfügbar. Es ist ein wunderbares Werkzeug für Ihre Selbstreflexion sowie die Erforschung und Transformation Ihrer Bewusstseinsenergie.

Eine weitere gute Übungsmethode wurde von dem Jungianer und Kampfsportkünstler Richard Squeri entwickelt. Sein Ansatz betont eher die somatische und kinästhetische Auseinandersetzung mit dem Flow: Wie kommt man in eine dynamische Beziehung zu jenem In-formationsfluss, durch den auch wir entstehen? Squeri hat einen Korpus an Übungen entwickelt, den man unter dem Namen Flowing Dragon Swords (FDS) kennt. Er selbst sagt über dieses Spiel, es sei „eine Sprache der Seele und bahnt einen direkten Weg zu dem, was mein Herz mir enthüllen möchte. ... Praktiziert man diesen Tanz eine Weile, so lernt man, zugleich mit sich selbst – Körper, Geist und Seele – und einem anderen Menschen verbunden zu sein. ... Wenn ich dann mein Schwert beiseitelege und es für den Rest des Tages ruhig angehen lasse, kann ich nur sagen, dass dies bemerkenswerte Spiel alle meine Kontakte positiv verwandelt." (Squeri, 2015). Squeri erklärt weiter, dass FDS „teils Kampfsportkunst, teils psychologische Selbsterforschung und spirituelle Praxis ist. Es basiert in erster Linie auf nonverbalen Kommunikationsmethoden und dem allmählichen Erwerb eines neuen Selbstgewahrseins. Das spontane gemeinsame Entwickeln einer Bewegungssprache in diesem Spiel stellt Elemente für neue Dialogdimensionen bereit, obwohl man nicht mehr können muss, als einfach ein hölzernes Schwert zu halten." (Ebd.) Einfachheit, Aufmerksamkeit, Sorgfalt, Lern- und Informationsbereitschaft bilden das Zentrum dieses Spiels, in dem Flow, Harmonisierung, gemeinsame Orientierung und Anmut geübt werden. Es stellt eine ausgezeichnete Übungsmethode für jeden dar, der daran interessiert ist, seine Aufnahmefähigkeit für kosmische In-formation zu erhöhen. Siehe Squeri, R.: „The Power of The Game" in *Flow Dragon Swords: A Practice of Life and Learning*; https://flowingdragonswords.com/the-power-of-the-game/ (aufgerufen Januar 2018)

15 Benyus, J.: „Innovations Inspired by Nature" in *Doors of Perception 7: Flow*, Kongress, Amsterdam, 14. – 16. November 2002; http://flow.doorsofperception.com/content/benyus_trans.html (aufgerufen Januar 2018)

16 Huxley, Th. H.: „The Struggle for Existence in Human Society" in *Evolution and Ethics and Other Essays*. Appleton, New York und London, 1925, S. 81–82

17 Laszlo, A.: „Living Systems, Seeing Systems, Being Systems: Learning to Be the Systems We Wish to See in the World" in *Spanda Journal* 6:1, 2015

18 „five movements of resonance", wörtlich movements = Sätze wie die „Sätze" in einer Sinfonie; Anm. D. Üs.

Teil 3

Der Sinn

Kapitel 8

Die Frage nach dem Sinn

„... Die meisten modernen Wissenschaftler scheuen sich vor der Frage: ‚Und worauf läuft das alles hinaus, was ist der Sinn dahinter?'. Für sie, als Experten, die Daten sammeln und analysieren, scheint diese Frage ebenso nebulös wie – eben gerade – sinnlos zu sein. Doch dem war nicht immer so. Die Grenzen zwischen den Naturwissenschaften und anderen Deutungsansätzen der Realität – Mystik, Theologie und Philosophie – pflegten einst fließender zu sein. Ein Pythagoras im antiken Griechenland konnte rigoroser Mathematiker und charismatischer Eingeweihter zugleich sein. Sir Isaac Newton war sowohl nüchterner empirischer Physiker als auch besessener christlicher Theologe. Und während Albert Einstein und Niels Bohr Licht ins Dunkel der Physik brachten, rangen sie parallel um Fragen, in denen es grundsätzlich um Sinn und Wesen der Realität ging ... Auch wenn die Sinnfrage selten anerkannt und ihr kaum analytisch nachgegangen wird, ist genau sie es, die auf einer tiefen Ebene Wissenschaften wie die Physik und Kosmologie heute vorantreibt."

Die Physiknobelpreisträger Frank A. Wilczek und
Deepak Chopra (San Francisco Chronicle, 13. Juli 2015)

Seit man denken kann, suchen Menschen nach dem Sinn. Und die Philosophen unter ihnen spitzten die Suche zu, indem sie fragten, weshalb überhaupt etwas in der Welt ist und nicht vielmehr nichts. Die Wirklichkeit ist eine Ansammlung von „Dingen": Wie und weshalb kamen sie hierher? Und bis zum heutigen Tag stellen sich Philosophen und Wissenschaftler mit philosophischer Ader die Frage, *wie es dazu kommt, dass das, was es auf der Welt gibt, geistig erfassbar ist.* Die Welt könnte ebenso gut eine zufällige Ansammlung von zusammenhanglosen Dingen sein, auf die man sich keinen Reim machen kann. Das sind Fragen nach dem Sinn, und sie sind sinnvoll.

In diesem Schlusskapitel stellen wir solche Fragen. *Gibt es einen Grund für die Existenz jener Dinge, die die Welt bevölkern? Und gibt es einen Grund dafür, dass sie geistig erfassbar sind?*

Diese Fragen werden bereits seit Tausenden von Jahren gestellt, und die Antworten, die man fand, sind sehr vielfältig. Skeptiker und hartgesottene „Realisten" haben diese Art von Fragen aber verworfen, denn es seien Fragen, auf die es keine Antwort gebe – zumindest keine, die vom Verstand her vertretbar wäre. Religiöse und spirituelle Oberhäupter bestanden hingegen darauf, dass es sehr wohl eine Antwort gebe: Der Grund für die Existenz der Dinge, und auch ihre (zumindest teilweise) geistige Erfassbarkeit, sei der Wille der göttlichen Intelligenz, der sie schuf. Von wissenschaftlicher und säkularer Seite gab es ein klares Nein zu dieser Antwort. Es gebe keinen bestimmten („göttlichen" oder anderweitig benennbaren) Grund für die Existenz der Dinge, so hieß es, denn nur Dinge, die absichtlich erschaffen worden seien, hätten einen bestimmten Grund für ihre Existenz vorzuweisen, und dieser Grund sei dann die Absicht, in der sie geschaffen worden seien; eine solche besondere Absicht aber gebe es nicht.

Auf der neuen Karte der Realität finden wir eine Antwort, welche an die alte spirituelle Antwort erinnert, sie aber mit jener Antwort verbindet, welche heute die Wissenschaft geben kann. Max Planck, Albert Einstein, Wolfgang Pauli, Carl Gustav Jung und zahlreiche weitere Wissenschaftler glaubten und behaupteten immer wieder, es gebe eine dem Universum immanente Intelligenz. Diese Intelligenz wirkt durch die Naturgesetze und ist verantwortlich dafür, das Wesen der Dinge in der Welt zu gestalten. Sie stellt sicher, dass die Welt nicht nur ein zufällig zusammengewürfelter Haufen Dinge ist, die nichts miteinander zu tun haben, sondern ein Ensemble von Ereignissen und Prozessen, die in einem kohärenten Bezug zueinander stehen.

Das ist eine völlig logische und vernünftige Hypothese, auch wenn die meisten Mainstreamwissenschaftler sie ablehnen und lieber weiterhin darauf bestehen, dass jene Prozesse, die für den Ursprung der Dinge verantwortlich sind, von Grund auf zufällig sind. Ihrer Ansicht nach ergeben sich die Dinge einfach aus dem Naturchaos von Aktionen und Interaktionen, ohne dass irgendeine besondere Absicht oder Bedeutung dahinterstehe.

Der Physiker Nassim Haramein sagte dazu:

> „Die Grundaxiome und Behauptungen physikalischer Basistheorien … gehen davon aus, dass evolutionäre Systeme aus zufälligen Interaktionen entstehen, losgetreten durch ein einzigartiges ‚mirakulöses' Ereignis, das alle Bedingungen zur Entstehung unseres aktuell beobachtbaren Universums sowie unserer Existenz in ihm bereitgestellt hat. Erstaunlicherweise soll dieses eine Ereignis, das gewöhnlich als ‚Big Bang' beschrieben wird, alle Kräfte und Konstanten physikalischer Gesetzmäßigkeit und womöglich biologischen Interaktionen unter zufälligen Funktionsbedingungen hervorgebracht haben."[1]

Sogar Thomas Kuhn, der das Paradigmenkonzept in die Wissenschaft eingeführt hat, zögerte zuzulassen, dass der Existenz der Dinge ein Zweck zugrunde liegen könnte. Er schrieb:

> „Der Entwicklungsprozess ist eine Evolution, die primitiv begonnen hat – ein Prozess, dessen sukzessive Stadien sich durch ein immer detaillierteres und feineres Verständnis der Natur auszeichnen. Doch das macht ihn noch lange nicht zu einem Evolutionsprozess, der zu irgendetwas Bestimmtem hinführt. … Soweit wir heute aus der biologischen Evolution schließen können, dürfte sich der gesamte Prozess ohne vorherbestimmtes Ziel vollzogen haben, also ohne von vorneherein festgelegte wissenschaftliche Wahrheit, von der jedes Stadium des wissenschaftlichen Fortschritts nur eine verbesserte Version darstellt."[2]

Obwohl Kuhn anerkennt, dass jedes neue Paradigma innerhalb der Geschichte der Wissenschaft eine „verbesserte Version" derselben darstellt und eine immer detailliertere und feinere Einsicht in die Natur mit sich bringt, soll diese Einsicht – laut Kuhn – doch keinerlei Ziel noch Zweck (in) der Natur enthüllen: Evolution in der Natur ist keine Evolution auf etwas hin. Das jedoch entspricht nicht den Fakten. Werfen wir einen frischen Blick auf sie.

Zweck innerhalb der Natur

In jüngster Zeit sind beachtliche Beweise dafür aufgetaucht, dass die Dinge und Ereignisse im Universum nicht zufällig, sondern kohärent sind. (Kohärenz meint hier, dass die Elemente, die ein Ding oder System ausmachen, genau miteinander koordiniert sind, sodass jedes Element mit jedem korrespondiert.) Kohärenz in der Natur ist das Ergebnis von Evolutionsprozessen, die selber kohärent sind.

Kohärenzargument I:
Die Kohärenz der Physik des Universums

Wie kohärente und komplexe Systeme sich in der Natur entwickelt haben könnten, hat Mystiker, Propheten, Wissenschaftler und suchende Menschen in allen Gesellschaftsschichten immer wieder Kopfzerbrechen bereitet. Hermetische, vedische und taoistische Denker sowie die Propheten der großen Weltreligionen schrieben die Entstehung von Systemen einer übernatürlichen Wirkungsmacht zu. Ein göttliches Wesen oder eine göttliche Intelligenz schuf diese Systeme oder zumindest die Bedingungen und die Antriebskraft dazu. Wissenschaftler hingegen forschten nach naturimmanenten Ursachen. Henri Bergson zum Beispiel postulierte einen *élan vital*, welcher der Degradierungstendenz von Energie in lebenden Systemen entgegenwirke, und der Biologe Hans Driesch erkannte im Universum eine Gegentendenz zur Entropie, die er *Entelechie* nannte. Ein paar Wissenschaftler sprachen von *Syntropie* als Grundkraft der Evolution kohärenter Systeme, und Teilhard de Chardin und Erich Jantsch brachten die *Resonanz* ins Spiel.

Die Evolution kohärenter Systeme ist tatsächlich erklärungsbedürftig: Selbst dann, wenn man eine große Anzahl solcher Systeme quer durch alle historischen Zeitskalen in die Überlegung miteinbezieht, trägt das Zufallsargument den Fakten nicht Rechnung. Der Raum, in dem man nach möglichen Kombinationen der Elemente, die komplexe Systeme ausmachen, suchen kann, ist so weitläufig, dass die mit dem Zufall operierende Trial-and-Error-Methode die verfügbaren Zeitrahmen bei weitem überschreiten würde. Über 13 Milliarden Jahre standen der Evolution für die Kombinationen der Basiselemente zur Verfügung, welche das bekannte Universum ausmachen, und 4 Milliarden Jahre für die Kombination der Makromoleküle und Zellen, welche die lebenden Systeme auf diesem Planeten ausmachen. Diese Zeitrahmen sind ungeheuer groß, und doch reichen sie nicht aus, um die Kohärenz zu erklären, die wir in der Natur beobachten können.

Die Wahrscheinlichkeit, dass selbst die einfachsten und grundlegendsten biologischen Systeme durch eine zufällige Mischung ihrer Elemente hätten zustande kommen können, ist praktisch null. Das System der DNS-mRNS-tRNS-rRNS-Transkription und -Translation, die Grundlage für lebende Systeme, ist derart komplex und präzise, dass es höchst unwahrscheinlich ist, dass sie durch Zufall hätten zusammengefügt werden können. Ebenso unwahrscheinlich ist, dass komplexe Systeme durch eine zufällige Veränderung ihres Genpools hätten entstehen können. Laut dem mathematischen Physiker Fred Hoyle ist die Wahrscheinlichkeit, dass neue Spezies auf Grund einer zufälligen Mutation ihres Genpools entstehen würden, mit jener Wahrscheinlichkeit vergleichbar, dass ein Hurrikan, wenn er durch einen Schrottplatz rast, ein funktionsfähiges Flugzeug zusammenbaut. Würde man die sechs Seiten eines Rubik-Würfels nach dem Zufallsprinzip zu ordnen versuchen, und dabei sogar eine Drehung pro Sekunde hinbekommen, würde das länger als das gesamte Alter des Universums dauern.

Schon die Grundparameter des Universums weisen eine atemberaubende Kohärenz auf. Der Kosmologe Menas Kafatos wies nach, dass man das Verhältnis zwischen den Grundparametern einerseits als Beziehung zwischen den Massen der Elementarteilchen und der Gesamtzahl an Nukleonen interpretieren kann, andererseits in Hinsicht auf die Beziehung zwischen der Gravitationskonstante, der Elektronenladung, der Planckkonstante und der Lichtgeschwindigkeit. Die Masse der Elementarteilchen, die Anzahl der Teilchen und die Kräfte zwischen ihnen stehen in einem harmonischen Verhältnis zueinander. Bereits in den 1930er Jahren stellten Artur Eddington und Paul Dirac fest, dass das Verhältnis der elektrischen Kraft zur Gravitationskraft annähernd 1040 und das Verhältnis von der Größe des Universums zur Größe der Elementarteilchen um die 1040 beträgt. Das ist überraschend, denn das Verhältnis der elektrischen Kraft zur Gravitationskraft sollte unveränderbar sein (, da es konstante Kräfte sind), während das Verhältnis von der Größe des Universums zur Größe der Elementarteilchen veränderlich sein sollte (, da das Universum expandiert). In seiner „Large number hypothesis“ brachte Dirac den Gedanken ins Spiel, die Übereinstimmung zwischen diesen Verhältnissen, von denen das eine variabel, das andere nicht ist, sei mehr als eine rein zufällige Koinzidenz. Doch wenn dem so ist, expandiert entweder das Universum nicht, oder die Gravitationskraft variiert proportional zu dessen Expansion.

Die kosmische Mikrowellenhintergrundstrahlung – das physikalische Relikt der Big-Bang-Energien – ist in ähnlich überraschender Weise kohärent. Sie dominiert ein großer Peak, dem kleinere harmonische Peaks folgen. Die Reihe endet mit der längsten Wellenlänge, die Lee Smolin R taufte. R, dividiert durch die Lichtgeschwindigkeit, ergibt die Länge der Zeit, die unabhängigen Schätzungen nach das Alter des Universums ist. Dividieren wir aber die Lichtgeschwindigkeit durch R, so erhalten wir das Maß, in dem sich die Expansion des Universums beschleunigt; und wenn wir R quadrieren und dann durch die Lichtgeschwindigkeit dividieren (c^2/R), erhalten wir das Maß, in dem sie die Expansion der Galaxien beschleunigt. Diese und damit zusammenhängende „Koinzidenzen" legt die Vermutung nahe, dass alle Parameter des Universums mit allen anderen Parametern fein abgestimmt sind, und alle zusammen mit den übergreifenden Dimensionen des Universums kohärent sind.[3]

Kohärenzargument II: Die Evolution kohärenter Systeme

Für die Evolution kohärenter Systeme gibt es im Universum eine kohärente Basis, doch das erklärt noch nicht die effektive Evolution solcher Systeme. Tatsächlich sind lebende Systeme erstaunlich kohärent. Der menschliche Körper beispielsweise besteht aus etwa 37,2 bis 100 Billionen Zellen, und jede Zelle produziert jede Sekunde 10.000 bio-elektrochemische Reaktionen. Alle 24 Stunden sterben 10^{12} Zellen und werden ausgetauscht.

Die Koordination dieser riesigen Anzahl von Zellen sowie ihrer elektromagnetischen und chemischen Signale lässt sich durch klassische physische und chemische Interaktionen alleine nicht sicherstellen. Das Nervensystem kann die Signale nicht schneller als 20 Meter pro Sekunde übertragen, und auch nicht eine große Anzahl verschiedener Signale gleichzeitig. Doch bei gleichen oder zumindest kompatiblen Frequenzen treten Moleküle, Zellen und Zellverbände in Resonanz miteinander, und zwar quer durch den gesamten Körper und egal, ob sie sich in nächster Nähe befinden oder weit voneinander entfernt sind. Sie interagieren bei unterschiedlichen Geschwindigkeiten, angefangen von langsamen (unter Hormonen und peripheren Nervensträngen) bis hin zu hohen (entlang den Ranvier-Schnürringen von myelinisierten Nerven). Die Interaktionen sind genauestens aufeinander abgestimmt und beziehen zusätzlich zu klassischen physikalisch-biologischen Interaktionen quantentypische „Verschränkungen“ mit ein.

Komplexe Systeme tauchten im Universum im Laufe der Evolution des Universums selbst auf. 1927 stellte Georges Lemaitre, ein belgischer Priester, der sich der Wissenschaft zugewandt hatte, die Hypothese auf, dass das Universum eher expandiere, als unendlich und unveränderbar zu sein. Das wurde zwei Jahre später von dem Astronomen Edwin Hubble bestätigt. Als sich zeigte, dass die Friedmann-Gleichungen, welche die Struktur des Universums dekodieren, instabil sind, übernahmen auch Kosmologen den Gedanken, dass das Universum sich mit der Zeit verändert. Jene Parameter, die zur Evolution komplexer Systeme führten, muss es bereits zu Beginn des Evolutionsprozesses gegeben haben. Und sie waren außerordentlich fein aufeinander abgestimmt: bei Abweichungen in einer Größenordnung von nur einem Milliardstel des Wertes einiger der universellen Konstanten (wie der Masse der Elementarteilchen, der Lichtgeschwindigkeit, der Expansionsquote der Galaxien und zwei Dutzend weiterer) wären weder stabile Atome noch stabile Interaktionen zwischen den Atomen zustande gekommen. Auch nur die kleinste Veränderung der einen oder anderen Konstante hätte die Evolution von multiatomaren, molekularen und weiter dann biologischen Systemen ausgeschlossen.

Komplexe Systeme begannen sich also im Universum zu entwickeln. Planckgroße Wellen tauchten im Minkowski-Urvakuum auf: Quanten wie Leptonen (Elektronen, Myonen, Tauonen und die drei dazugehörigen Neutrinos), Mesonen (Pionen) ebenso wie Hadronen (Baryonen einschließlich Protonen und Neutronen). Im Laufe der Zeit verbanden sie sich zu Atomen, und diese zu Molekülen und Molekularclustern. Und in astronomischem Maßstab entstanden Sterne und Sternsysteme, Galaxien und Galaxiencluster.[4]

Auf einigen Planeten, und sogar in einigen Gegenden des interstellaren Raums, treten organische Moleküle in Erscheinung. Auf geeigneten Planetenoberflächen verbinden sie sich zu zellulären und multizellulären Systemen. Auf der Erde lassen sich die ersten Lebensformen bis auf über vier Milliarden Jahre zurückverfolgen, im weiteren Verlauf entwickelten sie sich zu immer komplexeren organischen und multiorganischen Systemen.

Diese Entwicklung kann nicht das Ergebnis bloßen Zufalls gewesen sein. Dennoch waren bis zum Beginn dieses Jahrhunderts die meisten

Wissenschaftler davon überzeugt, dass das Leben das Resultat einer Reihe glücklicher Koinzidenzen gewesen sei. Man wusste, dass die Entwicklung von Leben aus rein physikalischer Sicht unwahrscheinlich ist, denn physikalische Prozesse neigen tendenziell dazu, sich zu Stadien mit erhöhter Entropie herunterzuwirtschaften, anstatt (sich zu) komplexere(n) Strukturen aufzubauen, die Energie erhalten und etwas aus ihr machen. Ohne einen élan vital oder vergleichbare Lebensantriebskräfte müsste die Entwicklung von Leben auf Erden ein enormer Glücksfall sein.

Diese Glücksfall-Version legt allein schon die Position unseres Planeten innerhalb seiner Galaxie nahe. Denn der Planet Erde befindet sich wahrhaftig in einer „Goldilocks Zone", also weder in zu großer Entfernung noch zu großer Nähe von seiner Sonne, die in die Hauptsternenreihe der Spektralklasse G und der Leuchtkraftmasse V gehört (G2 V).[5] Er hat genau die richtige Atmosphäre und die richtige Wassermenge, damit Leben entstehen und erhalten bleiben kann. Er besitzt die richtige Masse und bewegt sich auf einer nahezu kreisförmigen Umlaufbahn. Auf seiner Oberfläche gibt es flüssiges Wasser, und das Verhältnis zwischen Wasser- und Landmasse stimmt. Die Fluktuation seiner Oberflächentemperatur überschreitet nicht die begrenzte Spannbreite, die für die Entstehung von Leben notwendig ist. Er befindet sich in der richtigen Entfernung vom Zentrum der Galaxie und ist vor den Asteroiden riesiger Gasplaneten geschützt. In dieser Position schützt die Heliosphäre der Sonne seine Oberfläche vor kosmischer Strahlung und kosmischem Druck, die für biologische Systeme tödlich wären, und seine eigene Magnetosphäre schützt ihn vor den gefährlich hohen Energien, die von der Heliosphäre der Sonne ausgehen.

Doch die Glücksfall-Hypothese wird dadurch abgeschwächt, dass unser Planet keineswegs einen Einzelfall im Universum darstellt, ja noch nicht einmal ein außergewöhnlichen oder besonders seltenen. Man konnte bisher annähernd 2.000 „Exoplaneten" identifizieren, das sind Planeten, die um andere Sterne als unsere Sonne kreisen. Mit Hilfe des Keplerschen Raumteleskops entdeckten Wissenschaftler mehrere tausend in Frage kommende Planeten. Im Durchschnitt hat jeder Stern in der Milchstraße mindestens einen Planeten, und einer von fünf sonnenähnlichen Sternen einen erdähnlichen Planeten in der Goldilocks Zone. Von 200 Milliarden Sternen, die in unserer Galaxie kreisen, gibt es mithin 11 Milliarden Planeten, die so groß wie die Erde sind und sich in einer Goldilock-Position befinden, und das wohlgemerkt allein in dieser Galaxie – und dabei dürfte es etwa 10^{22} bis 10^{24} Galaxien im Universum geben. Es ist also mehr als wahrscheinlich, dass Leben – und auch intelligentes Leben – an vielen Orten im Universum zu finden ist.

Darüber hinaus zeigte sich, dass die Evolution von Leben keine glückliche Entwicklung ist, die einfach nur einer statistischen Möglichkeit entspricht, sondern ein grundsätzlich evolutionärer Prozess. Ein erster Beweisstrang dafür war die Entdeckung, dass organische Moleküle unter einer breiten Palette von Bedingungen vorkommen. An der Hongkonger Universität entdeckte 2011 ein Astrophysikerteam unter der Leitung von Sun Kwok und Yong Zhang in der Nachbarschaft aktiver Sterne 130 organische Makromoleküle.[6] Zu ihnen gehören Glyzin, eine Aminosäure, sowie Ethylenglykol, die Grundkomponenten, die mit der Bildung von lebensnotwendigen Zuckermolekülen zu tun haben. Sie befinden sich im Umkreis heißer und aktiver Sterne, und werden im Laufe der thermischen und chemischen Evolution von Sternen in den Raum geschleudert. Organische Moleküle wurden aber ebenso in interstellaren Wolken entdeckt. Darüber, dass auch das komplexeste unter diesen Molekülen – iso-Propylcyanid – vorkommt, berichtete 2014 ein Forscherteam, welches unter Arnaud Belloche am Max-Planck-Institut für Radioastronomie arbeitet. Seine verzweigte Kohlenstoffstruktur ähnelt dem der Aminosäuren, der Basis von Proteinen.

Ein zweites Argument liefert die Ur–DNA, die Basis aller komplexen Lebensformen, die sich unter gewissen Bedingungen offenbar selbst erzeugt. Untersuchungen von Tommaso P. Fraccia, Gregory P. Smith, Giuliano Zanchetta und anderen, die in der Zeitschrift *Nature Communications* veröffentlicht wurden, ergaben, dass zwischen Sequenzen von mehreren hundert Nukleotiden auf „telepathische“ Weise eine Art „homologe Wiedererkennung“ stattfindet, also ohne physikalischen Kontakt zwischen den Nukleotiden und in Abwesenheit von Proteinen. Die spontane Selbstassemblierung von DNS–Fragmenten zu nanometergroßen flüssigen Kristallen bringt die Bildung chemischer Verbindungen in Gang und erzeugt DNS-Ketten. Die selbstorganisatorischen Eigenschaften DNS–ähnlicher Molekularfragmente haben in Milliarden von Jahren die ersten DNS–artigen Molekülketten produziert.[7]

Zum Dritten wissen wir jetzt, dass Leben auf diesem Planeten entsteht, wo immer es kann, selbst unter höchst ungünstigen thermischen und chemischen Umständen. Sogenannte Extremophile überleben in aktiven Vulkanen sowie tief im Meer, und zeigen eine erstaunliche Fähigkeit, einem weiten Spektrum von Temperaturen und Druckverhältnissen zu widerstehen. Bei geringen Energieverhältnissen und unter biochemisch und klimatisch ungünstigen Bedingungen bilden Extremophile einfache Organismen, während fortgeschrittene Lebensformen eher dort entstehen, wo vorteilhaftere Bedingungen herrschen.

Über die „Natur“ hinaus

Die Evolution ist nonlinear, aber beständig und beständig kohärenzorientiert. Das Vorhandensein kohärenter Systeme auf diesem Planeten, und sehr wahrscheinlich auch andernorts im Universum, kann nicht das Ergebnis von Zufallsprozessen sein. Es muss einen Faktor geben, der den Entwicklungsprozess lenkt. Max Planck sagte, es gebe eine Intelligenz, die die Nukleonen und Elektronen der Atome in eine koordinierte Schwingung brächte. Dieselbe Intelligenz erzeugt aus in-formierten Schwingungen Cluster und Supercluster: physikalische, biologische und ökologische Systeme. Das ist ein kohärenter und konsistenter Evolutionsprozess, und es müsste möglich sein, den Zweck dahinter – seinen Logos – zu entdecken.

Wir können den Logos eines nicht-zufälligen Prozesses ausfindig machen, indem wir uns mit der Richtung befassen, in welcher er sich entfaltet. Welche Art von Bedingungen würde man erhalten, wenn der Prozess seinen Lauf bereits genommen hat – und keine weitere Entwicklung stattfinden könnte, weil alles, was entstehen könnte, bereits entstanden ist? Das wäre dann der Omegapunkt in der Entstehung kohärenter Systeme im Universum, und es stellt sich uns die Frage, welche Art von Bedingungen an diesem Punkt herrschen würden.

Wir würden erwarten, dass am Omegapunkt alle Systeme im Universum vollkommen kohärent sein würden. Doch das ist nicht der Fall. Kohärente Systeme können in Raum und Zeit nicht unbeschränkt existieren. Am Omegapunkt wird es im Universum keine kohärenten Systeme geben: es wird gar keine Systeme mehr geben, egal welcher Art. Diese erstaunliche Vorhersage basiert nicht auf irgendeiner kosmischen Katastrophe, sondern auf der Extrapolation des Evolutionsprozesses, der bereits im Gange ist.

Die physikalische Kosmologie lehrt uns, dass die Bildung von Systemen in Raum und Zeit nicht unendlich erweiterbar ist. Die Bedingungen, unter denen komplexe und kohärente Systeme existieren können, werden irgendwann verschwinden. Die Art und Weise, wie sie verschwinden könnten, sind auf vielfältige Weise beschrieben worden, doch alle Beschreibungen sind sich darin einig, dass sie es tun werden.

Extrapolationen, die sich auf die Beziehung zwischen der Expansivkraft, die durch den Big Bang freigeworden ist, und der Kontraktionswirkung der Schwerkraft gründen, zeigen, dass das Universum, auch wenn es sich auf Messers Schneide zwischen Expansion und Kontraktion im Gleichgewicht hält, sich entweder unendlich ausdehnt (Szenarium des offenen Universums) oder in einer bestimmten endlichen Zeit zu Quantendimensionen kontrahiert (Szenarium des geschlossenen Universums). Ob es nun zu Quantendimensionen kollabiert oder sich in den kosmischen Raum verstreut, das Universum wird in jedem Fall unfähig, Systeme über dem Vakuumenergieniveau, seinem Grundzustand, zu unterstützen.

Leben wir in einem offenen Universum, sagt uns das zweite thermodynamische Gesetz, dass bei fortgesetzter Expansion alle Systeme maximaler Entropie anheim- und damit zerfallen. In diesem „Big Freeze"-Szenarium würde es nach einer gewissen Zeit keine irreversiblen Reaktionen mehr geben; nicht einmal eine Kerze würde mehr brennen. Die Raumzeit wird dann zu einem „lauwarmen" Bereich, in dem die Wärmeverteilung, also die Temperatur, überall gleich ist, und der somit zu Inaktivität verdammt ist. Das „Big Crunch"-Szenarium eines geschlossenen Universums hingegen hält daran fest, dass die Schwerkraft die Expansionskraft überholt, und die letzten Überbleibsel schwarzer Löcher, nackte Wasserstoffkerne, extrem verdichtet werden. Der gesamte „Materieinhalt" des Universums kehrt wieder zu Quantendimensionen zurück – zusammengepresst in einen Raum, der kleiner als ein Stecknagelkopf ist.

Es könnte aber auch sein, dass durch die Einwirkung sogenannter Dunkler Energie die Entfernungen im Universum unendlich werden, bevor das „Big Freeze"- oder das „Big Crunch"-Szenarium überhaupt eintreffen können. Und das wäre dann dem „Big Rip"-Szenarium Tor und Tür öffnen, bei dem irgendwann einmal gar keine endlichen Systeme in Raum und Zeit mehr existieren könnten.

Doch selbst ein Szenarium im Gleichgewicht, welches für größtmögliche Stabilität zwischen Expansion und Kontraktion sorgen würde, könnte die Existenz komplexer Systeme nicht sicherstellen. Ein internationales Astronomenteam der Universität von Leyden in Holland machte sich daran zu erforschen, welche Mengen an Wasserstoff-Nuklei – sogenannten Alphateilchen – im Universum für gewöhnlich vorhanden sind.[8] (Diese Substanzen sind für die Entstehung von Sternen notwendig.) Sie fanden heraus, dass die Menge an Wasserstoff-Nuklei, die in den Galaxien nachweisbar ist, nur ausreicht, um zusätzliche 5 Prozent zu der Anzahl der bereits vorhandenen Sterne zu bilden. 50 Prozent dieser vorhandenen Sterne entstanden vor 9 Milliarden Jahren, und sie machen 95 Prozent aller möglichen Sterne aus.

Sterne haben eine endliche Lebensspanne: entweder sie zerstieben in einer Supernova-Explosion oder werden von schwarzen Löchern verschluckt. Der Zeitraum bis zum Verschwinden aller Sterne im Universum wird auf eine Größenordnung von 10 Milliarden Jahren angesetzt. Mithin ist der Zeithorizont für das Gleichgewichts-Szenarium ebenso wie der für die „Big Bang“-, „Big Freeze“- und „Big Rip“-Szenarien ein endlicher. Wenn die von diesen Szenarien geschilderten Prozesse ihren Lauf genommen haben, bleibt im Universum kein System irgendeiner Art mehr übrig.

Das Schicksal kohärenter Systeme bleibt auch dann unverändert, wenn unser Universum nicht das einzige Universum im Kosmos ist. Manche kosmologischen Visionen sehen multiple Universen vor, die gleichzeitig existieren; in gewissen Zeitabständen vollziehen sich gewisse Ereignisse – „Bangs“–, die neue Universen ins Leben rufen. Jedes dieser Universen folgt seiner eigenen evolutionären Laufbahn, an deren Ende kohärente Systeme nicht länger mehr in der Raumzeit aufrechterhalten werden können. Egal, ob es im Kosmos nur ein Universum oder mehrere gibt, kohärente Systeme können in der Welt nicht unendlich bestehen.

Wenn der Zweck der Existenz die Entstehung komplexer Systeme wäre, ob in unserem einen oder in mehreren Universen, wäre dieser Zweck dazu verurteilt, unerfüllt zu bleiben. Doch was wäre der Zweck der kosmischen Existenz dann?

Endnoten

1 Haramein, N.: Siehe den Beitrag in diesem Buch, S.

2 Kuhn, T: Die Struktur wissenschaftlicher Revolutionen. Suhrkamp, Frankfurt am Main, 1967; engl.: The Structure of Scientic Revolutions. University of Chicago Press, Chicago, 1962

3 Nadeau, R., Kafatos, M.: The Non-Local Universe: the New Physics and Matters of the Mind. Oxford UP, Oxford, 2001

4 Die Bildung komplexer Systeme ist dem Inkrafttreten des sogenannten Pauli-Ausschlussprinzips geschuldet. Dieses Prinzip besagt, dass keine zwei Elektronen, die um einen Atomkern kreisen, denselben Quantenzustand zur gleichen Zeit einnehmen können. Mithin werden Elektronen, wenn sie in der Bindungsenergie der Atomschalen eintreffen, auf jeweils unterschiedliche Orbitalbahnen gelenkt. Das führt dazu, dass Atome in ihrem Inneren unterschiedliche Strukturen ausbilden. Im Laufe der Zeit dann füllen sie die Periodentafel der Elemente vom Wasserstoff bis zu Uran und darüber hinaus. Ohne das Ausschlussprinzip würden nur die Energieschalen im Inneren der Atome den Atomkern umgeben, und schwerere Atome, Hadronen sowie aus ihnen gebaute Moleküle würde es im Universum nicht geben.

5 Der Begriff "Goldlöckchen-Zone“ bezieht sich auf das Märchen „Goldlöckchen und die drei Bären“. Goldlöckchen stößt auf das Haus von drei Bären, kostet in ihrer Abwesenheit ihren Brei und ihre Betten und findet, dass die einen zu warm oder groß, und die anderen zu klein oder kalt sind. Schließlich entdeckt sie jene, die genau passend sind – genauso wie unser Planet es in der Galaxie tat.

6 Kwok, S., Zhang, Y.: „Astronomers Discover Complex Organic Matter Exists throughout the Universe“ in *Science Daily*, 26. Oktober, 2011

7 Fraccia, T. P., Smith, G. P., Zanchetta, G. u. a.:m „Abiotic Ligation of DNA Oligomers Templated by Their Liquid Crystal Ordering” in *Nature Communications* 6, 2015, S. 6424; doi:10.1038/ ncomms 742

8 Sobral, D., Swinbank, A. M., Stott, J. P.: „The Dynamics of z=0.8 Ha-selected Star-forming Galaxies from KMOS/CF-HiZELS” in *The Astrophysical Journal*, 779:139, 2013: 428, 1128

Kapitel 9

Der letzte Sinn – ein Ausblick

Kosmischer Zweck und die Entwicklung des Bewusstseins

Es ist unwahrscheinlich, dass die Evolution kohärenter Systeme der Zweck kosmischer Existenz ist. Doch könnte die Evolution des Bewusstseins diesen Zweck erfüllen? Wie wir wissen, ist Bewusstsein ein Grundphänomen im Universum. Objektartige ebenso wie geistig-gedankliche Gestalten sind Manifestationen von Wellenschwingungen, die Cluster und dann Super- und Hypercluster gebildet haben.

Verbindet sich das Bewusstsein – diese geistig-gedankliche Gestalt – mit einem Teilchen, einem Atom oder einem Molekül, befindet es sich im Vergleich zu einem mit einem lebenden Organismus assoziierten Bewusstsein in einem embryonalen Stadium, und das mit einem einfachen Organismus verbundene Bewusstsein im Vergleich zum Bewusstsein eines entwickelten Organismus wiederum in einem primitiven Stadium. Ein entwickelter Organismus ist ein kohärentes System, und ein solches System vermag ein hochentwickeltes Bewusstsein zu transportieren.

Mithin ist anzunehmen, dass die Entwicklung höherer organischer Spezies die notwendige Voraussetzung für die Evolution höherer Bewusstseinsformen darstellt. In diesem Fall ist die Entwicklung höherer Organismen zwar der eigentliche Zweck der Existenz, doch nur ein mittelbarer, quasi instrumenteller Zweck: die für die Bewusstseinsentwicklung notwendige Voraussetzung.[1]

Szenarien für die Zukunft

Die Hypothese, dass der Zweck der Existenz die Entwicklung des Bewusstseins ist, ist *ipso facto* zwingend, da anders als die Cluster, welche kohärente objektartige Systeme bilden, jene Cluster, die Bewusstsein manifestieren, nicht zum Verschwinden verurteilt sind. Diese niederfrequenten langwelligen Cluster könnten auch dann fortbestehen, wenn im Universum Bedingungen für kosmologische Szenarien wie den Big Freeze, Big Crunch oder Big Rip eintreffen würden, und sich keine neuen Sterne mehr bilden und die vorhandenen das Ende ihrer Lebensdauer erreichen würden. In diesen allerletzten Phasen des Kosmos würden auch die hochfrequenten, hochamplitudigen und relativ kurzen Wellen, die objektartige Cluster hervorbringen, flach und wortwörtlich plattgemacht. Doch die geistig-gedanklichen Gestalten, die durch niederfrequente, niederamplitudige und langwellige Cluster entstanden sind, könnten weiterexistieren. Es könnte sein, dass am Ende der Zeit nur noch Geist und Bewusstsein im Universum vorhanden sind – und sonst nichts.[2]

Wie wäre es mit folgendem Szenarium nach dem Motto „Bewusstseinsentwicklung im *Uni*versum“:

> In der Entwicklung von Systemen im Universum wird ein Stadium kommen, in dem Cluster aus hochfrequenten Wellen („Körper“) in Raum und Zeit nicht länger mehr werden existieren können. Die Hochfrequenzcluster vergehen, doch die Niedrigfrequenzcluster bleiben bestehen. Diese Cluster sind nun desinkarnierte Bewusstseine, welche die transzendenten Ebenen der Existenz bereisen. Sie entwickeln sich immer weiter und steigen von einer Ebene zur nächsten auf. Sie dringen zu immer tieferen Schwingungsfeldern vor und erreichen immer höhere ätherische Ebenen. Zuletzt gelangen sie auf die höchste Ebene, auf der ihr Schwingungsmaß sich soweit vermindert haben wird, dass es an den Grundzustand des Kosmos herankommt. In diesem Stadium schwingen die hochentwickelten Bewusstseine im Einklang mit der Intelligenz, die dem Grundzustand des Kosmos innewohnt. Sie erreichen jene Verfassung, die in östlichen Weisheitslehren Nirwana, in westlichen Lehren Himmelspforte genannt wird. Sie geraten in Kommunion mit dem Kosmischen Geist, der dem

Kosmos immanenten Intelligenz, überdauern Raum und Zeit und bestehen – vielleicht auf ewig – fort.

Wir können aber auch ein umfassenderes und letztlich sogar sinnvolleres Szenarium entwerfen, welches dem Motto „Bewusstseinsentwicklung im *Multi*versum“ folgen würde:

Obwohl der kosmische Grundzustand ewig und unveränderlich ist, ist er auch erregbar. In gewissen Abständen werden Energien in ihn eingespeist – Ereignisse, die die Geburt neuer Universen signalisieren. Jede dieser „Energiespritzen“ erschafft ein Universum, in dem Schwingungscluster, -supercluster und -hypercluster – Teilchen und Teilchensysteme – entstehen und sich weiterentwickeln. Jedes Cluster wird durch die Schwingung des Bewusstseins in-formiert, welches dem kosmischen Grundzustand innewohnt, aus dem es hervorgegangen ist. In jedem der Universen entwickeln sich die Cluster unabhängig von denen in den anderen, erhalten ihre In-formation aber von derselben Grundzustandsintelligenz.

Auf dem Höhepunkt ihrer Entwicklung treten die Bewusstseine, die in einem jeden Universum in Verbindung mit den Clustern entstanden sind, in Kommunion mit der Grundzustandsintelligenz des Kosmos. Sie artikulieren und potenzieren diese kosmische Intelligenz. Das Ergebnis davon ist, dass die Intelligenz des kosmischen Grundzustands die Bewusstseine, die in diesem und allen sukzessiven Universen in Erscheinung treten, mit zunehmender Deutlichkeit und Durchschlagskraft in-formiert. Die Kommunion der hochentwickelten Bewusstseine mit der kosmischen Grundzustandsintelligenz erzeugt einen Lernzyklus quer durch alle Universen, der immer mehr entwickelte Organismen hervorbringt, die immer entwickeltere Bewusstseinsformen in sich tragen und transportieren können.

Diese Selbstentwicklung des dem Kosmos immanenten Bewusstseins, die dadurch vonstattengeht, dass das Bewusstsein durch Schwingungscluster in dieses und andere Universen gleichsam hineingetragen wird und sich dadurch weiterentwickelt, mag der letztendliche Zweck der Existenz sein. Dann liegt der Zweck unserer Existenz darin, die Entwicklung des dem Kosmos immanenten Bewusstseins durch die Entwicklung unseres eigenen Bewusstseins zu ermöglichen und zu fördern.

Diese Erkenntnis verleiht unserer Existenz Sinn. Wir sind hier, um das kosmische Bewusstsein voranzubringen, indem wir unsere eigenen Bewusstseine voranbringen. Dieser Aufgabe können wir durch unseren Existenzzyklus nachkommen. Während der inkarnierten Phasen, in denen unser Bewusstsein also in unserem Körper zu wohnen scheint, können wir unserem Bewusstsein zur Weiterentwicklung verhelfen, indem wir seine Fähigkeit ausbauen, in tiefere Regionen vorzudringen, in denen es an nonlokale Eingebungen und Erfahrungen von Einssein und bedingungsloser Liebe herankommt. Damit schaffen wir beste Voraussetzungen für die nachtodliche Jenseitsreise unseres Bewusstseins. Wenn wir dort die ätherischen Ebenen kennenlernen und zu höheren Ebenen aufsteigen, entwickeln wir unser Bewusstsein in der desinkarnierten Phase unserer Existenz weiter.

Endet die desinkarnierte Phase wieder, trifft unser weiterentwickeltes Bewusstsein auf die besten Voraussetzungen für die nächste Reinkarnation in einer irdischen Existenzform. In dieser neuen inkarnierten Phase wird es weitere Gelegenheiten geben, um zu lernen und Erfahrungen zu sammeln und zu immer höheren Bewusstseinsformen zu gelangen.

Dieser Zyklus beginnt immer wieder von vorne, doch währenddessen steigt das entwickelte Bewusstsein zu immer höheren Existenzebenen auf und schwingt tiefer und tiefer, bis es mit der Intelligenz des kosmischen Grundzustands im Einklang ist. Auf dem Höhepunkt dieser Evolution erlischt das manifeste Universum, und das entwickelte Bewusstsein wird mit der Intelligenz eins. Das ist dann die letzte und alleinige Realität des Kosmos.

Endnoten

1 Dass Bewusstsein zusammen mit Organismen entsteht, behauptete Frederic Myers in einer „Jenseits"-Botschaft, in der er die Entwicklung des Bewusstseins („Wesenkern" oder „Seele") mit folgenden Worten beschreibt: „Nach dem sie dahingegangen sind, versammeln sich die Wesenskerne oder Seelen von Pflanzen zu Tausenden und Abertausenden und bilden mit der Zeit ein Ganzes. Sie … steigen auf der Leiter eine Stufe höher und gehen als ein Ganzes in den Körper von Insekten ein. Unzählige Insektenleben wiederum vereinigen sich zu einem Wesen, welches sich folgerichtig dann im Körper eines Vogels inkarniert. Und so geht der Prozess fort."

2 Engl. „no-thing", wortwörtlich „kein Ding" (Anm. d. Üs.)

Nachwort

Der Endzweck der Existenz nach Laszlos Karte der Realität und den tradierten Weisheitslehren

Shamik Desai

In seinem brillanten Entwurf der neuen Karte der Realität validiert Ervin Laszlo im Licht zeitgenössischer Wissenschaftsrecherche alte Wahrheiten, mit denen die mystischen Zweige der großen Weisheitslehren der Welt eine innige Verbindung eingegangen sind: Hinduismus, Buddhismus und Taoismus, die Kabbala, die christliche Mystik und der Sufismus. Laszlo hat das bewunderswerte Kunststück vollbracht, diesen Wahrheiten im empirischen Reich – in der Sprache der Quantenphysik – Geltung zu verschaffen, und zwischen beiden Welten ein Gleichgewicht herzustellen. Er hat die Physik auf die Ebene der Metaphysik gehoben und das Bewusstsein an seinen rechtmäßigen Platz gestellt: überall und an jeden Ort.

Alle alten Weisheitsüberlieferungen stimmen darin überein, dass jedwedes „Ding" eine Manifestation einer größeren Einsheit ist. Sie betonen, dass die Eine Quelle sich danach sehnt, sich selbst tiefer zu erkennen und zu lieben. Also manifestiert sich die Quelle in einer materiellen Gestalt (in Laszlos Sprache einer niedrigeren Schwingungsfrequenz) mit der Absicht, sich Selbst im Prozess der Re-Spiritualisierung zu realisieren. Dieser Prozess kommt jedes Mal in Gang, wenn ein fühlendes Wesen im Universum „das spirituelle Auge" öffnet und das Universum durch die Linse der Einsheit betrachtet, und dann seine Super-Wahrnehmung durch Liebe und bewusstes Engagement auf die Realität anwendet.

Die semitischen Überlieferungen – Judentum, Christentum, Islam – betonen, unsere höchste Pflicht liege im „Wachstum unserer Seelen", welches wir voranbringen durch „Heil(ig)ung" der Welt, und indem wir am „Ende der Zeit" „den Himmel auf die Erde bringen". Die religiöse Aufgabe des Menschen besteht laut den semitischen Glaubensversionen darin, Himmel und Erde zu vereinen. Das kann er erreichen, indem er die Welt „sakralisiert" (durch Rechtschaffenheit, Liebe, *Dschihad*) und sie so in einen ungeteilten Heiligen Ort, einen uferlosen grenzenlosen Ozean „brüderlicher Liebe" transformiert – ein *Philadelphia* (wörtlich „Stadt brüderlicher Liebe"), ein *Zion*, ein Gelobtes Land ... das, was Physiker Raumzeit mit erhöhter Schwingungsfrequenz nennen würden. Wesentlich für den göttlichen Plan, wie er in den abrahamitischen Religionen (ganz besonders seinen mystischen Vertretern) verstanden wird, ist es, nicht zu ruhen, bevor die Eine Wahrheit vollständig inkarniert („fleischgeworden") ist. Die unidirektionale Linearität des Zeitverständnis der semitischen Völker unterstreicht die Dringlichkeit dieser Mission.

In den östlichen Überlieferungen – Hinduismus, Buddhismus, Taoismus – besteht die wichtigste Lebensaufgabe darin, „sich dem Dharma anzuschließen" – der moralischen Ordnung des Universums – und in Zeiten gesellschaftlichen Ungleichgewichts das Dharma wiederherzustellen, indem man sich mit selbst und den anderen auf eine Linie bringt. Andererseits unterstreichen sie unsere Aufgabe, „zu erwachen und anderen beim Erwachen zu helfen", oder im *Mahayana* (dem sogenannten Großen Fahrzeug des Buddhismus), „*Nirvana* (Ego-Auslöschung) für alle" zu suchen. Ganz anders *Wu wei*: Indem ein jeder von uns völlig im natürlich-ursprünglichen Zustand selbstunbewusster Verspieltheit aufgeht, gelingt es, ein Maximum an *Ch'i* aus dem Kosmos zu ziehen, um „das *Tao* zu manifestieren" und aus ihm eine lebende Präsenz in der Welt zu machen. Im Hinduismus sehen wir uns kollektiv dazu gezwungen, die Schichten von *Maya* rückwärts abzuschälen und so den Bewusstseinskern hinter den Schleiern der Erscheinung zu enthüllen; damit heben wir das Immanente auf die Ebene des Transzendenten an, bis *Advaita* (die Nondualität) freigelegt ist. Dies Ziel ist erreicht, wenn jeder tut, was er/sie zu tun hat, seine/ihre „Pflicht" mit losgelöstem Gleichmut erfüllt, „rein" – ohne kalkulierende Absicht handelt, den „Pfad" und den „Weg" entlanggeht, aus der „Quelle" schöpft, spontane kreative Resonanz mit sich selbst und der Welt herstellt, indem er/sie in den Fluss des Lebens und der Liebe eintaucht.

Wir müssen unsere Beziehung zur unsichtbaren Ordnung – der Letzten Realität – individuell ins Gleichgewicht und sozusagen auf die Reihe bringen; Menschen mit einem höher entwickelten Bewusstsein haben darüber hinaus die Aufgabe, ein solches Gleichgewicht auch auf gesellschaftlicher und planetarer Ebene voranzutreiben. Der hinduistischen und generell östlichen Versessenheit auf die moralische Ordnung und das „Wiederherstellen des Dharma" entspricht die jüdisch-semitische Sorge um die Heiligung der Welt.

Man mag nun einwenden, es gebe doch eine zumindest subtile Differenz in Gewichtung und Tonalität zwischen den semitischen und den östlichen Glaubenssystemen, die semitischen Überlieferungen seien lebensbejahender und weltumarmender („Gott sah alles an, was er gemacht hatte: Es war sehr gut", Genesis 1:31, Einheitsübersetzung), die östlichen Überlieferungen dagegen weltverneinender (man erinnere sich an viele Gedanken Buddhas zum abstoßenden Wesen des menschlichen Körpers). In den semitischen Glaubensgebäuden soll die missionarische Arbeit am Anheben des umgebenden Bewusstseins – der Heiligung der Welt – automatisch zum Anheben des eigenen Bewusstseins führen. Und den verstärkt nach innen gekehrten östlichen Ansätzen gemäß hebt das Anheben des eigenen Bewusstseins dasjenige des gesamten Universums mit an (und hilft damit, das *Dharma* wiederherstellen). Doch dies sind nur Nuancen, Akzentverschiebungen. Denn innere und äußere Kohärenz verstärken sich gegenseitig und lassen sich nicht entkoppeln, selbst wenn der inneren Kohärenz mehr Bedeutung beigemessen wird. Das Endresultat ist das gleiche: Jedes achtsame Engagement eines jeden fühlenden Wesens bringt den Evolutionsvektor voran und vermehrt die Gesamtbewusstseinsmenge in der Welt.

Ervin Laszlos Verständnis des letzten Sinnes und Zweckes des Universums ähnelt mit frappierender Deutlichkeit dem der geläufigen Weisheitslehren und spirituellen Überlieferungen der Welt. Mögen die jeweiligen symbolischen und linguistischen Darstellungen auch variieren, Grundprämisse und Grundausrichtung bleiben gleich. Durch Laszlos neue Karte der Realität schimmert letztlich ein vertrautes metaphysisches Narrativ hindurch.

Nach Laszlos Deutung liegt der Sinn der Existenz darin, dass wir mit dem Zweck der Evolution eins werden und sie damit beschleunigen helfen: dass wir innere und äußere Kohärenz oder sogar *Superkohärenz* erlangen – Resonanz und Harmonie auf individueller, planetarischer und ökologischer Ebene. Wenn wir unsere Einsheit mit Mensch und Natur durch liebendes Engagement ausdrücken – wir könnten das auch „Sühnen" im Sinne von „*Eins*werden" nennen (englisch „at-*one*-ment"), entstehen immer komplexere und kohärentere Systeme und verbreiten sich in immer weitere Sphären. Dies sich stetig weiter verbreitende und vertiefende Feld der Einsheit hebt das Schwingungsniveau der Raumzeit an, bis es von dem unendlichen Bereich jenseits von ihr nicht mehr unterscheidbar ist.

Aus Laszlos Sicht verwandelt sich der Kosmos am Ende der Zeit in ein „superkohärentes superkomplexes selbst-bewusstes System". Was er Akasha-Holofeld nennt, ist in der religiösen Terminologie die Gottheit selbst (*Jahwe*, *der Herr*, Gott, *Brahma*, die Leere, das *Tao* ...). „Gott" – das Unendliche – ist Anfang und Endziel der Geschichte, Urgrund und Wirkung zugleich: „Ich bin Alpha und Omega" (Offenbarung 22:13). Genau die gleiche Geschichte wird in diesem Buch für moderne Ohren in der Sprache der Wissenschaft erzählt.

Tatsächlich geht Laszlo noch einen Schritt weiter, wenn er vermutet, dass die Evolution des Bewusstseins über das Ende der Zeit selbst hinausgeht, also nicht nur innerhalb der Inkarnationszyklen eines jeden Universums stattfindet, sondern auch innerhalb des Zyklus aufeinanderfolgender Universen. Hat sich das Universum – infolge irgendeines der geläufigen Szenarien – einmal ins Nicht(s)sein zurückgezogen, könnte es durch irgendeine Energiezufuhr wiedererstehen – und ein weiteres Universum wäre geboren. Vielen Weisheitsüberlieferungen ist diese Vision nicht unvertraut. Die aus dem Osten kommenden warfen auf das kosmische Zeitgeschehen schon immer einen zyklisch-oszillierenden Blick. Aus hinduistischer Sicht auf den Fluss der Zeit wird die Raumzeitrealität an jedem kosmischen Tag – einem *kalpa* von 8,64 Milliarden Jahren – erneut aus einem kosmischen Ei gebrütet. *Brahma* – der manifestierte schöpferische Aspekt des *Brahmans* – wächst und gedeiht, schläft dann einen halben Tag lang (währenddessen die materielle Welt zusammenbricht und sich in Nicht(s)sein beziehungsweise Potenzialität auflöst), doch nur um erneut zu erwachen und so den Zyklus zu wiederholen. Im Buddhismus und Taoismus gelten ähnliche Ansichten: Ersterer betrachtet die Zeit als ein Rad – *Kalachakra* –, letzterer lässt die Raumzeit in endlosen Transformationszyklen um sein spirituelles Zentrum – das Tao – kreisen; und das *Yin-Yang*-Symbol, das taoistische Symbol schlechthin, beschwört fürwahr ein Gefühl ewigen zyklischen Kreisens herauf.

Laszlo verleiht dieser zyklischen Vorstellung neuen Auftrieb und gleichsam einen westlichen Dreh, wenn er die östliche Zeitauffassung mit einer Dosis semitischem Optimismus und progressivem Aufwärtstrieb versieht. Wenn Es – das ewige transzendente *Brahman* – sich selbst realisiert (wir könnten auch sagen, sich selbst erkennt oder lieben lernt), wird es durch diese Selbstentdeckungsreise reicher und tritt die nächste Runde mit dementsprechend höherer Potenz an. Von daher ist jeder Folgezyklus des Universums kohärenter und weiter entwickelt als der vorangegangene und führt einen stetig ansteigenden Bogen fort. Indem Laszlo *Brahman* beziehungsweise der Gottheit die Möglichkeit eröffnet, sich selbst zu verbessern, „verbessert" er sozusagen die östliche Konzeption. Und wenn wir einen Moment lang innehalten und bedenken, dass, genauso wie wir, die wir mit jeder Lebenszeit ein wenig mehr wir selbst werden, auch die im Universum wirkende Intelligenz mit jedem neuen Zyklus ein Stückchen weiter zu sich kommt, fühlen wir uns dem Göttlichen näher.

Ein grundsätzlicher Widerspruch zwischen Religion und Wissenschaft lässt sich mithin nicht ausfindig machen. Werden die von der Wissenschaft eingeforderten empirischen Daten – die Teilwahrheiten, welche uns die fünf Sinne übermitteln – durch eine Linse mit entsprechender Weite, Tiefe und dem nötigen Erleuchtungspotential betrachtet, dann zielen sie auf dieselbe ewige Wahrheit ab, welche das Menschheitskollektiv unbewusst schon kennt und fühlt. Sie bestätigen, was die größten Seher uns seit Tausenden von Jahren sagen.

Ervin Laszlo legt den Schluss nahe, und die Propheten der Weisheitsüberlieferungen würden dem zustimmen, dass *unsere* Aufgabe darin liegt, dem Universum dabei zu helfen, *seine* Aufgabe zu erfüllen. Da unser Impuls zur Selbstrealisierung mit der Struktur der Natur innig verwoben ist, bedeutet unsere kollektive Selbstrealisierung die Realisierung der Letzten Realität selbst. Durch Teilnahme an der teleologischen Evolution der Natur ko-kreieren wir das Göttliche.

Wir sollten jubeln darüber, dass die jüngsten Entdeckungen der Quantenphysik die uralten Wahrheiten bestätigen, und hoffen, dass Sokrates recht hatte, wenn er behauptete, „das Gute kennen heißt das Gute tun". Denn wir befinden uns heute an einem kritischen Scheidepunkt, einem einzigartigen Moment innerhalb der Geschichte des Bewusstseins, und dürfen den richtigen Weg nicht verpassen. Vor einer schonungslosen Wahl stehen wir: zwischen dem Pfad der Kreativität oder dem von Konsum und Zerstörung. Letztendlich wird die Entscheidung aus unserem Bewusstseinsniveau heraus erwachsen. Die aktuell vorherrschende Orientierung in Bezug auf die Realität – konsumierend, kurzfristig, zahlenmaximierend – kann sich nur auf einem unreifen Bewusstseinsniveau behaupten. Sie hat uns zu einem unhaltbar-gefährlichen Ungleichgewicht auf individueller, gesellschaftlicher und planetarischer Ebene geführt – daher muss sie dringend kollektiv überdacht und revidiert werden.

Wenige Orte auf unserem Planeten sind uns heutzutage geblieben, an denen sich eine Ethik reiner Absicht praktizieren lässt. Gewohnheitsgemäß sehen wir uns dazu gezwungen, im *reverse engineering*-Verfahren unsere Handlungen immer wieder zu reproduzieren und Mensch und Natur zu instrumentalisieren, um eng kalkulierte Resultate zu erzielen – versklavt durch das, was ich (in meiner dystopischen Novelle) „den Zahlentyrann“[1] nenne. Doch neigen Utilitaristen dazu, an ihren eigenen Zielen zu ersticken, denn man verpasst die „Utilität“, den Nutzen, gerade immer dann, wenn man ihn direkt ins Visier nimmt. Das Bewusstsein kommt zuerst und liefert die Information für die materiellen Ergebnisse. Es liegt eine ultimative Ironie darin, dass nur eine re-spiritualisierte Welt materiell blühen, wirklichen und nachhaltigen Wohlstand beschaffen und uns vor einem Zivilisationskollaps retten kann. Wahrhaftiges Gedeihen ist nur an heil(ig)en, bewussten Orten möglich. Aus der einen Perspektive leben wir also in ökonomisch, sozial und ökologisch aus dem Gleichgewicht geratenen und sogar bankrotten Zeiten.

Doch haben wir – zugleich und paradoxerweise – immensen Grund zu hoffen: Vielleicht als Gegenantwort auf die Krisen unserer Zeit, gibt es klar erkennbare Zeichen für ein kollektives Anheben des Bewusstseins. Auf ganz verschiedenen Gebieten menschlichen Bemühens sehen wir mehr und mehr lebende Beispiele, die das Aufkommen eines neuen zivilisatorischen Paradigmas bezeugen. Dies Paradigma bestätigt althergebrachte Wahrheiten und verstärkt Kreativität, Harmonie und Gerechtigkeit in allen und über alle gesellschaftlichen Systeme hinweg. Es setzt aktuell globale Trends in Gang und steckt sogar etablierte Institutionen an. Durch neue soziale Existenzformen (global, offen, sich organisch entfaltende Bewegungen; soziospirituell orientierte Unternehmen in der Marktlandschaft; und technologische Innovationen dezentralisierter und demokratisierter Architektur) werden die Bedingungen zu Gunsten von Verbundenheit, Zusammenarbeit und Mitgefühl hin verändert – kurzum zu Gunsten von *Kohärenz*.

Im Unterschied zu den gegenkulturellen Bewegungen der 1960er und 1970er Jahre integriert das Holo-Paradigma der Ganzheitlichkeit sich in Mainstream-Institutionen und -prozessen bereits selbst. Zum ersten Mal in der jüngeren Geschichte bricht sich globale Anerkennung dafür Bahn, dass das Bewusstsein allem zugrunde liegt – und unsere Pflicht letztlich darin liegt, dass wir, so gut uns möglich, Bewusstsein zulassen, anheben und verbreiten. Ein planetarisches Bewusstsein kann sich entfalten, wenn wir uns über die nicht mehr zeitgemäßen Währungen *Blut* und *Geld* erheben und endlich beginnen, in jener letztgültigen Währung zu handeln, die aus unserem wahren Selbst hervorgeht: der Währung *Bewusstsein*. Diese Währung kann mit uns wachsen, anstatt uns zugrunde zu richten.

Laszlos Text signalisiert uns, dass die Zeit reif ist für ein Erwachen auf der Basis der alten Wahrheit: „Alles ist Eins". Wenn tatsächlich Alles Eins ist, dann ist selbstloses, liebevolles Handeln „rational" – auf einer Linie mit dem letztgültigen Wesen der Realität. Die zehn Gebote der hebräischen Bibel und ihr ethischer Rahmen für eine soziale Ordnung ebenso wie die Genesis, nach deren Bericht das menschliche Wesen dem Bild Gottes entspricht; die Ermahnungen Christi, „Demut, Nächstenliebe und Wahrhaftigkeit" zu pflegen und der Goldenen Regel zu folgen; die eigentliche Bedeutung des Wortes *Islam* – „Frieden der Hingabe an den/das Letztgültige"; das unverzichtbare Hindu-Axiom „*Atman* (die individuelle Seele) ist *Brahma* (die Universelle Seele)", das ein *Rishi* realisiert, wenn er *Moksha* erlangt, das heißt Befreiung aus der Raumzeit; Buddhas Identifikation der „drei Gifte" „Neid, Hass und Verblendung" als Ursache für *Dukkha*, das menschliche Leid (deren Gegengifte Selbstlosigkeit, Mitgefühl und Ego-Leere sind); und die taoistische Propagation nichtaktiver Aktion, die einen empfänglich macht für den universellen Lebensfluss, den Strom des *élan vital*, der alle Realität animiert: All diese Mantren und Mandate zielen auf höchstmögliche Integration und Einheit ab, die Tatsache, dass wir alle in ein größeres Ganzes verwoben sind. Laszlos Karte der Realität entspricht dieser Prämisse und bestätigt sie.

Die Folgen sind atemberaubend und Grund zum Jubeln. Die Evolution ist nicht vom Kurs abgekommen, sondern punktgenau unterwegs – mit Volldampf voraus.

Endnote

1 Desai, S.: 2020:The World Through Troogol Glass. Unveröffentlichtes Manuskript.

Danksagung

Es ist mir ein Vergnügen, den klugen Freunden und Kollegen, die an diesem Buch mitgewirkt haben, meinen Herzensdank auszusprechen. Dazu gehören Deepak Chopra, Gary Zukav, Stanislav Grof, Nassim Haramein, Jude Currivan, Stephan A. Schwartz, Allan Combs, Stanley Krippner, Ede Frecska, Nitamo Federico Montecucco, Ná Áak (Paola Ambrosi), Tulku Thondup, Jean Houston, Christopher Bache, Shamik Desai, Meister Zhi Gang Sha, Kingsley L. Dennis, und John R. Audette. Meine langjährige Mitarbeiterin Maria Sagi sorgte während der gesamten Zeit, in der sich meine Ideen und Theorien zu diesem Werk in seiner aktuellen umfassenden Form entwickelten, für Informationsfluss und lebendige Inspiration. Ich durfte den Expertenrat von Giuseppe Vitiello von der Universität Salerno genießen und hatte erhellende Unterhaltungen und Korrespondenzen mit Sylvie Ouellet, Anne Deligne, David Rousseau, Katya Walter, sowie meinem langjährigen Agenten und Freund William Gladstone. Ein besonderer Dank geht an das hingebungsvolle Team von *SelectBooks*, allen voran dem Herausgeber und Verlagsgründer Kenzi Sugihara, aber auch Nancy Sugiharavon (Management), Kenichi Sugihara (Marketing und Werbung) sowie Yoji Yagamuchi (Lektorat). Ihre Sorgfalt, Kompetenz und Geduld waren eine entscheidende Hilfe für mich, während wir uns durch die vielen verschiedenen Entwürfe und Fassungen dieses Buchs hindurcharbeiteten.

Wesentlich waren auch die Diskussionen, die ich mit meinem ältesten Sohn Christopher führen durfte, der die neue Disziplin eines ethisch vertretbaren Geschäftsmanagements repräsentiert und sich in seiner Arbeit am neuen Paradigma orientiert, sowie die moralische und emotionale Unterstützung von Carita, meiner treuen Gefährtin und besseren Hälfte seit über einem halben Jahrhundert. Und meinem jüngsten Sohn Alexander, einem wahrhaftigen „Kulturkreativen", bin ich überaus dankbar für den liebevollen Zuspruch, mit dem er mich unermüdlich durch alle abenteuerlichen Stadien dieser Forschungsarbeit hindurch begleitet hat.

Bibliographie

Antognini, A., u.a.: „Proton Structure from the Measurement of 2S-2P Transition Frequencies of Muonic Hydrogen" in *Science*, 339, 25th of January 2013

Bateson, G.: Ökologie des Geistes. Anthropologische, psychologische, biologische und epistemologische Perspektiven. Suhrkamp, 1981; engl.: Bateson, G.: Steps to An Ecology of Mind. Chandler Publications, 1972

Bohm, D.: Die implizite Ordnung. Grundlagen eines dynamischen Holismus. Goldmann, 1987; Bohm, D.: Wholeness and the Implicate Order. Routledge&Kegan Paul, 1980

Brosius, J., Dull, T., Noller, H.: „Complete nucleotide sequence of a 23S ribosomal RNA gene from Escherichia coli." in *PNAS*, 77 (1), 201-204, 1980

Brosius, J., Palmer, M., Kennedy, P., Noller, H.: „Complete nucleotide sequence of a 16S ribosomal RNA gene from Escherichia coli." in *PNAS*, 75 (11), 4801-4805, 1978

Cantara, W., Crain, P., Rozenski, J., McCloskey, J., Harris, K., Zhang, X., u.a.: „The RNA modification database" in *RNAMDB, 2011 update. Nucleic Acids Research*, 39 (1), D195-D201, 2011

Clottes, J.,&Lewis-Williams, D.: Schamanen: Trance und Magie in der Höhlenkunst der Steinzeit. Thorbecke-Speläothek, Band 2, Jan Thorbecke-Verlag, 1997; engl.: Clottes, J.,&Lewis-Williams, D.: The shamans of prehistory: Trance and magic in the painted caves, Harry N. Abrams, 1996

Corbin, H.: The man of light in Iranian Sufism. Shambhala, 1978

Del Giudice E., Fleischmann u.a.: „Coherent Quantum Electrodynamics in Living Matter" in *Electromagnetic Biology and Medicine (formerly Electro- and Magnetobiology)*, 24, no. 3, S. 199-210, 2005

Eliade, M.: Schamanismus und archaische Ekstasetechnik. Suhrkamp, 2006

Frecska E.: „Nonlocality and intuition as the second foundation of knowledge“ in *Neuroquantology,* 10:537-546, 2012

Frecska E., Moro L, Wesselman H.: „The soul cluster: Reconsideration of a millennia old concept“ in *World Futures*, 67:132-153, 2011

Grof, S., Grof, C.: Jenseits des Todes. Kösel-Verlag, 1986; engl.: Grof, S., Grof, C.: Beyond death: The gates of consciousness. Thames&Hudson, 1980

Grof, S.,&Halifax, J.: Begegnung mit dem Tod. Klett-Cotta, 1997; engl.: Grof, S.,&Halifax, J.: The human encounter with death. Dutton, 1978

Grof, S.: Topographie des Unbewußten. LSD im Dienst der tiefenpsychologischen Forschung. Klett Cotta, Stuttgart, 2015 (11. Auflage, deutsche Ersterscheinung 1978); Grof, S.: Realms of the Human Unconscious: Observations from LSD Research. New York: Viking Press, 1975. Republished as LSD: Doorway to the Numinous. Rochester, VT: Inner Traditions, 2009

Grof, S.: Geburt, Tod und Transzendenz. Neue Dimensionen in der Psychologie. Rowohlt (2. Auflage), 1998. engl.: Grof, S.: Beyond the Brain: Birth, Death, and Transcendence in Psychotherapy. State University of New York (SUNY) Press, 1985

Grof, S.: Kosmos und Psyche: an den Grenzen menschlichen Bewußtseins. Fischer-Taschenbuch-Verlag, 2000; engl.: Grof, S.: The Cosmic Game: Explorations of the Frontiers of Human Consciousness. State University of New York (SUNY) Press, 1998

Grof, S.: Die Psychologie der Zukunft: Erfahrungen der modernen Bewusstseinsforschung. Edition Astroterra, 2002; engl.: Grof, Stanislas: Psychology of the Future. University of New York (SUNY) Press, 2000

Grof, Stanislas: Impossible - Wenn Unglaubliches passiert: Das Abenteuer außergewöhnlicher Bewusstseinserfahrungen. Kösel-Verlag, 2008; engl.: Grof, S.: When the Impossible Happens: Adventures in Non-Ordinary Realities. Sounds True, 2006

Gruning, H.: God and the new metaphysics. CA: Blue Dolphin, 2005

Halifax, J.: Die andere Wirklichkeit der Schamanen. Goldmann-Verlag,1989; engl.: Halifax, J.: Shaman: The wounded healer. Crossroad, 1982

Haramein, N.: „Quantum Gravity and the Holographic Mass“ in *Physical Review and Research International*, 270-292, 2013

Haramein, N., Brown, W., Baker, A. V.: „The Unified Spacememory Network: From Cosmogenesis to Consciousness“ in *The Journal of Conscientiology*, 1 (1), 2015

Harner, M.: Die Wirklichkeit des Schamanen: Ein Wegweiser in verborgene Welten und Bewusstseinsräume. Heyne-Verlag, 2016; engl.: Harner, M.: The way of the shaman. Harper & Row, 1980

Heim, A.: „Remarks on fatal falls“ in *Swiss Alpine Club Yearbook*, 27, 327-337, 1892

Hill, M.: „Adaptive State of Mammalian Cells and Its Nonseparability Suggestive of a Quantum System“ in *Scripta Medica*, 73 (4), 211-222, 2000

Hoyle, F.: Das Intelligente Universum. Eine neue Sicht von Entstehung und Evolution. Umschau-Verlag, 1984; engl.: Hoyle, F.: The Intelligent Universe. Michael Joseph, 1983

Huxley, A.: Die ewige Philosophie: Philosophie perennis. Hans-Nietsch-Verlag, 2008; engl.: Huxley, A.: Perennial Philosophy. Harper and Brothers, 1945

Jung, C. G.: „Synchronizität als ein Prinzip akausaler Zusammenhänge“ in *Gesammelte Werke, Bd. 8*, 1971, S. 475ff; erstmals veröffentlicht in: Jung C. G., Pauli, W.: Naturerklärung und Psyche. Rascher Verlag, 1952

Jung, C. G.: Über die Archetypen des kollektiven Unbewussten. In: Jung, C. G.: Bewußtes und Unbewußtes. Fischer-Verlag 1978 (18. Auflage), S. 11f; auch in *Gesammelte Werke, Bd. 9*, 1959

Jung, C. G.: Der Mensch und seine Symbole. Walter, Olten, 1968

Kennell. J. H. and Klaus, M.: „Parental Bonding: Recent Observations That Alter Perinatal Care” in *Pediatrics in Review ,1998, (19):4-2*

Kennell, J.H, Klaus, M., Klaus, P. H.: Mutter-Kind-Bindung. Über die Folgen einer frühen Trennung. DTV, 1996; engl.: Kennell, J.H, Klaus, M., Klaus, P. H.: Bonding: Building the Foundations of Secure Attachment and Independence. Reading, MA: Addison Wesley, 1995

Korzybski, A.: „A Non-Aristotelian System and Its Necessity for Rigor in Mathematics and Physics“. A paper presented before the American Mathematical Society at the meeting of the American Association for the Advancement of Science, 28th of December 1931

Krippner, S.: „Mythological aspects of death and dying“ in *A. Berger u. a.: Perspectives on death and dying* (S. 3-13). Charles Press, 1989

Krippner, S.: „Tribal shamans and their travels into dreamtime“ in *S. Krippner, Dreamtime and dreamwork: Decoding the language of the night,* S. 185-193, Jeremy P. Tarcher/Perigee, 1990

Kuhn, T.: Die Struktur wissenschaftlicher Revolutionen. Suhrkamp, 1967; engl.: Kuhn, T.: The Structure of Scientific Revolutions. University of Chicago Press, 1962

Laszlo, E.: Kosmische Kreativität: Neue Grundlagen einer einheitlichen Wissenschaft von Materie, Geist und Leben. Insel-Verlag, 1997; engl.: Laszlo, E.: The Creative Cosmos: A Unified Science of Matter, Life and Mind. Floris Books, 1993

Laszlo, E.: The Interconnected Universe. Conceptual Foundations of Transdisciplinary Unified Theory. World Scientific Publishing, 1999

Laszlo, E. 2003. The Connectivity Hypothesis: Foundations of an Integral Science of Quantum, Cosmos, Life, and Consciousness. State University of New York (SUNY) Press, 2003

Laszlo, E. Der Akasha-Code – Wie das kosmische Bewusstseinsfeld uns beeinflusst. ViaNova-Verlag, 2010; engl.: Laszlo, E.: Science and the Akashic Field: An Integral Theory of Everything. Inner Traditions, 2007

Laszlo, E.: 2014. The Self-Actualizing Cosmos. Inner Traditions, 2014

Laszlo, E.: Das unsterbliche Bewusstsein. Mosquito-Verlag, 2016; engl.: Laszlo, E.: The Immortal Mind. Rochester, VT: Inner Traditions, 2014

Laszlo, E.: Systemtheorie als Weltanschauung. Eine ganzheitliche Sicht für unsere Zeit. Diederichs, 1998; engl.: Laszlo, E.: The systems view of the world: A holistic vision for our time. Hampton Press, 1996

Laszlo, E.: Science and the Akashic Field: An Integral Theory of Everything. Inner Traditions International, 2004

Laszlo, E.: Das unsterbliche Bewusstsein. Mosquito Verlag, 2016; engl.: Laszlo, E.: The Immortal Mind. Rochester, VT: Inner Traditions, 2014

Leibniz G. W.: Lehrsätze der Philosophie. Monadologie. Letzte Wahrheiten über Gott, die Welt, die Natur der Seele, den Menschen und die Dinge. Dt.-frz. Textausgabe, Königshausen&Neumann, 1985

Leslie, J.: Universes. Routledge, 1989

M, J., S, H., S, H., K, P., K, Y.: „Quantum optical coherence in cytoskeletal microtubules: implications for brain function“ in *Biosystems*, 1994

Margenau, H.: The Miracle of Existence. Shambala Ed. Bolder, 1984

Montecucco, N.F.: „The unity of consciousness, synchronization and the collective dimension“ in *World Futures, the Journal of General Evolution*, Vol. 48, S. 141-150, 1997

Montecucco, N.F.: „Coherence, brain evolution and the unity of consciousness“ in *World Futures, the Journal of General Evolution*, Vol. 62, S. 127-133, 2006

Moody, R.A.: Leben nach dem Tod. Die Erforschung einer unerklärlichen Erfahrung. Rowohlt, 1975; engl.: Moody, R.A.: Life after life. Bantam Books, 1975

Moody, R.A., Perry, P.: Das Licht von drüben. Neue Fragen und Antworten. Neuausgabe. Rowohlt, 1989; engl.: Moody, R.A., Perry, P.: The light beyond. Bantam Books, 1988

Nomura, H., Okoshi, T.: „Storage density limitation of a volume-type hologram memory“ in *Applied Optics*, 15, S. 550-555, 1976

Oberhummer, N., Cs‘ ot‘o, A., Schlattl, H.: „Bridging the Mass Gaps at A=5 and A=8“ in *Nuclearsynthesis,* Nucl. Phys. A689, S. 269, 2001

Pribram, K.: Languages of the Brain. Englewood Cliffs, NJ: Prentice Hall, 1971

Prigogine, I.: Vom Sein zum Werden. Piper, 1992; engl.: Prigogine, I.: From Being to Becoming: Time and Complexity in the Physical Sciences. CA: W. H. Freeman, 1980

Pickover, C.: Black Holes: A Traveler‘s Guide. S. 101-109ff, 1996

Piper, R.E., Piper, L.K.: Cosmic art. Hawthorn Books, 1975

Pizzi R., u.a.: „Nonlocal correlations between separated neural networks“ in *Quantum Information and Computation*, II, 107, August 24, 2004.

Preparata G.: „QED Coherence in Matter“ in *World Scientific Publishing*, Singapore, 1995

Rahnama, M.: „Emission of mitochondrial biophotons and their effect on electrical activity of membrane via microtubules“ in *arxiv.org/pdf/1012.3371*, 2010

Rein, G., McCraty, R.: „Local and Non-Local Effects of Coherent Heart Frequencies on Conformational Changes of DNA“ in *Proceedings of the Joint USPA/IAPR,* Psychotronics Conference, 1993

Ring, K.: Life at death. Coward, McCann and Geoghegan, 1980

Schaefer, S., Furst, P.: People of the peyote: Huichol Indian history, religion&survival. University of New Mexico Press, 1996

Shanon, B.: „Ideas and reflections associated with ayahuasca visions" in *Newsletter of the Multidisciplinary Association for Psychedelic Studies*, 8 (3), S. 18-21, 1998

Sheldrake, R.: A New Science of Life: The Hypothesis of Formative Causation. CA: J. P. Tarcher, 1981

Sheldrake, R. (n.d.): „Scientific papers on telepathy, the sense of being stared at" in *Morphic Resonance*, Retrieved, from, 4th of March 2015; www.sheldrake.org/research

Thar, R., Kuhl, M.: „Propagation of electromagnetic radiation in mitochondria?" in *Journal of Theoretical Biology*, 2004

Triscker, D.J.: Spirits alive: Confrontations with the spirits of Brazil. Vantage Press, 1996

van Lommel W., van Wees R., Meyers V., Elfferich I.: „Near-death experience in survivors of cardiac arrest: A prospective study in the Netherlands" in *Lancet*, 358, S. 2039-2045, 2001

van Lommel, P.: Endloses Bewusstsein: Neue medizinische Fakten zur Nahtoderfahrung. Knaur MensSana, 2013; engl.: van Lommel, P.: Consciousness Beyond Life. Harper One, 2010

VP, S.: „Mitochondrial filaments and clusters as intracellular power-transmitting cables" in *Trends in Biochemical Science*, 26, S. 23-29, 2001

Wesselman H., Kuykendall J.: Spirit medicine: Healing in the sacred realms. Hay House, Inc., 2004

Whitehead, A. N.: Prozeß und Realität: Entwurf einer Kosmologie, Suhrkamp, 1987; Whitehead, A. N.: Process and Reality. Macmillan, 1929

Y, S., C, W., J, D.: „Biophotons as neural communication signals demonstrated by in situ biophoton autography" in *Photochemical and Photobiological Science*, 9, S. 315-322, 2010

Zaleski, C.: Otherworld journeys: Accounts of near-death experiences in medieval and modern times. Oxford University Press, 1988

Biografische Anmerkungen zu den Referenten

Alexander Laszlo war vormals Präsident und ist aktuell Vorsitzender des Stiftungsrats der International Society for the Systems Sciences (ISSS) und leitet das Promotionsstudium im Fachbereich Leadership und Systemische Innovation am ITBA in Argentinien. Als Professor für Systemwissenschaft und Evolutionäre Entwicklung, lehrt er im Rahmen verschiedener internationaler Promotions- und MBA-Programme evolutionäre Führung, Zusammenarbeit und systemisches Denken, dient als ehrenamtlicher Berater in der World Complexity Science Academy (WCSA), als Vizepräsident im Vorstand der Unity Foundation sowie als beratender Redakteur im Bertalanffy Center for the Study of Systems Science BCSSS). Ebenso ist er im Department of Education für die UNESCO tätig, als Gastdozent an der London School of Economics sowie dem European University Institute, und wurde zum Level I-Mitglied der National Research Academy of Mexico (SNI) ernannt.

Dr. Laszlo hat einen Doktortitel in Wissenschaft und Technologie und einen Master in Wissenschaftsgeschichte und –soziologie (University of Pennsylvania). Ihm wurde der Gertrude Albert Heller Award, der Sir Geoffrey Vickers Memorial Award sowie der Förderpreis Akademischer Klub zugesprochen. Außerdem sind ihm über 70 Zeitungs-, Buchveröffentlichungen und Beiträge in Nachschlagewerken zu verdanken.

Deepak Chopra hat die Chopra Foundation gegründet und an der Gründung des Chopra Center for Wellbeing mitgewirkt. Er ist ein weltberühmter Pionier auf dem Gebiet der integrativen Medizin und personellen Transformation sowie Facharzt für Innere Medizin, Endokrinologie und Metabolismus; des Weiteren Stipendiat des American College of Physicians, klinischer Professor am Family and Preventive Medicine Department der University of California, San Diego, und Mitglied der American Association of Clinical Endocrinologists. Darüber hinaus ist Dr. Deepak Chopra Mitbegründer von Jiyo und Lehrbeauftragter für Nachwuchsförderung an der Kellogg School of Management der Northwestern University sowie der Columbia Business School der Columbia University. Das TIME Magazine nennt Dr. Chopra „einen der 100 Superhelden und Ikonen des Jahrhunderts“. Im Chopra Center for

Wellbeing bietet er begehrte Workshops und Retreats an, wozu auch Themen wie „Perfect Health“, „Seduction of Spirit“ und „Journey Into Healing“ gehören.

Dr. Chopra hat über 80 Bücher verfasst, die in mehr als 43 Sprachen übersetzt worden sind und unter denen sich zahlreiche *New York Times Bestsellers* befinden. Sein bahnbrechendes Werk *Super-Gene (engl. Super Genes)*, das er zusammen mit Dr. Rudolph E. Tanzi geschrieben hat, beschäftigt sich mit der neuen Genetik und revolutioniert unser Verständnis von uns selbst sowie der Gesundheit der Menschen um uns herum. Seit drei Jahren ist Dr. Chopra laut *Greatistcom* einer der „100 einflussreichsten Menschen im Bereich Gesundheit und Fitness“. *The WorldPost* und die *Huffington Post global Internet survey* setzten Chopra auf Platz 17 (einflussreiche Denker) und Platz 1 (Medizin).

Stanislav Grof ist Psychiater mit über 60-jähriger Erfahrung in der Erforschung ungewöhnlicher Bewusstseinszustände sowie einer der Gründer und wichtigsten Theoretiker der transpersonalen Psychologie. Er wurde in Prag geboren, wo er an der Karls-Universität als Doktor in Medizin und Medizinphilosophie abschloss. Am Institut für psychiatrische Forschung in Prag arbeitete er ein Programm aus, in dem das heuristische und therapeutische Potenzial von LSD und anderen Psychedelika systematisch erforscht wurde. 1967 nahm er ein Forschungsstipendium an der Johns Hopkins University sowie der Forschungsabteilung des Spring Grove Hospital in Baltimore wahr. 1969 wurde er Leiter des Psychiatrischen Forschungszentrums in Maryland und Assistenzprofessor für Psychiatrie an der Universitätsklinik der Johns-Hopkins-Universität. Von 1973 bis 1987 unterrichtete und forschte er am Esalen-Institut in Big Sur, Kalifornien, wo er zusammen mit seiner Frau Christina Grof die Technik des holotropen Atmens entwickelte, eine innovative Form empirischer Psychotherapie, die heutzutage weltweit angewandt wird.

Dr. Grof ist Gründer der International Transpersonal Association (ITA) und war jahrzehntelang ihr Präsident. 1993 erhielt er in Kalifornien von der Association for Transpersonal Psychology (ATP) zu ihrem 25. Geburtstag einen Ehrenpreis für seinen Entwicklungsbeitrag auf dem Feld der transpersonalen Psychologie, 2007 von der Dagmar und Václav Havel Stiftung den VISION-97-Preis für sein Lebenswerk und 2010 von der Association for Pre- and Perinatal Psychology and Health den Thomas R. Verny Award für seine Errungenschaften auf eben diesem Gebiet.

Nassim Haramein beschäftigt sich seit über 30 Jahren damit, Verbindungen zwischen der Physik, Mathematik, Geometrie, Kosmologie, der Quantenmechanik, Biologie und Chemie sowie der Anthropologie und alten Zivilisationen aufzudecken und zu erforschen. Diese Untersuchungen führten Haramein zu bahnbrechenden Theorien, er veröffentlichte dazu Aufsätze und ließ sich seine Entdeckungen auf dem Gebiet der Einheitlichen Physik patentieren, die mittlerweile weltweite Anerkennung und Akzeptanz finden. Harameins Entdeckungen kreisen um eine fundamentale Raumgeometrie, die uns alle miteinander verbindet, von Elementen in Quanten- und molekularer Größenordnung bis hin zu kosmologischen Objekten im Universum. In seinem Beitrag „Quantum Gravity and the Holographic Mass" gelang es ihm, den Ladungsradius des Protons genauer zu bestimmen, als es irgendein theoretischer Rahmen bis dahin je geschafft hatte; diese Prognose wurde 2013 am Paul Scherrer Institut in der Schweiz bestätigt. 2004 gründete er die Resonance Project Foundation, wo er als leitender Wissenschaftler Physiker, Mathematiker und Ingenieure darin anleitet, einheitliche Prinzipien und ihre Auswirkungen auf unsere heutige Welt und zukünftige Generationen zu erforschen.

Im Herbst 2014 trat das *Resonance Academy Delegate Program* in Kraft, das erste und einzige Programm vereinheitlichter Physik seiner Art, welches das Ziel verfolgt, Tausende von Studenten in über 70 Ländern rundum die Welt auszubilden. 2015 gründete Haramein Torus Tech LLC und richtete ein Labor für Forschung und Entwicklung ein, in dem er Wissenschaftler- und Ingenieurteams dazu anleitet, für seine revolutionären Theorien und Patente äquivalente Technologien zu erfinden, die sich die Vakuumenergie und Gravitationseffekte zunutze machen. Solche Technologien könnten für die Erzeugung unverzichtbarer Energien sorgen und die Weltraumforschung in eine völlig sichere und zukunftsweisende Richtung lenken. Der abendfüllende Dokumentarfilm „The Connected Universe" entstand auf der Basis von Harameins Entdeckungen.

Jude Currivan ist Kosmologin, planetarische Heilerin und Autorin – und eine der bislang ranghöchsten Geschäftsfrauen in ganz Großbritannien. Aufgewachsen als Tochter eines Minenarbeiters im Norden Englands, hat sie seither nahezu 70 Länder in der ganzen Welt bereist und lebt seit 20 Jahren in der sakralen Landschaft von Avebury. Seit ihrer Kindheit ist sie in Kontakt mit multidimensionalen Realitäten sowie mit den Wahrheitshütern vieler Überlieferungen. Im Rahmen der wissenschaftlichen Disziplin der Archäologie, in der sie an der Universität von Readung, Großbritannien, einen Doktortitel erworben hat, befasst sie sich mit alten Kosmologien, im Rahmen der Physik (Master an der Universität Oxford) mit Kosmologie und Quantenphysik. Fünf non-fiktionale Bücher sind ihr zuzuschreiben, die in 15 Sprachen und 25 Ländern erhältlich sind; dazu gehört „CosMos: A Co-creator's Guide to the Whole-World", an dem auch Ervin Laszlo mitgewirkt hat. „Legacy", ihr erstes fiktionales Buch ist als E-Book erschienen und bei Amazon erhältlich.

Dr. Currivans Geschäftskarriere gipfelte in ihrer Ernennung zum Group Finance Director zweier großer internationaler Unternehmen. Internationale Politik und globale Wirtschafts- und Finanzsysteme sind ihr bestens vertraut, sie selbst hat auf Versammlungen zu transformativen Reformen in Großbritannien, den USA, Europa, Japan und Südkorea gesprochen. In den letzten 16 Jahren reiste sie im Dienst planetarischer und kollektiver Heilung um die ganze Welt; darüber berichtet sie in ihren Büchern „The 8th Chakra", „The 13th Step" und jüngst „HOPE: Healing Our People & Earth".

Allan Combs ist transpersonaler Psychologe, Bewusstseinsforscher, Neuropsychologe und Systemtheoretiker. Er arbeitet am California Institute of Integral Studies (CIIS), an der Saybrook Graduate School und dem Graduate Institute of Connecticut, wo er am Graduate Institute of Connecticut das Master-Programm für Bewusstseinsevolution leitet. Er hat mehr als 200 Artikel, Kapitel und Bücher über das Thema Bewusstsein und Gehirn verfasst, ist Direktor des Center for Consciousness Studies at CIIS sowie Präsident der The Society for Conscious Studies, Mitgründer der Society for Chaos Theory in Psychology and the Life Sciences, Mitglied der General Evolution Research Group sowie des Club of Budapest. Außerdem gibt er das *Journal of Conscious Evolution* mit heraus und zeichnet verantwortlich für *CONSCIOUSNESS: Ideas and Research for the 21st Century*.

Stanley Krippner ist Professor für Psychologie an der Saybrook University in Oakland, Fellow in fünf Abteilungen der American Psychological Association (APA) und ehemaliger Präsident von zwei Abteilungen dort. Davor leitete er das Kent State University Child Study Center in

Kent in Ohio sowie das Maimonides Medical Center Dream Research Laboratory in Brooklyn in New York. Er hat an mehreren Büchern mitgeschrieben, darunter „Varieties of Anomalous Experience: Examining the Scientific Evidence".

Professor Krippner erhielt von der American Psychological Association 2013 den Preis für „ausgezeichnete Lebensleistungen in humanistischer Psychologie", den Human Treasure Award von der Society for Clinical and Experimental Hypnosis, 2003 den Ashley Montagu Peace Award, 2002 den American Psychological Association Award für „hervorragende Beiträge zur internationalen Entwicklung der Psychologie" sowie den Society for Psychological Hypnosis Award für seine „ausgezeichneten Beiträge zur Berufshypnose", und schließlich Auszeichnungen für sein Lebenswerk von der Association for the Study of Dreams und der Parapsychological Association. Außer den bereits genannten ist er regelmäßiger Gast bei mehreren weiteren Verbänden wie der Association for Psychological Science, der Society for the Scientific Study of Religion sowie der Society for the Scientific Study of Sexuality.

Stephan A. Schwartz ist Kolumnist der Zeitung *Explore* und zeichnet verantwortlich für die täglichen Publikationen auf dem Internetportal Schwartzreport.net – auf beiden Foren behandelt er aktuelle Trends und gesellschaftliche Themen. Er ist ein geschätzter Ratgeber an der Fakultät der Saybrook University. Zu seinen bisherigen akademischen Forschungsprofessuren und entsprechenden Aufgaben gehören: Senior Fellow am Samueli Institute, Gründer und Forschungsdirektor des Mobius Laboratory, Leiter des Rhine Research Center in North Carolina, Senior Fellow der Philosophical Research Society sowie außerordentlicher Professor an der John F. Kennedy University. In staatlichen Zusammenhängen wurde ernannt zum: Sonderbeauftragten für Forschung und Analyse im Dienst des Admiralstabschefs der US Navy und Berater des Ozeanografen der Navy. 40 Jahre lang erforschte er die Dynamiken gesellschaftlicher Transformation, die zukunftsgestaltende Funktion von Trends und die Rolle des Bewusstseins bei außergewöhnlichen menschlichen Leistungen. Er ist in der Fernwahrnehmungs-Forschung aktiv und hat die Verwendung von Fernwahrnehmung innerhalb der Archäologie untersucht. Weitere Forschungsgebiete sind Kreativität, Meditation und Therapeutische Intention bzw. Heilung.

Stephan Schwartz ist Verfasser von über 130 technischen Beiträgen und 20 Kapiteln in akademischen Sammelwerken. Er schrieb Zeitungsartikel für *Smithsonian*, *OMNI*, das *American History Magazine*, *American Heritage*, die *Washington Post*, die *New York Times* u. a. sowie Skripte für mehrere Fernsehdokumentarfilme. Fünf Bücher sind bisher von ihm erschienen: „The Secret Vaults of Time“, „The Alexandria Project“, „Mind Rover“, „Opening to the Infinite“ und zuletzt „The 8 Laws of Change“.

Ede Frecska ist Abteilungsleiter des Nationalinstituts für Psychiatrie und Neurologie in Budapest. 1977 promovierte er an der Semmelweis-Universität in Ungarn, machte an der Lorand Eotvos Universität ebendort sein Diplom als Psychologe und bildete sich ab 1986 in Ungarn und ab 1992 in den Vereinigten Staaten auf dem Gebiet der Psychiatrie weiter. 1987 qualifizierte er sich, ebenfalls in den Staaten, als Psychopharmakologe und erwarb auf diesem Gebiet mit seiner langjährigen klinischen und wissenschaftlichen Erfahrung internationale Bekanntheit. Er ist Mitglied mehrerer Berufsverbände (APA, ECNP, CINP) und hat diverse Preise und Auszeichnungen erhalten.

Dr. Frecskas akademische Studien sind insbesondere affektiven Krankheiten sowie der Schizophrenie gewidmet. Zu diesen Themen hat er mehr als 50 wissenschaftliche Beiträge und Buchkapitel verfasst, zuletzt über psychointegrative Drogen und Techniken. Sein theoretisches Werk befasst sich vor allem mit der Schnittfläche zwischen kognitiver Neurowissenschaft und Quanten-Gehirndynamiken – unter spezieller Beachtung des Mechanismus von Initiations- und Heilungsritualen.

Nitamo Federico Montecucco ist Forscher in Neurowissenschaft, Psychosomatik und Psychoneuroendokrinologie (PNEI). Er untersucht die EEG-Kohärenz des Gehirns als Referenz für psychosomatische Integrität, wobei zu seinen Probanden sowohl kranke wie auch meditierende Menschen gehören. Durch das Messen der EEG-Kohärenz zwischen den Gehirnen von zwei und mehreren Menschen entdeckte er die Existenz der „Kollektiv-Synchronisation“ und entwickelte daraus ein neues klinisches Anwendungsfeld, die psychosomatische PNEI.

Dr. Montecucco lehrte psychosomatische Medizin an den Universitäten von Mailand (Komplementärmedizin), Pavia, Siena und Chieti, sowie am Collaborating Center of Complementary Medicine der WHO (World Health Organization). Als Leiter des Instituts für Psychosomatik hat er über 1000 Ärzte, Psychologen und Lehrer ausgebildet. Im Dienst der globalen Gesundheit und persönlichen Transformation entwickelte er von 1994 an eine integrative neurophysiologische Karte des Selbst-Bewusstseins, das sogenannte "*Psychosomatic Mindfulness Protocol*". Selbiges findet im "*Gaia Project*" praktische Anwendung, einem nationalen Ausbildungsprogramm für globales Bewusstsein und soziale Gesundheit, an dem bislang bereits über 15.000 Studenten aus ganz Italien teilgenommen haben.

Tulku Thondup Rinpoche wurde 1937 im östlichen Tibet geboren. Im Alter von vier Jahren erkannte man in ihm einen „Tulku", einen reinkarnierten Lama. Am berühmten Dodrupchen-Kloster in der Provinz Golok studierte er tibetanischen Buddhismus. 1956 floh er nach Indien und lehrte dort von 1967 bis 1976 an der Lucknow-Universität und von 1976 bis 1980 an der Visava-Bharati-Universität. Seit 1980 lehrt und schreibt er unter den Auspizien der Buddhayana Foundation in den Vereinigten Staaten.

Tulku Thondup hat über den tibetischen Buddhismus ein Dutzend englischsprachiger Bücher verfasst, von denen viele in andere Sprachen übertragen worden sind, darunter „Buddha-Natur – Dzogchen in der Praxis" („The Practice of Dzogchen"), „Die verborgenen Schätze Tibets" („The Hidden Teachungs of Tibet"), „Masters of Meditation and Miracles", „Die heilende Kraft des Gebets" („The Healing Power of Mind") und „The Heart of Unconditional Love".

Ná Áak ist eine in Mexiko geborene Medizinfrau und Mystikerin, die ihr Leben der Praxis indigener Weisheit als spirituellem Weg widmet und dafür die Kenntnis und Erfahrung verschiedener indigener Überlieferungen aus Mexiko, Lateinamerika, Asien und Europe mit- und zusammenbringt. Ná Áak ist ein Mayaname und bedeutet „*Mutter Schildkröte*", er symbolisiert Strenge, Ausdauer und Weisheit und wurde ihr vom Ältestenrat gegeben. Diese Lebensqualitäten gibt Ná Áak ohne Zweifel an all jene weiter, mit denen sie arbeitet, die sie heilt und wieder mit ihrem Herz in Verbindung bringt.

Ná Áak ließ sich als transpersonale Psychotherapeutin ausbilden und erwarb bei Dr. Stanislav Grof sowie dem GTT Grof Transpersonal Training ein Zertifikat als Holotropic Breathwork TM facilitator. Darüber hinaus hat sie einerseits westliche Medizin und Psychologie studiert und andererseits Kriya Yoga und buddhistische Praktiken der Karma-Kagyü-Schule erlernt. Kraft und Tiefe von Ná Áaks Schamanenarbeit nährt sich von der tibetischen, keltischen sowie der Weisheit der Maya.

Für Ná Áak ist das Herzstück der Existenz *kompromissloses Mitgefühl*; auf dem Weg der Befreiung ist es die unermüdliche Praxis von Mitgefühl, die uns aus unseren leidvollen Bewusstseinszuständen herausführt.

2012 hat sie ihr Buch „Awakening Consciousness: Beyond" veröffentlicht, in dem sie beeindruckende Einsichten in die Bedingung menschlicher Existenz und den Weg innerer Freiheit preisgibt.

Jean Houston erforscht menschliche Fähigkeiten auf verschiedenen Ebenen. Sie gilt als eine der wichtigsten Begründerinnen des Human Potential Movement und ist eine führende Expertin in den Bereichen Humanentwicklung und sozialer Wandel. Zusammen mit ihren Mitarbeitern und internationalen Referenten gibt sie Seminare, in denen Geschichte, Philosophie und Psychologie mit Musik, Meditation, Visualisation, Bewegung und Tanz verbunden werden, wobei sie persönlich besonders für ihr Wissen über Mythen und Archetypen geschätzt wird. Sie hat „Rising Woman, Rising World" gegründet, eine globale Initiative, die Trainingsprogramme speziell für Frauen fördert.

Als ehemalige Präsidentin des Verbandes Humanistischer Psychologie lehrte Dr. Houston an der Columbia Universität, dem Hunter College, der New School for Social Research am Marymount College und an der Universität California Philosophie, Psychologie und Religion. 1985 wurde sie von der nationalen Vereinigung der Erziehungswissenschaftler zur Pädagogin des Jahres gewählt.

Dr. Houston hat über 30 Bücher geschrieben, mehrere Jahre lang als Beraterin für UN-Programme gewirkt, stand UN-Verbänden, insbesondere der UNICERF und UNDP, zur Seite und bildet Führungsleute aus Entwicklungsländern aus, um sie dabei zu unterstützen, die Entwicklung ihres eigenen Landes im Licht der globalen dramatischen gesellschaftlichen Veränderungen allgemein sehen zu lernen. Gemeinsam mit verschiedenen internationalen Organisationen verhilft sie indigenen Völkern, sich durch Integration ihrer einzigartigen Kulturgüter in ihr Gesundheits- und Ausbildungssystem gesellschaftlich weiterzuentwickeln. Ihr Wirken hat sie in über 40 Kulturen und 109 Länder geführt, wo sie Konferenzen und Seminare für Führungskräfte und führende Unternehmen in Gesellschaft, Wirtschaft und Erziehung bzw. Ausbildung abhält.

Jean Houston hat das Barnard College mit einem BA (Abitur in Philosophie) abgeschlossen und Doktortitel an der Union Graduate School (in Psychologie) sowie der Graduate Theological Foundation (in Religionswissenschaft) erworben, außerdem wurden ihr Ehrendoktortitel und andere Auszeichnungen zuteil.

Christopher M. Bache ist emeritierter Professor am Department of Philosophy and Religious Studies an der Youngstown State University, wo er 38 Jahre als ordentlicher Professor lehrte. Außerdem ist er Lehrbeauftragter am California Institute of Integral Studies (CIIS), gehört zum Kollegium des Institute of Noetic Sciences, wo er von 2000 bis 2002 die Abteilung für Transformatives Lernen leitete – und hat einige Auszeichnungen erhalten.

Dr. Baches besonderes Augenmerk gilt der Erforschung der philosophischen Implikationen außergewöhnlicher Bewusstseinszustände, allen voran psychedelischer. Er hat drei Bücher verfasst: „Das Buch von der Wiedergeburt. Das Gesetz der ewigen Wiederkehr – alles über Reinkarnation aus der Sicht der modernen Wissenschaft" („Lifecycles, a study of reincarnation in light of contemporary consciousness research"), „Dark Night, Early Dawn", ein Pionierwerk zu psychedelischer Philosophie und kollektivem Bewusstsein sowie „The Living Classroom", in dem er kollektive Bewusstseinsfelder und die transpersonale Dimension des Lehrens untersucht. Zurzeit arbeitet er an einem Buch über seine 20jährige psychedelische Odyssee, das den Titel „Stealing Diamonds from Heaven" trägt.

Meister Zhi Gang Sha ist taoistischer Heiler sowie ein gefragter spiritueller Lehrer und Autor, von dessen 21 Büchern 11 auf der Bestsellerliste der *New York Times* standen. Bereits im Alter von sechs Jahren erstmals von einem Meister in einer östlichen Kampfkunst als Schüler angenommen, ist er inzwischen Großmeister vieler alter Disziplinen wie Qi Gong, Tai Chi, Kung Fu, Feng Shui und dem I Ging und wurde 2003 beim fünften Qi-Gong-Weltkongress zum Qi-Gong-Meister des Jahres erklärt.

Geboren in der Provinz Shaanxi in der Volksrepublik China, entwickelte Sha schon in seiner Kindheit Interesse an der Heilung von Menschen und beobachtete in seiner unmittelbaren und erweiterten Verwandtschaft Menschen, die unter verschiedenen Krankheiten litten. So wurde er Arzt in konventioneller Medizin (in China) sowie in traditioneller chinesischer Medizin (in China und Kanada). Noch bevor er dann ein Physikstudium abschloss, begann er mit 22 Jahren das Wissen, welches er durch seine Kampfkunstpraxis über Energieentwicklung erworben hatte, mit einem eigens von ihm entwickelten Akupunktursystem zu kombinieren.

2005 schuf er die Soul Mind Body Medicine, die konventionelle westliche Medizin und traditionelle chinesische Medizin mit spirituellen Lehren und Techniken verbindet. Als Gründer des Institute of Soul Healing and Enlightenment sowie der Love Peace Harmony Foundation wurde Meister Sha 2006 für seine humanitären Bemühungen mit dem Martin Luther King Jr. Commemorative Commission Award geehrt. 2013 rief er, gemeinsam mit dem Physiker Dr. Rulin Xiu, die „Soul Body Mind"-Wissenschaft ins Leben, die zur Aufgabe hat, Wissenschaft und Spiritualität miteinander zu vereinen.

John R. Audette hat an der Virginia Tech einen Master of Science gemacht. Seine professionelle Laufbahn umspannt 30 Jahre Erfahrung in der Krankenhaus- und Hospizverwaltung auf Führungsebene, in der Verwaltung von Arztpraxen, im öffentlichen Rundfunk und den Darstellenden Künsten. Seit 1974 befasst er sich mit spiritueller Transformation und nonlokalen Bewusstseinsphänomenen und versucht, diese Thematik für neue Ansätze in Fragen der Führungspraxis fruchtbarzumachen. 1977 gründetet er zusammen mit Raymond Moody, Kenneth Ring, Bruce Greyson und Michael Sabom die International Association for Near-Death Studies, Inc.

Zur Zeit ist er Präsident und Geschäftsführer des Internetforums Eternea, Inc., die er gemeinsam mit Eben Alexander 2012 ins Leben rief, um seinem lebenslangen Engagement treu zu bleiben, der Zivilisation dadurch zu helfen, dass ihr flächendeckende Ressourcen, Instrumentarien und Strategien zur Verfügung gestellt werden, um Bewusstsein und Gesellschaft zu optimieren und damit eine ideale Zukunft für die Erde und ihre gesamte Bevölkerung zu schaffen. John Audette diente aktiv im US Army Signal Corps, der Fernmeldetruppe der US Army, als sie noch in Florida stationiert war (derzeit befindet sie sich in Boca Raton).

Kingsley L. Dennis ist Soziologe, Forscher und Autor. Bislang am Sociology Department der Lancaster University in Großbritannien tätig, verfasste er zahlreiche Beiträge über die Zukunft der Gesellschaft, neue Technologien und Medien sowie globale Fragen und Bewusstseinsevolution. Zusammen mit Bente Milton und Duane Elgin erarbeitete er die Studie „New Media for a New Future: The Emerging Digital Landscape for a Planetary Society"; diese ist Teil der *Fuji Declaration for The Goi*

Peace Foundation, die in Zusammenarbeit mit dem Club of Budapest entstand. Derzeit leitet er die Veröffentlichungen für das Laszlo Institute of New Paradigm Research.

Kingsley Dennis hat mehrere von der Kritik hochgelobte Bücher geschrieben, darunter „Dawn of the Akashic Age“ (ein Gemeinschaftswerk mit Ervin Laszlo von 2013). Er publiziert auch über seinen Eigenverlag *Beautiful Traitor Books* und lebt in Andalusien.

Gary Zukav ist der Verfasser folgender Bücher: „Die Tanzenden Wu-li-Meister. Der östliche Pfad zum Verständnis der modernen Physik: vom Quantensprung zum schwarzen Loch“ („The Dancing Wu Li Masters“); „An Overview of the New Physics“, womit er den American Book Award for Science gewann; „Die Spur zur Seele“ („The Seat of the Soul“), das auf der USA Today Bestsellerliste stand sowie 31mal auf Platz eins der New York Times-Bestsellerliste und drei Jahre lang durchgehend auf dieser Liste; „Von Seele zu Seele – Botschaften aus dem Herzen“ („Soul Stories“), das er ebenso wie „The Heart of the Soul: Emotional Awareness“ und „The Mind of the Soul: Responsible Choice“ (allesamt Bestseller) gemeinsam mit seiner Lebensgefährtin und Seelenpartnerin Linda Francis schrieb. Diese Bücher wurden in 30 Sprachen übersetzt und sechs Millionen Mal verkauft.

Gary Zukav hat zusammen mit Linda Francis das The Seat of the Soul Institute gegründet, steht der World Business Academy vor und gehört zum Council of Elders, Native American Earth Ambassadors, dem „Ältestenrat der indianischen Botschafter der Erde“. Er gehörte zum Herausgeberteam der vormaligen *East-West Review: Business News fort he Peristroika Era*; gehörte 1990 zum Beirat des „Earth Day“-Netzwerks sowie der Government and Politics Strategy Group, Campaign for the Earth – sowie zum Beirat von EarthSave, Intuition Network, Humanity Federation sowie LearnScience.

Dr. Zukav hat u. a. den World Business Academy Pathfinder Award erhalten sowie vom Albert Einstein College of Medicine for Contributions to the Psychosocial Growth of Humanity den Einstein Award.

Shamik Desai wuchs in der Bucht von San Francisco auf und studierte an der Stanford University und in Oxford Wirtschaftswissenschaften. Seine Arbeit als Banker in verschiedenen Institutionen (Morgan Stanley in New York, Cisco Systems im Silicon Valley sowie der Weltbank in Washington, DC) öffnete ihm ein Fenster auf die gesellschaftlichen Herausforderungen, die sich der heutigen Welt stellen. Um dem nachzugehen, machte er an der Johns Hopkins University einen Master in internationalen Fragen öffentlicher Ordnung, schrieb eine philosophisch-satirische Novelle und fühlte sich dazu inspiriert, eine soziale Geschenk-App ins Leben zu rufen, welche Menschen dazu ermutigen sollte, ihre Einstellung zum Geben zu ändern. Aktuell ist er Manager von ConsciousWorld, einem Projekt, das es sich zur Aufgabe gemacht hat, die Bewusstseinsentwicklung in allen Zweigen der Zivilisation voranzutreiben und aufzuzeichnen; des Weiteren leitet Shamik Desai im Laszlo Institute of New Paradigm Research in Italien den Bereich „Special Projects".

Über den Autor

Ervin Laszlo verbrachte seine Kindheit in Budapest. Bereits mit neun Jahren trat er als Konzertpianist auf und wurde als Wunderkind gefeiert. Anlässlich eines internationalen Musikwettbewerbs in Genf erhielt er erstmals die Erlaubnis, den Eisernen Vorhang zu durchbrechen, und begann eine internationale Konzertkarriere, zuerst in Europa und dann in den Vereinigten Staaten. Dem Angebot des Senators von Florida, Claude Pepper, folgend, wurde ihm noch vor seinem 21. Geburtstag in einem feierlichen Kongressakt die US-Staatsbürgerschaft verliehen, sowie 1970 von der Sorbonne der höchste akademische Grad, das Doctorat ès Lettres et Sciences Humaines. Sein Lebensmittelpunkt waren von nun an Wissenschaft und Humanismus, und er lehrte an vielen verschiedenen Universitäten, u.a. Yale, Princeton, Houston, der Northwestern University und der State University of New York. Er ist Autor, Koautor und/oder Herausgeber von 91 Büchern, die insgesamt in 24 Sprachen erschienen sind; darüber hinaus hat er mehrere Hundert Beiträge und Aufsätze in wissenschaftlichen Zeitschriften sowie populärwissenschaftlichen Magazinen veröffentlicht.

Laszlo ist Mitglied zahlreicher wissenschaftlicher Verbände, darunter der International Academy of Science, der World Academy of Arts and Science, der International Academy of Philosophy of Science sowie der International Medici Academy. Unzählige Preise und Auszeichnungen wurden ihm zugesprochen: der Goi Award, der Peace Prize 2001 in Japan, 2006 der Assisi Mandir of Peace Prize, der Polyhistor Prize 2015 in Ungarn, und in den Jahren 2004 und 2005 wurde er für den Nobelpreis nominiert. Im Jahr 2010 erhielt er die Mitgliedschaft in der ungarischen Akademie der Wissenschaften.

Laszlo ist Gründer und Präsident der globalen Denkfabrik Club von Budapest sowie Gründer und stellvertretender Leiter des Laszlo New Paradigm Research Center in Italien.

Index

A

B

C

D

E

F

H

I

J

K

L

M

O

P

Q

R

S

T

U

V